胡佛的天梯

HERBERT HOOVER'S HEAVENLY LADDER

航鹰 刘悦 / 著

天津出版传媒集团

百花文艺出版社

图书在版编目（ＣＩＰ）数据

胡佛的天梯 / 航鹰，刘悦著 . -- 天津：百花文艺
出版社，2024.1
ISBN 978-7-5306-8482-5

Ⅰ . ①胡… Ⅱ . ①航… ②刘… Ⅲ . ①胡佛 (Hoover,
Herbert Clark 1874-1964) - 传记 Ⅳ . ① K837.127=5

中国国家版本馆 CIP 数据核字 (2023) 第 195605 号

胡佛的天梯
HUFO DE TIANTI

航鹰　刘悦　著

出 版 人：薛印胜
责任编辑：安子宁
装帧设计：安　红　　**特约编辑**：张子瑶
出版发行：百花文艺出版社
地址：天津市和平区西康路 35 号　邮编：300051
电话传真：+86-22-23332651（发行部）
　　　　　+86-22-23332656（总编室）
　　　　　+86-22-23332478（邮购部）
网址：http://www.baihuawenyi.com
印刷：天津海顺印业包装有限公司
开本：787 毫米×1092 毫米　　1/16
字数：262 千字
印张：24.25
版次：2024 年 1 月第 1 版
印次：2024 年 1 月第 1 次印刷
定价：88.00 元

如有印装质量问题,请与天津海顺印业包装有限公司联系调换
地址：天津市东丽区五纬路 62 号
电话：(022) 84840016
邮编：300300

▐ 作者简介

航 鹰

本名刘航英，1944年出生于天津。曾在天津人民艺术剧院学习舞台美术设计，后改任编剧。1982年后任天津市作家协会专业作家、副主席，中国作家协会全国委员。迄今发表文学作品500余万字，剧本作品十部。其中《金鹿儿》《明姑娘》分别获1981年、1982年全国优秀短篇小说奖，剧本类作品获中国电视剧"飞天奖"、中国电影"童牛奖"等七项国家级奖项。2018年出版《航鹰文集》（九部300万字）。

刘 悦

1971年生于天津，毕业于天津外国语学院、天津大学，公共管理硕士。长期从事英文翻译工作。现任天津社会科学发展研究中心主任，原任近代天津博物馆馆长、副研究员。主要作品有《李鸿章的洋顾问：德璀琳与汉纳根》《李鸿章的军事顾问：汉纳根传》《近代中国看天津：百项中国第一》《天津的桥》《清宫的门缝儿》《比利时在天津的历史遗迹》《天津城市文化简史（1404—1945）》《翻译手记》。另有译著《扛龙旗的美国大兵：美国第十五步兵团在中国（1912—1938）》《比利时—中国：昔日之路（1870—1930）》。

1900年八国联军入侵后，胡佛夫人露·亨利在大沽口炮台

‖ 题 记

　　1932 年《赫伯特·胡佛的崛起》(*The Rise of Herbert Hoover*) 于美国出版，作者沃尔特·利吉特 (Walter Liggett) 在该书中写道："赫伯特·胡佛 (Herbert Hoover) 在中国只不过待了两年多一点的时间。""中国目睹了他从一个矿业工程师转变为以金融操纵手段谋生的人。中国强化了他和墨林及其伦敦利益集团的关系。中国让他一朝暴富。在美元外交方面，中国给予他的可谓是研究生课程。最初在中国，他与比利时金融家形成了紧密的联系，那些人日后把他拉入救济工作，使其赢得世界范围的声望乃至最终当选总统。塞勒姆 (Salem)、斯坦福大学、澳大利亚的经历都塑造了他，然而能够肯定的是中国把他送上了登天的梯子。"

　　胡佛在中国"待了两年多一点的时间"，主要在天津生活。

　　天津城的名字，可巧有登天的"天"字，也可以说天津是胡佛的天梯，这便是本书书名《胡佛的天梯》之来历了。

‖ 序　言

从"成功者的始发港湾"到"天梯"

　　记得近二十年前，在纪念天津设卫筑城600周年的活动中，流行着一句名言："天津，成功者的始发港湾。"据我所知，这句话最早出自著名作家航鹰的手笔，源于屈原《离骚》名句：朝发轫于天津兮。最近，航鹰又提出了"天梯"的概念；这一概念，源于近年来她在一个优秀翻译团队的协助下，与其子刘悦合作完成的倾力新作《胡佛的天梯》。

　　天梯，顾名思义，自然是登天的梯子。多少人梦想一步登天，可惜无法实现。而胡佛却由一名美国孤儿，在亲朋帮助下成为一代知识青年，来到天津后，又很快发迹，最终在生活的阡陌中登上了总统的宝座，实现了人生的美梦。天津，确是他抵达人生巅峰岁月的"天梯"。

　　这部传记文学，通过作者娓娓道来式的描写，轻松而又清晰、完整地讲述了美国第31任总统胡佛，自1874年出世，到20世纪10年代步入政坛前的不凡经历。全书的侧重面，则是胡佛自斯坦福大学毕业后辗转谋职，成家立业，又因缘凑巧，来到中国，由此开始联络官场，勾结外国矿商和天津租界的权势人物；随后乘八国联军侵华之机，协助外国矿商巧取豪夺，轻而易举地霸占了中国开平煤矿。仅仅两年多一点的时间，胡佛"就由一个打工仔一跃成为百万富翁"，"有了这一身价，他回国后才有可能竞选总统"。

书中的主人翁是胡佛，故事发生的地点主要在天津。撰写本书之前，作者阅读了多种有关胡佛的传记，然后亲赴美国斯坦福大学胡佛研究所，所里很多资料和实物，都是胡佛夫妇从天津带回去的；作者还走访了设在胡佛故乡爱荷华州的胡佛总统图书馆、博物馆，翻拍了相关史料和老照片。在国内，作者又深入考察了相关的图书馆、博物馆，获取了《开滦文博》以及"龙旗事件"等珍贵资料与口述史信息。然后利用强大、丰富的资料储备支撑，多角度、多意向地凭眺历史，终使作者得以顺利撰写并完成了这部作品。所以本书的最大特点，就是基础丰厚且既能大事不虚、小事不拘地严肃描写，又那么生动形象！作者尽了非常大的努力，追求"无一字无出处，无一事无来历"。

书中叙述的主要历史背景和史实，如：胡佛旧居在天津的发现，开平矿和招商局的创办经过，矿山铁路、标准轨距与运煤河的完成，张翼的飞黄腾达与醇亲王奕譞及光绪帝关系的密不可分……始末完整，真实可信，妙趣横生，引人入胜。书中涉及的中外历史人物，如慈禧太后和光绪帝，李鸿章、张翼、唐廷枢、袁世凯、严复、詹天佑，赫德、墨林、德璀琳、汉纳根、金达等多达数十人，有名有姓，有根有据。在作者笔下，言谈举止，栩栩如生；行动坐卧，跃然纸上；性格刻画，入木三分。

书中依据和引用的大量文献，如墨林、德璀琳与胡佛相互勾结，强迫开平矿督办张翼盗卖矿权的各类文件，墨林公司合伙人东方辛迪加证实胡佛从中渔利的信件，袁世凯向清廷参奏张翼的三份奏折，中国对于这一诈骗巨案起诉伦敦高等法院的文献摘录等等，均为经作者悉心甄选的第一手资料。所以在这部书中，真实，显得比技巧更加金贵。

作者认为，本书虽属于"非虚构性文学写作"，但在创作过程中仍需要突出文学性和故事性，特别是书中涉及的重大历史事件，全部紧扣时间的扳机，让人读后不但了解了许多趣味性的历史知识，而且能够获取此前鲜为人知的学问，有温度，有情趣，充满历史沉淀的味道，读后，能够沁心提神，令人耳目一新。

因此也可以说，《胡佛的天梯》是依托作者经年的多方努力，做到了集历史性、真实性、知识性、趣味性和可读性于一体，近年来尚不多见的一部讲好、讲深、讲透"天津故事"的文学作品。

最后，还想借此机会多说几句。

胡佛是 1891 年建校的斯坦福大学第一名入学的学生，也是唯一一位曾在中国工作、生活和会说汉语的美国总统。1919 年胡佛 45 岁时，在母校斯坦福大学创立了胡佛图书馆。胡佛夫妇在天津时的中国名字分别为胡华和胡潞，胡潞是美国唯一一位会讲一些汉语的"第一夫人"。九·一八事变后，总统胡佛与国务卿史汀生发表声明，美国决不承认任何以武力夺占的领土。胡佛一生热心国内外的社会公益事业，作为总统极为亲民，公众致函，他有信必复，哪怕是儿童。

胡佛的出生地和一处童年住所，已在其有生之年被列为美国国家历史地标。他在弗吉尼亚修建的垂钓营地于 1933 年捐给政府，现已成为谢南多厄国家公园的一部分。1964 年 10 月 20 日胡佛病逝于纽约，享年 90 岁，美国政府为他举行了国葬；胡佛夫妇的墓地，就在离胡佛总统图书馆和博物馆不远的地方。

胡佛一生著述甚富，1915 年他在撰写回忆录时曾说，当年离开中国，心中饱含着对中国人民、中国文化"刻骨铭心的崇敬和赞美"。

近年来，天津人对胡佛的认知日益加深，这应感谢一位美国朋友孙约翰（John A. Swen）先生，是他最早提供了胡佛在天津旧居的照片，并在 19 世纪末的天津地图上标注出旧居位置。根据孙约翰先生的线索，专门研究天津历史的学者查阅了大量文献并进行了实地踏勘和调研，最终把目标锁定在坐落于马场道与重庆道交口，马场道 6 号原重庆道小学已拆除的旧楼西楼。

1996 年 6 月 1 日，天津《今晚报》以"热衷中美文化交流人士数年共同努力，美前总统胡佛在津旧居找到，确认是已拆除的原重庆道小学西楼"为标题，在头版显著位置刊登了这一消息，中新社率先转载，紧接着，国内外各大报纸纷纷刊登。

2004 年天津市对学校布局进行调整，重庆道小学校舍拨归天津市第二十中学，重建的教学楼随即拆除。事后有关单位拟对胡佛旧居进行易地复建，首层辟为五大道胡佛旧居展览馆，但迄今未能实现。

又到了春风吐绿、草木初萌的季节。

时光荏苒，岁月如梭。

天津作为近代中国北方最早、最大的开放城市，许多真实的历史故事，因频繁的中西交流而丰富，因大量的文化互鉴而多彩，所以我特别希望并期待有计划地鼓励和组织这类有价值的文学创作。

时光，总会厚待努力的人。

罗澍伟[*]

2023 年 2 月 7 日

....

* 罗澍伟，著名历史学家，曾任天津社会科学院历史研究所所长，主编有《天津简史》《近代天津城市史》《天津通志·租界》《沽上春秋》以及《天津史话》等专著。

‖ 目 录

089

第三章　开平煤矿

113

第四章　人过留名

173

第五章　骗案始末

207

第六章　"龙旗事件"

303

第九章　贩卖华工

‖ 引 言

　　天津拥有一种独特的中西荟萃的文化资源——昔日"九国租界"留下的各国风格的历史建筑小洋楼,其中著名的"五大道"完整地保留了街区的肌理,共存近千幢大大小小的洋楼,其中有许多庭院式别墅。"五大道"并不是正式地名,只是个俗称,其涵义也不只是五条马路(马场道、睦南道、大理道、常德道、重庆道、成都道,其中常德道很短也就常忽略不计了)。天津的路名有个独特之处:垂直于海河为"道",平行于海河为"路","道"与"路"交会成路口。例如在上述自南向北五条半"道"之间,交叉着自东往西的湖北路、香港路、新华路、南海路、河北路、衡阳路、桂林路、云南路、昆明路、西康路等十余条"路",再加上周边延伸的"道""路",方圆1.28平方公里统称"五大道",汇成了全国最大、保留最完整的西

"五大道"街景

式洋楼历史建筑街区。

20世纪70年代后，曾有人主张拆除"五大道"老洋楼，新建高层大厦。

可惜，有一些具有历史价值的老房子被拆毁了——其中就有美国第31届总统赫伯特·胡佛（1874—1964）青年时代在天津的故居，如今胡佛故居只剩下一张不太清晰的老照片。

我们对那位在美国争议很大的总统发生了兴趣，开始注意收集他的史料。国内史料不多，我们就把英文原著中相关的片段译成中文。美国关于胡佛的著作很多，褒贬不一，都说得头头是道，别说是全都译成中文了，光是先期拣选的工作量就很大。我们先紧着两方面的故事选译了一些：一是胡佛青少年时代的生活、成长经历；二是他在天津的发家史。强调说"故事"，是因为国内干干巴巴的史料中生动的细节太少了，不知为何史学家们大都忽略"细节的历史"，而那正是作家梦寐以求的。

赫伯特·胡佛传记类英文版书籍封面集锦

第一章 孤贫少年

寄人篱下的孤儿

No.1

1874 年 8 月 17 日，美国中部爱荷华州一座村庄有位农妇临盆分娩，农舍里传来新生儿响亮的啼哭。谁能想到这个金发婴儿日后会成为美国总统呢？他就是赫伯特·胡佛。

他的父亲是个铁匠，围着炉火叮叮当当，打造些农具啦，马蹄铁啦，终日不得清闲。日子过得虽说紧巴巴的，但有父亲在时家人还能填饱肚子。不幸的是赫伯特六岁时父亲就去世了，孤儿寡母艰难度日。赫伯特九岁那年，更大的不幸降临到他头上，亲爱的妈妈也撒手人寰了。葬礼上牧师念完祷词之后，帮助抬棺的村民们就要往墓穴埋土了。不用大人教，赫伯特就知道应该由自己撒第一把土，再投下自己捧了许久的花束，爸爸入葬时他看到妈妈就是这样做的。手里的鲜花早已被他的眼泪浇湿了，捧起的土也被眼泪打湿了，它们会不会在妈妈的墓地生根发芽呢……男孩凄惶地望着母亲的墓碑，爸爸

童年胡佛

去世时他虽然也很伤心，但那时他还太小，不懂得死亡意味着什么，再说还有母亲的怀抱可以依偎。如今他已经过早地尝到了无依无靠的滋味，今后只有自己孤独一人面对茫茫世界了……

最初几年，艾伦·胡佛（Allen Hoover）叔叔收养了赫伯特。艾伦叔叔住在雪松城附近的村庄里，人很好，善良本分。家里不富裕，但叔叔婶婶待他都不错，他得以上学，读完了初级中学。如果赫伯特能够在叔叔家长大成人，将过着另外一种生活。但是，不久叔叔搬到俄勒冈州纽伯格镇去打工了，家里房子小孩子多，无法带上赫伯特。

叔叔临走前领他去了约翰·明索恩舅舅家，从此他在舅舅家过着寄人篱下的日子。常言说半大小子吃死老子，虽然小赫伯特勤快地干了许多家务活，但舅妈也从来没给过外甥好脸子看，使他早早地学会了察言观色、滑头乖巧。舅舅倒是不讨厌赫伯特，他是个精明的商人，知道一个十三岁的男孩很快就能中用了，用这么个童工既不用给工钱又不触犯法律，不就是管口饭吃嘛，还是蛮划算的。

约翰·明索恩是做土地买卖的房地产经纪人，1887年他携全家搬到了塞勒姆，成为俄勒冈州土地公司的经理人。赫伯特在他的公司里充当办公室的勤杂员，兼做各种杂务活。舅舅一

直忽视了他的教育问题，他没有正经上过几年学，小小年纪除
了干活还是干活，几乎没有朋友和玩伴，也没有参加过任何运
动或学校的户外集体活动。而十三岁至十七岁这段年龄，正是
男孩性格形成的重要时期，不能不说这对他日后的生活产生了
很大影响。

约翰舅舅给少年胡佛树立了不良榜样。若直接揭穿约翰是
个骗子似乎有失厚道，但他的经营手段确实有商业欺诈之嫌。
他衣冠楚楚道貌岸然，声称自己是一位博士却没有多少学问。
想要闹明白他的土地生意为何遭人诟病，就得说清楚如今的俄
勒冈州和 130 多年以前的俄勒冈州的区别。俄勒冈州位于美国
西北部，靠近太平洋，山地河谷很多。"二战"后经济日益发达，
逐渐成为美国的高科技中心和金融中心之一。然而一百多年以
前的美国西部还是荒蛮之地，那里是土著印第安人的聚居区。
众所周知英国人移民新大陆是由东部向西部开发的，1778 年有
个英国船长初到此地；1792 年居住在东部的波士顿人才来到这
里发现并命名了哥伦比亚河，后来才有了哥伦比亚盆地及其大
峡谷等地名。到了 1848 年美国政府才设立俄勒冈地区，1859
年加入联邦成为美国第 33 州那会儿，时间只比约翰舅舅到此地
办公司早 20 多年。尤其是他的地产公司所在地塞勒姆，更是位
于俄州的西北部威拉米特河（Willamette River）河畔的山谷中，
在当年本就偏僻的西部更是属于人烟稀少的"大西北"了。

用当今的眼光评价，其实约翰还是很有先见之明的，那年
头儿的地价和如今相比太便宜了，买了地如能留存至今那就发
了大财啦！然而当时的客户谁又能预料到百年之后的美国巨变
呢？他们对约翰的欺诈行为十分愤怒。

MAIN STREET, HEPPNER, OREGON.　　WA-18.

俄勒冈州早期街景

俄勒冈州今景

当年约翰是怎样去做贩卖"大西北"未开发荒地生意的呢？他又是如何吸引外地客户来买地的呢？用当今的话来说他凭借的就是虚假广告。他在美国、英国近千份报纸上发起了大规模广告宣传活动，鼓动各方人士来他这里买地。巧于经营的他还以优惠价格为诱饵撺掇人们以邮寄方式预付款，不明真相的人们轻信广告还真就踊跃购买了。有一条班次不多的小火车线路通往塞勒姆，客户们才有可能被他撺掇到那片偏远的山谷去考察。

小赫伯特便多了一项任务——到火车站去迎接每一位前来买地的客户，帮他们提行李，送他们去旅馆。舅舅带领客人去参观时的夸夸其谈，小赫伯特早已学会了。舅舅写的那一套广告词儿小赫伯特也早已倒背如流，他在车站月台上接到客人后也能和舅舅一样巧舌如簧了：您来这里就来对啦！这里没有气旋，没有暴风雪，没有龙卷风，没有地震，没有雷电，没有冰雹，冬天不冷，夏天不热……

约翰老板凭借夸大其词的广告宣传竟然卖出去了五十万亩土地，每亩价格由 3 美元至 80 美元不等，如此之大的差价则是针对客户受骗上当的程度随机而定的。然而事情很快就败露了，许多买家来到现场考察之后，发现土地的实地状况与广告用语有着天壤之别，非常不满纷纷要求退款。不良口碑不胫而走，那些以预付方式邮寄过购买金的客户也赶来做实地考察，看了土地以后不满意当然也是索要预付金。很多客户等不及赔付金扬言诉诸法律，各种矛盾冲突爆发了。1891 年，约翰·明索恩的俄勒冈州土地公司破产了。

那一年赫伯特 17 岁。他知道舅舅家再也不是栖身之处，他得独自一人走自己的人生之路了。应该学些什么干些什么才

塞勒姆火车站今景

好呢……

　　一个偶然机会他认识了一位采矿工人，由此激发了他对地质学的兴趣。再说，当时的北美洲新大陆有许多地方尚待开发，也十分需要地质学家。具备土壤地层专业知识的探矿人才比较容易找到工作。于是，他很想考大学攻读采矿，但自己甚至没有一纸正式的高级中学毕业文凭，再说他也身无分文，学费怎么办呢……

斯坦福大学的第一个学生

No.2

　　事有凑巧，就在胡佛做着大学梦的时候，利兰·斯坦福于1891年金秋创建了斯坦福大学。大学全名叫"小利兰·斯坦福大学"（Leland Stanford Junior University），校址位于加利福尼亚州离旧金山很近的帕罗奥多市（Palo Alto），占地多达35平方公里，日后成为一座举世闻名的大学城。前些年据不完全统计，这所世界名校曾涌现58名诺贝尔奖得主，校友中亿万富翁的数量仅次于哈佛大学屈居全美第二，国会议员的数量则在全美大学中名列前茅。然而，130多年以前的创建时期，那里还是建筑物尚未竣工的大工地。

　　关于老斯坦福先生为什么捐款创办大学，个中有一桩感人的故事……

　　利兰·斯坦福（Leland Stanford，1824—1893），美国铁路大王，此外还经营港口、金矿、牧场，1861年出任加利福尼亚州首任州长，在南北战争中加入以林肯为首的北方联盟，后来当选参议员，在政治、经济上都顺风顺水。

斯坦福是个"富二代"，他父亲就是个大农场主。在他7岁时父亲揽到了一项修筑24公里铁路的工程。那时候火车在美国西部还不多见，他非常感兴趣，小小年纪就喜欢扛着铁锹去铁路工地上帮爸爸干活。自幼对铁路的向往，在他当了州长以后得到了发扬，他向国会提交了修筑横贯美国东西大铁路的计划，带头投资、筹资并主持设计施工。当年筑路机械化程度很差，西部路段要跨过高山、低谷、沼泽、沙漠……自然环境太恶劣了，铁路公司原先雇用的白人劳工畏难怠工甚至逃跑了，工程搁浅。1864年以后公司招收31.5万名华工，华工修筑了最艰苦的路段。1869年被称为"世纪大道"的中央太平洋大铁路通车了，掀起了一股西迁移民潮，促进了西部经济发展。斯坦福作为铁路公司大股东跃入美国十大富豪行列，举家迁居旧金山，在海边"贵族之丘"上修建了豪华别墅，还在附近购置了5.5万英亩的牧场。

1868年，斯坦福和他的妻子珍妮婚后18年才喜得独子，那一年他已经44岁了，可以想象老夫妻宠爱孩子的程度。自打小斯坦福上幼儿园，父母就为他制定了教育计划，先是请了法语、音乐、舞蹈家庭教师，后来为了让儿子长大了能上哈佛大学，他们又到纽约租了房子供儿子就读优等中学。1883年他们带着15岁的儿子去欧洲旅行，在意大利儿子突然发高烧，持续几天也不退热，医生诊断为伤寒病。老夫妻不惜花重金从巴黎请来名医，但限于当年人类的医学水平，名医对伤寒重症也无力回天。那个学习成绩优秀、前途无量的英俊少年夭折时，离父亲60岁的生日只有6天了！中国人以"六十大寿"为合家大庆之喜，

Gor. & Mrs. Stanford and Leland.
Walery
1880.
9 bis RUE DE LONDRES.
PARIS.

斯坦福夫妇及其儿子的合影，摄于1880年而老年丧子则是人生最大的不幸。斯坦福先生过了多少年之后都不敢回忆自己是怎样熬过那段"黑色甲子"生不如死的日子的，珍妮夫人更是悲伤得险些跟了儿子而去……

整整五个星期，斯坦福先生把自己关在巴黎旅馆里，他一遍又一遍地修改遗书，写了废，废掉又写……自己和妻子都老了，唯一的爱子没了，亿万家财还有什么意义呢？遗嘱留给谁呢？祖父、父亲和自己辛苦几辈子积累的巨额产业莫非要分给那些远亲供他们挥霍吗……思量来思量去，他和珍妮商讨了又商讨，最后达成了共识——为了纪念儿子，他们决定捐赠一所大学。当时的美国西部太缺乏优秀的正规大学了，就让儿子的名字永远活在他自己的大学里吧……就让一代又一代的青年学生代替儿子去圆他的大学梦吧……

斯坦福夫妇捐出 2000 万美金和他们在帕罗奥多 3561 公顷的农场土地，校名就叫"小利兰·斯坦福大学"。帕罗奥多距离旧金山只有 50 公里，有一片原始森林，自然环境优美，日后发展成为一座花园式的大学城。斯坦福夫妇都说："以后所有的加利福尼亚小孩都是我们的孩子。"

当年因为荒蛮的西部尚待开发，东北繁华城市曾有人预言"没有人会报考西部那所不为人知的新大学，教授们将对着空板凳讲课"。然而，1891 年 10 月 1 日斯坦福大学举行开学典礼时，首届学生多达 559 人，其中第一个到校的学生就是赫伯特·胡佛。

这又是怎么一回事呢？

建校初期学校不收学费，此举可以为贫寒子弟提供接受高等教育的机会。但因新校占地面积很大，基本建设工程费时费力，忙碌了两年多，还有好几栋教学楼没有完工。于是，校方提出一边建设一边开课的方针，派出许多代理人前往附近几个州去招生。当时西部几个州多为农牧业州，能够招到的学生大多来自农牧业家庭。既然不收学费，一般家庭的父母还是供得起子女的生活费的。年轻人们希望能够花很少的费用来完成大学学业，所选专业也很务实，优先考虑日后的就业前景。

招生代理人来到了波特兰，胡佛闻讯去拜访他，表达了报考的愿望。斯温教授（Prof. Joseph Swain）询问了胡佛的学历，一时陷入沉吟。可以说，这个少年几乎没有接受过正规教育，

斯坦福大学旧景

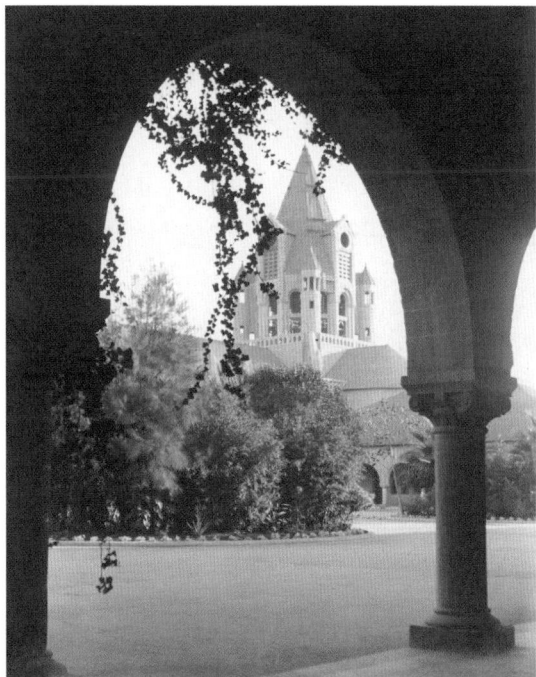

斯坦福大学教堂

估计连入学英语考试都很难通过，更甭提其他学科了……胡佛的入学要求很迫切，再三恳求斯温教授收下他。走投无路的少年一个劲儿央求：您带我走吧！只要能够进校，让我干什么都行，我什么活儿都会干，不会干的都愿意学……不知斯温教授心里是有些喜欢这个渴望求学的少年还是同情他的身世，建议他立即去斯坦福大学所在的帕罗奥多市，先在开学之前接受一些私人辅导。

1891 年 6 月，胡佛迎着初夏的煦风喜滋滋地打点行装离开了舅舅家，前往帕罗奥多市。不等开学他就到大学工地准备找点活儿干，有好几座建筑还没完工，他连饭钱都没有，得挣钱养活自己。

很幸运，由斯温教授推荐，他有机会和几位筹备开学的教授住在一起。他很好地利用了这个机会，殷勤地为教授们服务，卖力跑腿儿办事。教授们对他印象很好，自然就收留了他。

就这样，早在新生报到之前胡佛就是学校的"住宿生"了，所以说他是斯坦福大学的第一个学生。

斯坦福夫妇失去了独生儿子，而他们的慷慨之举荫泽世世代代的学子。胡佛是个无父无母身无分文的孤儿，却享受到了那对善者济世兼智者办学的老夫妻的无私大爱，从这个意义上说他又是个幸运的青年。

斯坦福大学今景

他为了挣生活费而忙得不可开交

No.3

建校初期的斯坦福大学免收学费，这对于胡佛这样的赤贫孤儿来说是能够上大学的前提。下面的问题便是能否坚持四年的求学之路，这就看他挣钱养活自己的本事了。

从美国几种不同的胡佛传记类书籍中，我们摘译了那个阶段他的生活开支情况：学生宿舍住宿费每月20美元，此外还有餐费、课本书籍文具、衣物及其日常零用等，估计每年最低也得需要三四百美元。这点花销对于小康人家出身的学生来说不算什么，但是胡佛可就得一个铜板儿一个铜板儿地去挣了。

好在他头脑灵活，想了各种不必靠体力劳动打工而又能挣到钱的法子。筹备开学提前入住的那段日子，他的殷勤服务给教授们留下了好印象，学生们来校报到时他即被任命为"助理注册员"，拿到一份不错的薪水，虽说只是短工，但总算足以糊口了。很快他又当上了学生宿舍管理员，这是个很有油水的兼职。

但是因为他只肯潦草地维持表面卫生，一些学生抱怨他不打扫床底。不巧有一天斯坦福夫人陪一位参议员来检查宿舍，发现宿舍十分肮脏，他便失去了那项兼职。好在他早早地从约翰舅舅那里学了些经营手段，又设法当上了一家洗衣公司的代理。那年头儿洗衣机还没问世，他发现教师和学生们都有换洗衣服的问题，这桩小生意在学校还挺受欢迎的。后来，他又抓住一个节省住宿费的机会：学生餐厅的经理牟取暴利，市场上每枚鸡蛋卖20美分，而学生餐厅卖30美分；被学生揭发以后不仅原先的经理被解雇了，学校还成立了餐厅俱乐部，胡佛参加了俱乐部成为其中一个餐厅的经理。这份兼职虽然没有报酬，但他可以免费住在合作经营的罗梅罗（Romero）宿舍楼，省去开支就等于赚了钱啊！再后来，他有了更好的实习机会，地质学家约翰·布兰纳教授（John Branner）来斯坦福讲学，让胡佛担任他的助手。胡佛利用暑假时间跟随布兰纳教授去阿肯色州做地质调查，不仅得到月薪65美元，还跟教授学到了地质勘察的本领。

如果要用一句话来概括胡佛的四年大学生活，那就是——他为了挣生活费而忙得不可开交。孤儿命运逼着他必须自食其力，而他天生就脑瓜灵活善于取巧，具有野心且百折不挠，为了达到目的可以不择手段。新建校的斯坦福大学给了他如鱼得水游刃有余的多种机会，但有时过于擅走"捷径"，也造成他在同学们中间口碑欠佳。一天晚饭之后同学们来到操场上决定赛跑，顺着煤渣跑道跑上一英里，先到终点为胜者。同学们都在黑暗中跑远了，胡佛却不着急，有意远远地落在后面。然后他摸黑儿离开跑道横跨操场，来到对面跑道上时赛跑的队伍刚刚进入视线，他便快跑遥遥领先取得了第一名。

斯坦福大学宿舍楼旧景

斯坦福大学操场

　　胡佛在求学期间就显现出了对政治与社会活动的兴趣，积极竞选学生会职务。大学生们分为两种社团，"兄弟会"成员大多来自富裕家庭，其他反抗力量则由贫寒子弟组成，胡佛是后者中的积极分子。双方斗争很激烈，"穷小子们"以微弱多数取胜，胡佛当选学生会的财务长。财务长每年有400美金报酬，他表示第一年不收取报酬。但他善于组织各种讲座，从中可以获得不菲补贴。

　　大学三年级暑假，胡佛跟随另一位教授瓦尔德玛尔·林德格伦（Dr. Waldemar Lindgren）到内华达州做地质调查，工作完成得很出色。林德格伦在内华达山地形图上署了胡佛的名字，他因此而得到一笔优厚的报酬。

　　眼看上到四年级面临毕业考试了，但他热衷"学生政治"

斯坦福大学教室

和忙于挣钱影响了功课。英文论文打从入学时就是弱项，到现在又加上基础德语课不及格，化学课也很吃力。再说，他随林德格伦教授去做地质调查，缺课五个星期，如今也得把学分补回来。好在他脑瓜儿好使，日夜苦熬恶补功课，到了1895年春天毕业考试时，数学、地质学成绩优异，化学、德语分数凑合，幸得教授网开一面。不知为何他的母语英语论文却始终是个问题，多亏了他刚进校时的老朋友斯温、布兰纳、安格尔几位教授的辅导，他重新改写了论文才得到了毕业文凭，拥有了"矿业工程师"证书。

传记作家约翰·哈米尔（John Hamill）显然对胡佛是贬大于褒的，他的书名令人颇为费解，叫作《胡佛先生在两面旗帜下的奇怪生涯》(*The Strange Career of Mr. Hoover under Two Flags*)。书中写道："有人猜测说那时候的斯坦福大学不是一个真正的贵族学校，教育水平是相对较低的。胡佛选择了地质学，所学主课为基础地质学、地形学和古生物学。教科书为《格基地质学》(*Geikie's Textbook of Geology*)，难度与现在高中水平相当。而英语为必考学科，要求十分严格，胡佛几乎每学期都不及格。1892年入学的7名地质学学生，无论成绩如何，均在1895年顺利毕业，因为学校需要录取新学生。"

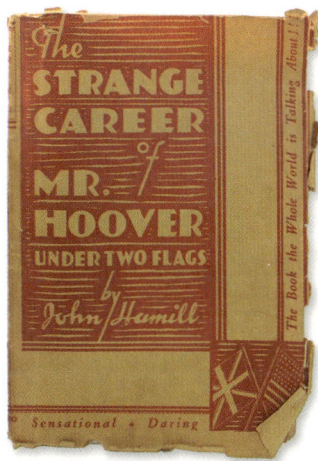

传记作家约翰·哈米尔著《胡佛先生在两面旗帜下的奇怪生涯》封面

斯坦福大学学生会建筑旧景

斯坦福大学学生会活动

斯坦福大学寝室内景

　　不管怎么说，孤贫少年胡佛若没有斯坦福夫妇的恩惠就没有上大学的机会。他在四年大学生活中依靠自己挣钱维持学业，又为自己日后从政积累了参与社会活动的经验，这是很符合西部拓荒时期的美国精神的。

不敢求爱的爱情

No.4

  胡佛的学业眼看着就到了"大四"了，他更加忙碌了。大学生们到了四年级心思大都不在课堂了，而是撰写毕业论文，准备毕业答辩，甚至考虑求职找工作的事情了。胡佛则更是抽不开身去上课了，打从三年级时他就当选学生会财务长，烦琐详尽的财务管理很是熬费心神，而他也因此成为斯坦福大学的名人。不过，不管多么忙，他还是对地质学课程充满热情，只要有地质学课程，他一准会端坐在教室听讲，也常去地质学实验室。个中原因很浪漫，因为有一个姑娘热衷于地质学，她的名字叫露·亨利，是地质学专业的三年级学生。

  同在一所大学上学，他俩肯定见过面，但是胡佛似乎从来都不怎么关注女生。直到有一次在地质学的实验室里他遇见了露·亨利，因他是学生会活跃分子，学生们都认识他，她只是礼貌地向他打了一下招呼就又忙着做实验了。他瞅着她专心致

胡佛

志做实验的模样不由得怦然心动，这个女生显得与众不同，她对自己的学业充满了热情。少年早熟的他知道这种女人是靠得住的，正是他想要去认识的女生类型。一个年轻力壮的小伙子怎么可能没有对异性的渴望呢……那个年代美国西部女大学生还不多，穷小子内心很自卑，不敢追求像她这么优秀的女孩子，但又抑制不住地喜欢她。只有在地质学课堂和实验室才能名正言顺地与她搭讪，于是他便成了那里的常客。

一个星期六，胡佛负责举办一次远行活动，组织同学们上山去进行地质勘察。因为路途比较远，需要翻山越岭，一般女生都不会参加这样的活动，但露·亨利却报名了。胡佛见到报名单上有她的名字，心里一阵惊喜，那天一早特意把自己梳洗干净穿戴整齐。

出发的时间到了，露身穿短衬衫足蹬运动鞋来到了集合地点，大家开始了徒步跋涉。一行人中只有露一个女生，起初她有些拘谨。在男同学中她只和胡佛相熟，很快地两人的话就多了，一路上

露·亨利

露·亨利在斯坦福大学实验室

轻松地聊天，也不觉得疲劳了。他殷勤地照顾她，攀登高坡时拉她一把，两人的手第一次接触，而且相握得那么用力，令他热血沸腾、身心荡漾。

过了一大片未开垦的荒地，前面是个由栅栏围起来的牧场。打老远地胡佛心里就嘀咕开了：自己是应该在栅栏这边托她一把呢，还是先爬过去，在那一边接她下来呢……最后他决定先爬上栅栏坐稳了，向她伸出一只手礼貌地邀请："亨利小姐！"

不料，露径自用双手攀住栅栏，脚下一蹬就轻盈地跨越了栅栏，像一只小鹿似的蹿了过去。她的矫捷身姿博得了男同学们的赞叹，好几个英俊的小伙子都在注视她。胡佛表面上含蓄地不露声色，心里却暗生懊恼：那些男生的家庭经济条件都比自己要好……

踏上返途时，男生们一改在女生面前的拘谨，抢着和露说说笑笑，大家的关系变得熟络起来，露俨然成了小小的社交中心。

回到学校以后，胡佛听到过男生们对露的议论，说她是个难得的优秀女孩。她可能是当时美国将能获得地质学毕业证书的唯一女性，十分擅长绘制地图和撰写地质报告。听着男生们的称赞，胡佛从来不插嘴，虽然暗生情愫，但他自知贫穷，毕业后若是找不到工作，连在学校勤工俭学挣点小钱的机会都没有了。连自己都养活不起，怎么会有经济实力迎娶这么好的姑娘呢……

虽然不敢求爱，但他还是不由自主地喜欢和露靠近，看来露对他也有好感。有一天，他俩在学校附近的小山丘上散步，迎着冬雨过后的清爽寻找石灰岩岩层。他俩都随身带着锤子，发现了什么，他们便用锤子把岩石的表层敲掉，然后坐在洒满阳光的山坡上观察那些岩石。胡佛有过跟随教授去做地质勘探的经验，他很内行地给她讲解这些岩石的特点与构成原因。露对他很是钦佩，认真地倾听并不断提问。她上大学不是像那些富家女孩为了镀金，或干脆只是为了打发时间，她希望自己的人生能够有所作为，选择学习地质就说明了她是个有独特追求的姑娘。

胡佛不会轻易地跟别人谈起自己的人生目标，或者说他知道自己经济条件太差还没敢制定人生目标，现在他若奢谈什么远大理想，肯定会被人讥笑为想入非非。但是面对志向远大的露他却敞开心扉，说了他对从政的兴趣，希望自己日后能够成为像斯坦福参议员那样的政要，为这个世界贡献一些积极的建树，那才是他心目中的成功人士。

露听了他的倾诉，便知道他是个志向远大的男人，心中更是增添了几分对他的好感。

光阴似箭，斯坦福大学首届学生就要毕业了，同学们都在为准备毕业舞会而忙碌。

一向热心于举办学生会活动的胡佛这回却愁坏了，去参加毕业舞会的服装成了难题。勤工俭学挣的那点钱除了吃饭等最低生活开支，剩下那点儿可怜的积蓄都不够买一身西服的。盘算来盘算去，他觉得至少要换双新鞋，脚上穿了多少年的这双旧鞋实在太寒酸了，怎么能穿着它去毕业 Party 上跳舞呢？他狠了狠心去买了一双不错的皮鞋，回来把他最好的旧衣服熨烫平整，穿上衣服仔细地打好领带，足蹬新鞋站到镜子跟前反复打量自己，总算能对付过去嘛！常言道，没有鞋穷半截，足登锃亮的新皮鞋，即使穿着旧衣服也能遮去寒酸、尽显随意洒脱了。

一想到毕业舞会，他心里又阵阵感到紧张和不安：到时候一定会有很多出色的男舞伴围着露，而且她跳舞水平很高，自己能有机会吗……

斯坦福大学首届毕业生的毕业舞会开始了……

晚会上优美的小提琴曲抒情而又含着些许哀伤，年轻的大学生们就要告别校园各奔前程了。胡佛怕轮不上自己当露的舞伴，抢在晚会之前就邀请了她，让他感到欣慰的是她爽快地应允了。又一曲悠扬的华尔兹开始了，露愉快地挽着他的手臂走下了舞池。其实胡佛跟别的女生挺会跳舞的，但不知为何揽着露纤细的腰身时却很是紧张笨拙。跳华尔兹时男舞伴要带着女舞伴旋转，他始终瞻前顾后小心翼翼，怕自己的新皮鞋踩到露的脚尖，又怕自己被梆硬的新鞋底给滑倒了，还得防备自己僵直的胳膊肘儿碰到别人……露却以自信的目光鼓励他放松，笑意盈盈含情脉脉地凝视着他，两人很快地就配合默契翩翩起舞了。

　　一曲终了，立刻就有别的男生凑过来邀请露跳下一支舞了。当然，胡佛作为学生会"委员"也有履行陪其他女生跳舞的义务。终于，他偷得空闲躲到一边，望见露被一个又一个男生"抢"到手。他独自靠着墙呆立，双手插在口袋里伤感地想着，或许这是最后能和露跳舞的机会了……露和别的男舞伴旋转到胡佛跟前时，两人的眼神总是闪着会意的交流，他被她的美目顾盼

斯坦福大学舞会

激发了勇气,当别的男生再一次带着她飞到自己身边时,他伸出右手迅速指了指自己的心口,她心领神会点了点头。曲间休息,当又有男生邀她跳下一支舞时,她礼貌地婉拒,大方地朝着胡佛指了指,表示自己已有约在先了。

赶在曲终人散之前,他又等到了一次与露共舞的机会。他感到自己很幸运,打内心深处总有一句话要冒出喉咙,却始终未能说出口。他深知自己毕业后若是陷入找不到工作的窘境,目前还真没有求爱的资格……

第二天晚上,1895届毕业生们意犹未尽,又自发地再次聚会,这是告别前最后的舞会了。乐队演奏了一支又一支感伤的抒情曲,缓慢的节奏让年轻人忘记了舞步,只顾沉浸在离情别绪中了。千里搭长棚,没有不散的筵席,乐队演奏的终曲愈发如泣如诉千回百转了。胡佛望着心爱的姑娘难舍难离,鼻子发酸眼圈一红哽咽了,但他还是没有勇气说出那句千古情话,嗫嚅地问:"你还会记得我吗?"

"当然,我会记得你。"露坦诚地回答他,一双大眼睛是那么清澈妩媚。

两人似乎都有些意犹未尽,却又都尽在不言中了。胡佛心有不甘,也知道只能礼止于此了。他们两人都面临未知的将来,前途未卜,站在人生的十字路口,他只能这样问,她只能这样回答,但这算不算是一种承诺呢……

大学毕业的胡佛

远赴大洋洲

No.5

1895 年 4 月胡佛大学毕业了，到处找工作都不顺利。眼看着那点儿微薄的积蓄花完了却还是生活无着，这可怎么办呢？为了生计他不得不去"五月花"矿山干活，在矿坑深处艰难地推着手推车往外装运矿石，每趟手推车上都装满了沉重的矿石，他像一头骡子似的推呀拉呀，一天的劳动报酬只有 2.5 美元。他当了几个月的苦力，这也不是长法子，只好又回到旧金山求职。

有一位年轻的比利时采矿工程师路易斯·贾宁（Louis Janing），在旧金山开设一家不大的矿业公司。胡佛拿出自己的"矿业工程师"证书前往面试，但贾宁说公司只需要一名打字员，月薪 30 美金。

笔者读到这段由美国作家约翰·哈米尔撰写的《胡佛先生在两面旗帜下的奇怪生涯》英文原著时，煞费翻译周折。贾宁公司这份工作每天才挣 1 美元，还不够填饱肚子的呢！或许因

为打字员的活儿不多，只是个
"小时工"也未可知。胡佛连这
样一份收入微薄的工作都肯屈
就，足以说明他当时的窘境了，
到贾宁公司暂且栖身也真是山
穷水尽无奈之举了。

19世纪末的打字机

　　岂料，那台老式打字机却给
他带来了好运。

　　不久他就遇到了一展身手的机会。贾宁公司正在投标争
取一个名为"北极星"的项目，需要掌握塞拉山脉（Sierra
Mountains）的地质数据。可巧胡佛在大学四年级时刚刚跟随林
德格伦教授对塞拉山脉做过勘探，熟悉山脉的情况。他为公司
撰写了项目报告，绘制地图，并且制作了地理演示幻灯片，帮
助贾宁赢得了北极星项目。贾宁发现他是个可用的人才，又派
他去好几个地方考察矿井、监督工程，涨些报酬也就不在话
下了。

　　茫茫世界，远隔重洋，有时命运会因为一个偶然机缘把两
个毫不相干的人联系到一起。此时胡佛在人生道路上遇到的重
要人物查尔斯·阿尔杰农·墨林（Charles Algernon Moreing）
登场了。墨林是英国的一个企业主，在伦敦注册了"毕威克－
墨林"公司（Bewick, Moreing & Co.）。公司要派人去澳大利
亚采矿，他嫌英国工程师工资太高，让贾宁推荐一名有工作经
验的35岁以上的矿业工程师，贾宁推荐了胡佛。胡佛年仅23岁，
虚报年龄竟然蒙混过关，被墨林公司聘用了，他最大的梦想就
是成为一名采矿工程师，为此他不惜冒险远赴大洋洲。

19世纪末的旧金山

　　1897 年 3 月 27 日，胡佛离开旧金山乘船前往伦敦，拜见了老板墨林之后，开始了他的澳大利亚之旅。5 月 13 日他抵达西澳南端港口城市奥尔巴尼（Albany）时，不料一脚误入流感疫区不得不滞留，在隔离期间他有幸认识了一位波兰采矿专家，专家给他讲授了许多金矿知识。一个月之后他终于到达目的地库尔加迪（Coolgardie）。当地气候干燥酷热难耐，但他头一次见识金矿兴奋异常，从此做起了一夜暴富的发财梦。

　　墨林派胡佛去澳洲的主要任务是为公司寻找有投资价值的金矿，然而胡佛经多方了解，发现凡是产量高的矿山人家是不肯出让或合股的。起先他还认真考察哪些已经开采过的"尾矿"还有利用价值，但后来他发现墨林老板"需要的并不是一个地质学家，而是一个善于剥夺他人财产的人，一个聪明的偷窥者"，他便领会到老板让他干什么了。有一家"格瓦利亚之子"金矿产量已经降低，想以招资方式维持经营，便找到胡佛谋求合作，许诺事成之后让他当金矿矿长。他高兴坏了，卖力地向墨林推荐投资入股，墨林爽快地答应了。心思缜密诡计多端的墨林为何不亲自去澳洲一探虚实就轻易答应出钱了呢？原来他心里早就盘算好了，趁着"淘金热"对大众心理的影响，他只要把找到金矿的消息散出去，就一定能够引起投资者的兴趣。果然，欧洲人对遥远神秘的大洋洲充满幻想，他大张旗鼓地宣传自己在澳大利亚取得了采矿权，胡佛则不断地往伦敦发布振奋人心的金矿数据，吸引了很多投资者。对胡佛来说这只是少年时代舅舅的骗术套路，故伎重演轻车熟路。墨林和澳方矿主在伦敦签署了创办新公司的协议，成功上市向社会筹集资金。仅凭此番金融运作，墨林公司就赚到近 200 万美元的利润。

胡佛真的当上了澳洲矿长，但任职仅 6 个月，而且面临一个烂摊子。金矿的产量每况愈下，从矿山至铁路还有一段距离，运输成本十分昂贵。矿上原先雇用了 100 多名矿工，若是解雇工人或削减工资都会引起罢工抗议。

库尔加迪矿山

古斯塔夫·德璀琳

正当胡佛一筹莫展时，1898年12月，他被紧急召回了伦敦。

原来是满怀扩张野心的墨林遇到了一位贵人——有一个在中国天津侨居的大人物到了伦敦。他是德国人古斯塔夫·德璀琳（Gustav Detring，1842—1913）。德璀琳自青年时代就到中国谋生，曾在镇江、台湾、烟台等地海关任职。学会了一口流利的中国话，据说会写上万个中国字，甚至能够读懂《康熙字典》。李鸿章很赏识他，向朝廷举荐他任天津海关税务司（即关长），任职20多年。他还长期担任李鸿章的外交顾问。因此，虽然他是德国人，天津英租界当局还是推举他为英租界董事长。如今他已从天津海关退休，受雇于开平矿务局督办张翼（字燕谋）到伦敦办事。

墨林早就听说中国天津有这么一位大有来头的重要人物，立刻设法结识德璀琳，两人一见如故。德璀琳在伦敦逗留期间，墨林给予热情款待，席间德璀琳说起了中国开平煤矿如何如何好，引起墨林的垂涎。德璀琳返华之后，两人保持书信往来。

1898年，墨林向德璀琳表达了希望访问中国的意愿。事关英国人，身为天津英租界董事长的德璀琳当然热心促成。经他从中牵线搭桥，墨林来到了中国考察，探寻与中国政府合作引进欧洲的资金来开发矿藏的可能性。在天津，德璀琳引荐他拜见了李鸿章，同时结识了张翼。张翼时任清政府"官督商办"的开平矿务局督办，李鸿章召他接待墨林，用如今的话说是他"招商引资"分内的差事。墨林早就从德璀琳那里听说了开平煤矿是中国的大型富矿，有广阔的矿业开发前景，心里便打起了涉足中国的主意。正巧张翼请他为开平煤矿推荐一名矿业工程师，他便想起了美国大学生胡佛。

视财如命的墨林捉摸着，澳大利亚那边已经采不出多少矿石了，何必再白养一个职员呢？不如把胡佛调到中国去，既完成了张翼的嘱托，又能在中国放了个眼线，岂不是一箭三雕之举？

匆匆忙忙的婚礼

No.6

墨林从澳洲"矿山金融操作"中尝到了甜头，进而把触角伸向世界各地的矿山。尤其在贫弱的东方，只要哪里发现了矿藏，大英帝国都想在此插上他们的"日不落"米字旗，墨林正是秉持着这种老牌殖民者的思维。

1899年1月初，胡佛正在美国休假，墨林打电报叫他到伦敦总部。他不知老板有什么急事，即刻登船赶往英国。到了伦敦，听说公司派他去神秘的东方古国中国工作，他感到意外又吃惊，因为他一点也不了解中国。不管他怎么想，身为人家的雇员没有选择的余地，而且他天生具有冒险精神，只要能够保住这份工作他愿意去地球任何角落。比起每天劳动10小时只挣不到3美元的矿工来，比起一天只挣1美元的打字员来，还有什么苦活不能干呢？

行程很紧迫。他向老板提出休假回美国处理一些事情，

露·亨利

墨林准许了。在回国的轮船上，他倚着甲板护栏眺望无际大海，考虑着自己的未来，对婚姻大事的筹划也涌上心头：自己回国不久就又得漂洋过海远渡东方，这一去不知何时才能回来，虽说美国已没什么亲人可留恋，但他心中难舍爱恋已久的露·亨利……

　　他听说过一些先于他赴华的西方男子为婚姻发愁的传闻，便想到该为自己打算了。19世纪，无论出于什么目的侨居东方的欧美人士中女性都极少，大多是些光棍汉。西方男性在中国婚恋的机会很小很小，受宗教信仰、风俗习惯、文化差异、经济条件、社会地位、受教育程度等多方面的制约，他们当然还是想找本国姑娘为妻。然而，西方国家的优秀女孩又有几个肯背井离乡远嫁自己毫不了解的东方穷国呢？即使有的情侣自幼青梅竹马或属同学恋情，订有婚约，男子东渡，未婚妻愿去投奔，也有案例记载"甲板情变"。因为当时从美国到中国的轮船得驶过两个月的海程，船上有不少优秀的西方青年，他们见到少有的年轻女乘客，就会争先恐后地展开追求。令人同情的是，那位在中国港口码头翘首盼望的未婚夫终于等来了日思夜想的姑娘时，却发现人家已经和别人牵手走下海轮了……

机不可失，时不再来，胡佛抛却了一切顾虑给露·亨利写了一封信直接向她求婚，告诉她自己即刻远赴中国，问她愿意不愿意跟自己一同前往？他也做了遭到拒绝的心理准备，但他还是决心试一试，以免造成终生遗憾。让他没想到的是，露·亨利爽快地答应了他。他捧着她的回信高兴地蹦啊跳啊，张开双臂大声感谢上帝……

露·亨利不仅独具慧眼，笃信胡佛日后必成大器，还是个富于冒险精神的姑娘，对于神秘古国中国充满了浪漫主义的想象，一直向往去远方闯世界。所以，她毫不犹豫地表示同意嫁给他。

他立刻赶往加利福尼亚州去找她，一对有情人见面时的热烈拥吻那就不用说了，所有的传记作家文笔再好也难以描绘他俩的喜悦程度。然而，他们没有时间缠绵悱恻，必须迅速赶往教堂举行婚礼。来不及通知亲友了，婚礼之后他俩必须在一小时之内赶往火车站，坐火车去旧金山。停泊在旧金山港口的海轮就要开船了，错过这一班船又要等上很久。

婚礼的细节不得而知，但可以想象在教堂里，一向慢条斯

婚礼上的胡佛

婚礼上的露·亨利

理的牧师是如何把庄重的婚礼变成快镜头，新郎新娘又是如何一路狂奔赶往火车站，在火车启动的前几秒钟跳上火车的！他俩在轮船上飘过整个大洋的蜜月旅行，也能够给人以太多的想象。浪漫归浪漫，值得称道的是露·亨利刻苦学习中文。她自从接到胡佛的求婚信，就为了这趟远行买了许多中文书籍，途中总是寻找机会向船上的中国人练习说中国话。胡佛不但自己不用功学，还笑话妻子："没有一个外国人能学会说中文，最多只能掌握日常使用的几个单词罢了！到了那里会有译员的，你就别费事啦！"

露不想跟丈夫争执，仍然相信自己只要付出努力就会有进步。果然，当他们抵达中国的时候，她已经可以和当地人作简单的交流了。后来，他们在天津生活时家里有好几个中国用人，更加便于她与新环境融合，她的中文水平有了长足进步。胡佛那几句生涩的中国话却停滞不前，在很多场合还得依靠妻子充当"语言拐棍儿"。

故事讲到这里，本书将在后面详加叙述的唐山"开平煤矿矿权"国际诉讼案件的主人公们悉数登场了！墨林、胡佛、德璀琳、张翼……各路角色的"贯穿动作""最高任务"机缘凑巧地汇聚相逢了。四位"跨国盟友"在天津上演了一幕幕令世人瞠目结舌的历史活剧，个中的离奇诡异、曲折跌宕，容笔者慢慢道来……

第二章　初到中国

胡佛初会张燕谋

No.1

胡佛夫妇于 1899 年 3 月 20 日在大沽口登岸时天气很冷。公元历法的 3 月相当于中国农历二月，北方的严寒只是稍缓而已，连最早的春色都尚未到来。

远洋而来的新婚夫妇到达天津以后住在利顺德大饭店，这家酒店价格昂贵，是英租界开办最早的老店，西方人抵津大都投宿于此。胡佛小两口儿都是毕业不久的穷学生，但为了安全起见也只能暂且栖身于此。

清晨一觉醒来，胡佛兴奋地走到阳台上去观察天津这座陌生的城市。利顺德是英国乡村别墅式建筑，一长排木质阳台连接各个房间，可以在阳台上散步从各个角度欣赏周边市容。酒店位于海河西岸，而外廊阳台朝着著名的戈登堂（英租界工部局，亦市政厅）一侧，毗邻维多利亚公园（今解放北园）。胡佛惊喜地发现这里简直就和英国城市一模一样，他简直怀疑自

己是不是仍然置身于伦敦了。这使他进一步意识到自己的双重
身份，既是受英国毕威克－墨林公司委派的代表，又受雇于清
政府官办的开平矿务局，只是他一时还没想好如何扮演一仆二
主的角色。

他在天津安顿好妻子，未敢多加逗留就去北京报到了。

早在 1878 年，唐廷枢在李鸿章授意下创办了开平矿务局。
唐廷枢于 1892 年去世，开平矿务局如今的"督办"是张翼，张
翼的官邸和私宅都设在北京，所以胡佛急着赶往北京拜见张翼。
他初到神秘的东方古国，摸不清封建王朝是怎么一回事，拜见
张翼这位穿着清朝长袍官服的雇主时，心里本来是战战兢兢诚

利顺德大饭店

维多利亚公园旧景（今解放北园）

惶诚恐的。

这个张燕谋其貌不扬，一双眼睛小得跟两条细缝儿似的，却有一双被中国传统习俗认为有福的大耳朵，略显"扇风"上翘的大耳廓，配上一双小眯缝眼儿，冒出掩饰不住的喜感。在合影拍照时他能够站在朝廷重臣盛宣怀身后，说明他在官员中间地位不低。

张翼

身为顶头上司的张燕谋对年纪轻轻的胡佛不仅和蔼可亲，目光中还闪烁着对"洋大人"的恭敬，满脸媚笑刻意拉拢。初出茅庐的胡佛哪里知道，张翼出生于1845年，十五六岁时被选入清军神机营，迎头赶上了英法联军入侵北京火烧圆明园。他深知洋枪洋炮坚船利舰的厉害，骨子里就有些惧怕"洋大人"，何况他还在胡佛身上做着发财梦呢！

原来，张翼听说胡佛曾在澳大利亚金矿工作后高兴坏了！他毫无西方现代工矿业的知识，分不清勘探各种矿藏属于不同的专业，对什么地层呀矿脉呀一窍不通，愚昧地误以为胡佛有本事找到金矿。所以，他对胡佛这个两年前还在为了填饱肚子在美国矿山当搬运工的穷小子待如上宾，热情有加。

胡佛哪里知道新雇主揣着另一份心思，甚觉诧异受宠若惊。

清末官员合影，盛宣怀（前排左一），张翼（二排中）

张翼并不多谈开平煤矿，而是一个劲儿地问他"挖金子"的事。胡佛自幼学会了察言观色随机应变，也就顺势摆出一副高深莫测的模样了。新老板追问澳洲金矿的细节，他很害怕暴露自己在那里只是守摊、并无探矿经验之马脚，含糊其辞敷衍应付，绝口不提那里的废矿真相。

宾主交谈甚欢，张翼告诉胡佛开平煤矿总部设在天津，让他先回天津上班听候调遣，胡佛马不停蹄地返回天津。开平煤矿总部就在利顺德大饭店旁边，胡佛和露·亨利暂居利顺德，上下班徒步而行即可。他和妻子在海河畔散步，在维多利亚公园闲坐，日子过得很惬意。

不料，北京很快就给他派下来第一桩公差，这趟远门一出就得几个月——张翼派他去找金子！他把新婚娇妻留在利顺德，奉命乘坐火车去秦皇岛。他本来是被雇来开发煤矿和修建运输煤炭所需港口设施的，不料张翼分不清煤矿与金矿的区别，只是听信了某些地方有金矿的传言，并没有获得地质勘探的资料，就认为能找到金矿，太不靠谱了！胡佛曾建议不如去找发展工业急需的铁、锌、铜等矿源，张燕谋却说："听说在热河一带（今河北、辽宁、内蒙古交界）有金矿，如果咱们能发现一座大金矿，就能发大财。"

这下子胡佛可慌了，他总不能说自己压根儿没有探矿经验吧？接此重任心里没底，这可怎么办呢？他急中生智经张翼同意请来了美国地质学家乔治·威尔逊（George Wilson）。

由两位"洋大人"组成的勘探队出发了。离开天津时，威尔逊要求有翻译、厨师、仆人各一名。胡佛向张翼表示，他们五个人各骑一匹耐力极强适宜走远途的蒙古种马，再用两三头

清末山海关火车站

19 世纪末京山铁路线

骡子驮着勘探设备及行李。至于沿途住处，年轻的胡佛说路上随机宿在乡村小客栈即可。张燕谋听了客气一番，他让两位洋人放心上火车，一切他都安排好了。

胡佛、威尔逊一行从天津坐火车到了山海关，下了车一看大吃一惊。这个毕业不久的穷学生做梦都没想到，迎接他俩的队伍竟然排成了长龙，而且是成建制的军队！

胡佛一惊，心中暗自纳罕：张翼只是个矿务局头头儿，怎么能调遣军队呢……

"潜龙邸"出了两代皇帝

No.2

　　那么，张翼（张燕谋）又是何方神圣？他怎么能够谋到"开平矿务局督办"这么个大肥差呢？只要翻阅一下相关史料我们就恍然大悟了——原来，他自幼在醇王府当差，是醇亲王奕譞的扈从。您又会问了，扈从，不就是随从侍卫吗？那些听命的跑腿儿大都文化水平不高，怎么会成了皇封大员去主管"大国企"头号富矿呢？这里头的水可深着呢！封建王朝的特点就是分不清"家"与"国"的区别，"国"就是"家"，"家"就是"国"，襟连襟亲套亲。自古以来不是就有那句俗语嘛，相府家奴都能顶个七品官。醇王府可不只是宰相大臣府，何况张翼是醇亲王的近侍呢！

　　这就得从醇亲王奕譞说起了，他可不是一般的王爷，不仅是道光皇帝第七个儿子，还是光绪皇帝的生父！

　　"帝父"醇亲王年轻时人称"七王爷"，后来成为慈禧太后

奕譞

执政时代"三大铁帽子王"之一，终生享有特殊待遇并屡任实
权大臣，死后专有"七王坟"。他历经多次宫廷政变、血雨腥
风而官运亨通，可不只因为他是个皇子，皇帝三宫六院嫔妃多
儿子自然也多，若单凭贵胄血统难成大气候。自古以来各朝各
代的皇子不计其数，被黜被贬被流放发配乃至被杀者不计其数，

没有几个亲王能够像奕譞一样始终顺风顺水。何况，他年仅十岁时道光皇帝就驾崩了，而他的生母乌雅氏只是先帝的一个"贵人"，生了他才升为"妃"的，失去父亲庇佑的庶出皇子在宫里的地位就可想而知了。

那么，他从一个徒有虚衔的郡王一跃成为一棵扎根于清廷权力顶峰的常青树，个中奥妙是什么呢？只要搞清楚他与慈禧太后的关系，层层秘史就能抽丝剥茧了。

奥秘一：盘根密缝的多条裙带

1850年咸丰皇帝奕詝登基，在位十一年。他是奕譞的四哥，懿贵妃（即后来的慈禧太后）的夫君。懿贵妃发现奕譞挺有学问而且性格又谨小慎微，便撺掇皇上把她的胞妹嫁给了奕譞。如此这般亲套亲，慈禧成了他的嫂子兼妻姐，他成了慈禧的小叔子兼妹夫，日后醇亲王夫妇的子孙无论是父系"内亲"还是母系"外戚"，便都合二为一了。慈禧这样做是为了稳固自己在皇族中的地位，裙带纠缠着政治，政治包裹着裙带。

奥秘二："辛酉政变"的功臣

1861年，咸丰皇帝临终前任命八位顾命大臣辅佐幼帝载淳，即慈禧太后的儿子同治皇帝登上了皇位。那一年载淳只有六岁，懂得什么治国理政？清廷皇权落入了肃顺、怡亲王载垣等顾命大臣手中。慈禧太后不甘心被冷落，鼓动慈安太后授意"后党"大臣奏请由二位皇太后垂帘听政,遭到"顾命大臣派"顽强抵制。

慈禧太后

慈禧太后初露头角就显出了强人手段，她联合了受排挤的恭亲王奕䜣、来自蒙古的僧格林沁亲王、军机大臣文祥等人发动了宫廷政变，以迅雷不及掩耳之势抓捕了顾命大臣们。

真实的历史剧演到这一幕，一个重要角色上场了。平时他给人的印象是胆小怕事、谦恭有加，不料到了关键时刻他却立下奇功。他和恭亲王一起抓捕了肃顺（有一种史话说他亲手杀死了肃顺），他就是醇郡王奕譞，那一年他只有二十一岁。

他很快地就被加封亲王衔，和恭亲王奕䜣成为慈禧太后的左膀右臂。慈禧虽为女强人，但若想在封建社会长期当稳"女皇"，也需要这两位皇室男性栋梁的站脚助威。

奥秘三：光绪皇帝的生父

慈禧太后志得意满之时，岂料1879年天有不测风云，她的儿子同治皇帝年仅十九岁就早逝了。新一轮的权力角逐旋即开战！同治帝载淳没有儿子，按照清朝祖制皇位必须传给先帝的子侄一辈人，而禁止传其兄弟同辈人，皇室中够资格的子侄很多，但慈禧太后担心大权旁落一概不予考虑。她为了能够继续垂帘听政，想出一个馊主意，要把醇亲王奕譞与她胞妹的不满四岁的次子载湉过继给"先先帝"咸丰为子，册立为新帝。此时咸丰帝已经去世十三年了，强加给亡魂一个四岁儿子岂不滑稽？清宫以慈禧为代表的守旧势力动不动就拿"违背祖制"来压人整人，他们自己却冒天下之大不韪，翻手为云覆手为雨，完全无视"祖宗规矩"。

奕譞的儿子载湉被抱上了龙椅成为光绪皇帝，慈禧太后得

少年时的光绪和父亲醇亲王奕譞的合影

醇王府旧景

道光皇帝

咸丰皇帝

同治皇帝

光绪皇帝

宣统皇帝

以再次垂帘听政，一"听"就是三十四年！同治幼帝时期她"听政"了十二年，两度"垂帘"相加，她实际掌权长达四十七年！

自光绪幼帝登基之日起，奕譞的身价倍增。他成了皇上的生父，不久就受到其王爵世袭罔替的恩典。什么叫做"世袭罔替"呢？原来清朝皇室祖制对于王爵世袭有降一格的规定：皇帝的儿子中有功劳或得宠者封为"亲王"（皇子很多，视其功绩才智或母系势力封为亲王、郡王、贝勒、贝子）；亲王去世以后其一个儿子（一般为长子）降袭为"郡王"；郡王去世以后其后两代分别降袭为"贝勒""贝子"；如果从先帝算起，从亲王降袭到贝子已经是第五代后裔了。贝子的后代就远离皇族中心了。所以，有句古语讲"君子之泽，五世而竭"。世袭罔替，是皇室一种特殊的荣宠。汉字"罔"之一解释乃"没有""不"；"替"之一解释乃"衰废"，例如"兴替"即指兴旺与衰退的交替现象。顾名思义，"罔替"就是指世袭的王爵永远不更换不废除的意思了。也就是说，醇亲王的子孙每一代永远会有一人承袭为亲王了。

醇亲王被牢牢地绑上了慈禧太后的政治战车，成了"一损俱损，一荣俱荣"的铁杆"后党"。但他并不张扬，很会当"平安官"，低调本分，不多拿主意，一切看着慈禧太后眼色行事。慈禧有了这个听话的傀儡当然放心，于是他受赏"亲王双俸"，一生担任许多要职：主管"军机处紧要事件""总理海军衙门事务"，统领沿海水师。动用海军军费为慈禧太后修葺颐和园就是他命李鸿章操办的。

光绪十六年（1890）他去世时年仅五十一岁，荣获谥号"皇帝本生考醇贤亲王"。可惜他生前不知道，醇王府作为"潜龙邸"于十八年后竟又生出第二个皇帝——末代皇帝溥仪是他的亲孙子。

自宣统皇帝登基,奕譞的谥号又称为"皇帝本生祖考醇贤亲王"了。

张翼，靠的就是这样一位皇室显贵中的显贵，双俸醇亲王。然而，王府奴才张燕谋飞黄腾达的背景不止于醇亲王，其中还有更深一层世人不大知晓的渊源呢！

张翼发迹的奥秘

No.3

张翼（1846—1913），字燕谋。关于他如何发迹的记载不多，中国近代思想家《天演论》译者严复曾在张翼手下任职，写过一段文字介绍张翼："咸丰十一年（1861），清廷设神机营，选拔精锐守卫紫禁城，扈从帝行。醇贤亲王奕譞看中其才，调随身边委以重任，要事皆可办理自如，于是保奏任江苏道员，成为省下府上高级行政长官，兼管兵备。"

另有史料说张翼幼年家贫，16岁投戎神机营，后来成为醇亲王的扈从深得王爷信任。再后来，他花钱捐了一个官儿，醇亲王恩准外放他任江苏候补道。如果后一种说法准确，那么严复版本（醇亲王向朝廷）"保奏任江苏道员"之说则是张翼在其部下们面前的自我吹嘘了。不管怎样，从此他的仕途顺遂，屡屡高升，历任开平矿务局总办、督办，直隶、热河矿务督办，工部侍郎、路矿大臣等肥差要职。

张翼

　　有一种说法贬损他目不识丁，笔者不大相信。他的文化程度不高是可能的，一个厮从跟班的能有多高的文化水平呢？但"帝父"醇王爷是很有学问的，不会赏识一个文盲。再说了，一个目不识丁的工部侍郎、路矿大臣，又如何上朝念奏折、如何处理那些重要职务需要应对的繁杂公务呢？

　　继而笔者又生出猜忖：醇王府的厮从跟班一大堆，张翼又是怎么脱颖而出官运亨通的呢？更加令人不解的是，在他任开平矿务局督办期间，勾结英国人墨林、美国人胡佛、德国人德璀琳一伙把个偌大的开平煤矿骗了去，犯了震惊朝野的重罪，为何竟未受到应有的惩罚？

　　为了弄清个中奥秘，我们查阅了有关英文史料：

　　美国人埃尔斯沃斯·卡尔生（Ellsworth Carlson，1917—

埃尔斯沃斯·卡尔生

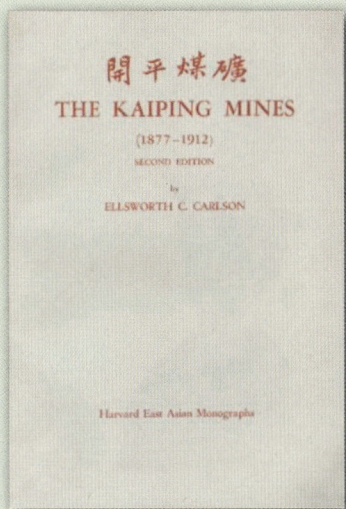

《开平煤矿（1877—1912）》封面

1999），毕业于欧柏林学院历史系，1939 年来华对"开平矿案"做了研究，著有《开平煤矿（1877—1912）》一书，书中有这样一段：

在整理胡佛与开平矿务局的关系时，我偶然发现了一则故事，如果这故事真实可靠，那它就可以解释为什么张燕谋能够享受多年的特殊待遇。据资料显示，在慈禧太后 1875 年政变时，张燕谋扮演了一个重要角色。当时，慈禧太后想要扶植醇亲王的儿子光绪登上皇位，然而这一做法是违反传统惯例的，因为新任皇帝是不能从先帝同辈中挑选的。据传，张燕谋在危急时刻，为了让光绪成为新一任君主，曾背负年幼的光绪翻过京城城墙。

罗斯·怀尔德·莱恩

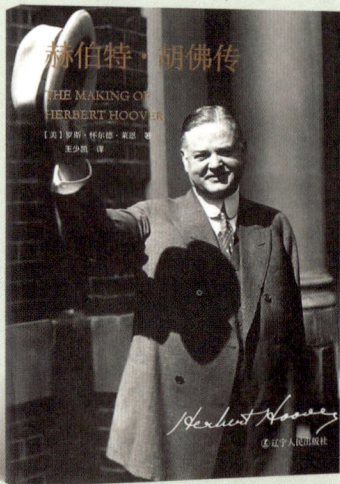

《赫伯特·胡佛传》封面

美国传记作家罗斯·怀尔德·莱恩（Rose Wilder Lane，1886—1968）在其代表作《赫伯特·胡佛传》中则将这个故事写得像一段好莱坞电影镜头：

> ……他将三岁的小男孩夹在臂弯里，在黑夜中（从醇亲王府邸）迅速返回皇宫。一位值得信赖的仆人在高耸的城墙上站着，看到他们之后扔下一根绳子。张燕谋背着全中国的希望翻过了城墙。于是，年仅三岁的光绪成了天子，慈禧太后也开始了她不容置疑的统治。但这只是河边村庄中一些苦力的谣传，用来解释为何出身卑微的张燕谋最后掌握了中国煤矿的全部财富。

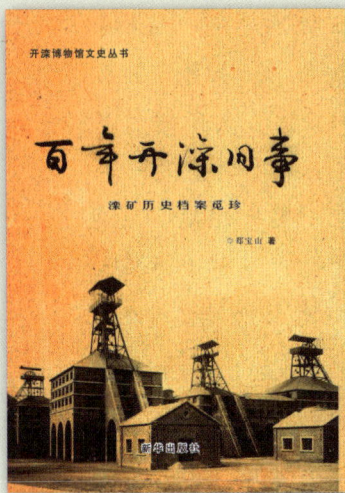

《百年开滦旧事》封面

我们也查阅了中文史料，唐山开滦博物馆不仅收藏丰富，并团结了一批有志之士专心从事唐山地区煤矿史研究，还编撰出版了《开滦文博》杂志。郏宝山著《百年开滦旧事》（新华出版社 2014 年 7 月出版）书中对卡尔生的记述进行了分析：

近日看了开滦的历史档案，才知道在 1875 年的清廷政变中，张翼在历史的关键时刻扮演了一个重要角色。《开滦煤矿志》初稿资料 3 卷 119 页记载，慈禧太后在同治帝（载淳）驾崩后，违背清廷不得以先帝同辈的皇子继承皇位的祖制，欲立老醇亲王的儿子光绪（载湉）为皇帝，这必然遭到朝廷正统势力的反对，他们采取了激烈的行动。张翼在这次政变的紧要关头，"曾肩负这个孩子（指光绪）爬过墙垣"，荒荒逃命。这

页档案中虽然注明说这是一段"未
经鉴定"的"轶事",来自论述胡
佛与开平关系的卡尔生所著《开
平煤矿（1877—1912）》中的一段
话,但这段话有一定可信度。笔者
查阅卡尔生的《开平煤矿（1877—
1912）》,的确找到了张翼背着光绪
逃命的最初译文。

以上三段文字大同小异,中美三
位严谨的史学家不约而同使用了"如
果……""但这只是……""未经鉴定"
等句式留有余地,但笔者相信这一流

光绪皇帝

传甚广的"轶事"不会是空穴来风。至于张翼背负幼童光绪是
翻过了"京城城墙""皇宫城墙"还是"王府墙垣",英文不像
中文对这三种墙有细致区分的专用语,外国人也不了解中国古
建筑中对不同"墙"的称谓。皇室秘闻不可能写入正史,也就
无从鉴定。即使这个故事纯属杜撰,张翼作为醇王爷的随从,
在王府背着小光绪玩耍也是常事儿,说他们的关系不一般绝非
虚构。

自幼跟随醇亲王的张翼深知在朝为官的瞬息万变,按理说
有了醇亲王、光绪皇帝父子这么大的靠山他本该知足了。但是,
随着光绪的长大,皇帝与太后的政见渐行渐远,关系日趋紧张。
他又变着法子讨慈禧欢心,圆滑地谋求仕途双保险。

他续娶之妻是慈禧太后的远房侄女,虽然那只是像《红楼
梦》中刘姥姥进大观园那种牵强的"瓜葛之亲",但总算弯弯绕

地成了"国戚"，他这才能用钱捐了官儿，即虚职江苏候补道台，相当于如今的"局级调研员"。他很会利用这层"瓜葛之亲"，找机会就给慈禧太后进献古玩珍宝。醇亲王是一位文物收藏家、鉴赏家，张翼随侍王爷耳濡目染也爱好收集文物古董。他"孝敬老佛爷"的文玩博得慈禧太后的欢心，这也是他能捞到矿产、道路、工程等肥缺实权的原因之一。

封建王朝的律法是残酷野蛮的，清廷残杀秋瑾和谭嗣同六君子等时毫不手软，张翼后来丧权辱国捅了这么大的娄子，朝廷却未给他严厉的处罚。

穷小子找到了当国王的感觉

No.4

王府奴才出身的张燕谋，愚昧无知又贪婪成性，只凭捕风捉影的传言就兴师动众高价雇佣洋人去掘金，一路上串演了令人瞠目结舌的荒诞闹剧。

闹剧第一幕：豪华之旅

胡佛哪里知道张燕谋在朝廷及王府有那么深的背景，到了山海关一下火车吓了一跳，竟然有那么多人来迎接他这个穷小子！两年前他刚从斯坦福大学毕业去求职时穿的西服都是找别人借的！据《胡佛回忆录》记载，他和威尔逊只有瘪瘪的行囊，而接待他俩的阵容多达几百人。一位清军将领带着两名参谋及20名军官，还有勤务兵、侍从若干，另有100名骑兵组成的卫队。这还只是"护驾卫队"，勘探队还配有10匹高大的骏马作为洋大人们的座椅，6 辆马车供客人路上骑马累了休息，100 头骡子驮着数不清的包裹、袋子、盒子、草席……浩浩荡荡的队伍一路上旌旗招展，前呼后拥，路过哪座村庄都引来农户围观，尾随不舍。

这是 19 世纪最后一个年头中国北方穷山僻壤难得一见的奇观，让自幼孤苦贫困的胡佛找到了当国王的感觉。

闹剧第二幕：公款吃喝

张燕谋为两位洋大人途中用餐一事绞尽了脑汁，中餐名厨手艺再好，只怕不对洋大人的口味。为了此事他特意请来一位

清末军官

晚清新式军队

曾在法国驻天津领事馆供职的西餐厨师，并答应了厨师的要求尽力购买昂贵的外国食材。

《胡佛回忆录》完成于1952年，待到在美国出版时胡佛已经年近八旬了。时隔半个世纪，他对"寻金之旅"一路上的美食依旧记忆犹新，可见当年的喜出望外、受宠若惊。在回忆录中他不无炫耀地历数那位西餐大厨坚持每顿饭都要上五道菜。随着旅程的延长，外国食材快用完了，只剩下鸡肉和鸡蛋，大厨仍然不肯将就，端上鸡汤、威尔士干酪、烤鸡、鸡肉沙拉、甜蛋饼。虽然餐桌上只有两位客人，但他始终认为上不了五道菜是一件很丢面子的事。更叫胡佛钦佩的是，沿途的地道西餐都是大厨在院子里用烧柴火的土灶做出来的。

闹剧第三幕：绿眼法力

《胡佛回忆录》还生动地描述了一个更加叫他吃惊的场面。勘探队朝北走了七八天，到达了一座铁矿矿山，远远地望见了一千多个当地人黑压压地严阵以待。胡佛心里很紧张，问翻译会不会发生暴力冲突。

骑兵指挥官派人上前侦查"敌情"，哨兵回来报告说那些当地人并无敌意，他们祖祖辈辈从来没见过洋人。洋大人大驾光临找金子的消息不胫而走、越传越玄，传言说洋大人长着一双绿色的眼睛，绿眼睛能够穿透土地看见藏在地层深处的黄金。当时在封闭且荒凉的穷山僻壤，这样神奇的传闻无异于如今听说降临了天外来客，远远近近的乡民都聚来瞧新鲜。

大清朝那年头儿中国人总爱形容西方人长着"红毛绿眼"，其实是一种出于排外心理的妖魔化夸张语言。笔者去过许多国家，见过各个民族的白种人，确切地说白种人中间有一部分长着金发蓝眼睛，其中有些人的头发呈金棕色，以荷兰人居多。

当年美国好莱坞拍摄《乱世佳人》，因原著小说《飘》描写女主人公有一双绿眼睛，导演从上万名人选中才挑选到眼睛蓝中透绿的英国女演员费·雯丽。还听说某一任"007"扮演者罗杰·摩尔是绿眼睛。我们曾仔细在现实中观察，发现西方人的蓝眼睛也只是在某种光线下才会发绿。至于"红毛"，西方小说中常见描写某人为"红头发"。台湾淡水有座"红毛城"，是当年荷兰人占领时的城堡。我们也去过荷兰，满大街搜寻也没见过一个真正意义上的红头发的人。

那么为什么会有"红毛"之说呢？这里有必要对白种人的

"金发"做一番分析。"金发"并不是同一种颜色，其色调、色阶、色泽千变万化，粗略看上去可以分成"白金色""金黄色""亚麻色""金橙色""金棕色"……后两者即是西方人所谓的"红头发"了。和中国人的黑发不同，"金发系列"在不同的光线下差别很大，在正面光、侧光、反光照射下光泽各异，例如"金橙""金棕"色的头发若是在朝霞、夕阳、火光乃至任何红色背景下就会发出火烧般的红色了。

故事还是回到胡佛的"绿眼"上来吧！

他不无幽默地回忆道："中国人急切地想把我们看个究竟，而他们观察我们时的亲密样子颇为让人尴尬。"

他所说的"亲密样子"指的是人与人之间的距离太近。很多报刊文章都提醒中国人注意，不同民族对人际交往时的"肢体距离"有不同习惯，据说英国人要求双方保持一米距离，美国人可以稍近些，或许这就是公众排队办事或购物场所划定"一米线"的出处。只有亲属、夫妻、情人、好友相处才会亲密无间，所以胡佛被乡民近距离"看个究竟"，难免觉得尴尬万分。

真逗！一位美国总统当年曾在中国北方荒山野岭被上千人逼近了围观，一个个衣衫褴褛的"土著"凑到跟前"观察"他的"红毛绿眼"，那场面太哏儿啦！

胡佛还自嘲地写道："第二天，我们端着点架子来到了矿山，我们站在一座小丘上，用自己宝贵的、特殊的双眼（他指的是法力无边能穿透地层看到金子的'绿眼'）俯视着矿区……"

事实很败兴，他们发现这只是一座铁矿，而且铁矿石早已被过度开采，不可能再找到新的矿脉了。

闹剧第四幕：劳民伤财

张燕谋哪里肯死心，不断地搜集哪儿哪儿发现金矿的谣传，一次又一次派遣两个"红毛绿眼"洋大人踏上类似的征途。那支二百多人的大部队从人欢马叫到人疲马乏，去了山东、东北、山西、陕西等许多地方。某一段旅行有时会长达两个月，最远的一趟马背之旅甚至走到了戈壁沙漠中的库伦（今蒙古国首都乌兰巴托）。尽管每次都是徒劳而返，但胡佛和乔治·威尔逊却都很高兴。能够在广袤的神秘大地上做详尽的地质勘察、积累数据，何况还有高薪酬高规格待遇，哪一个地质学家不会感到幸运呢！

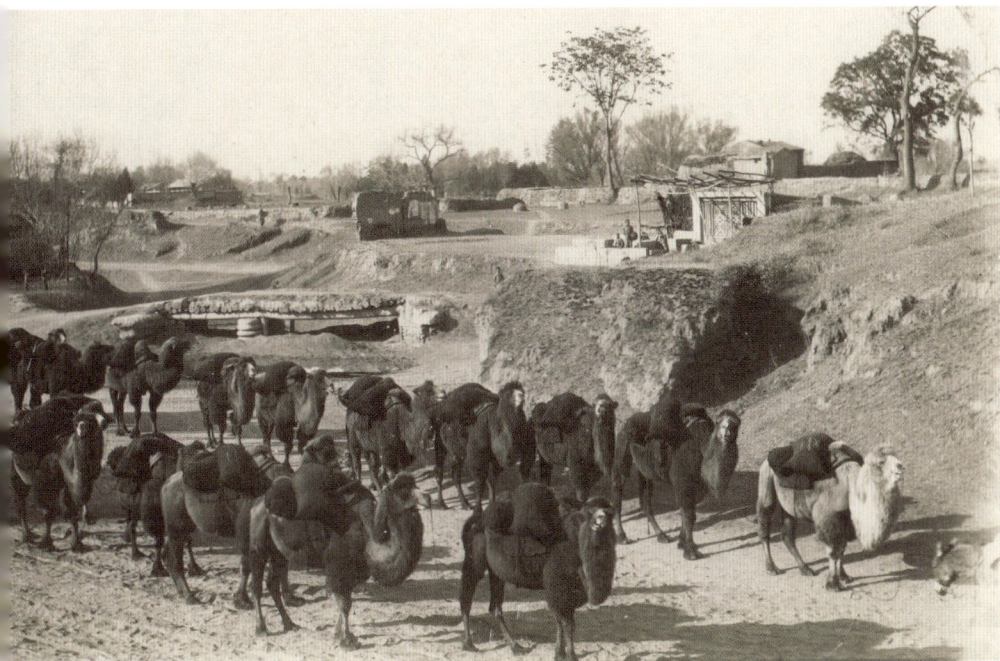

清末骆驼队

然而劳民伤财的"红毛绿眼神仙巡游"戛然而止，胡佛回到天津——逼迫张燕谋罢手的原因是义和团运动星火燎原了。

本节回顾这出荒诞的掘金闹剧，意在请读者朋友们从中先行了解张燕谋其人，他有多么愚蠢，多么贪婪，多么有权有势。那么后面这么一个清廷大员被胡佛等人骗走了整个开平煤矿，就不足为奇了。

李鸿章也来凑热闹

···

No.5

胡佛初到中国就转悠了大半个北方。金子没找着，张燕谋不仅没怪罪，反而还是屁颠屁颠地围着胡佛转。因为李鸿章也对胡佛抱以期望，委托他去治理黄河。

李鸿章的英文秘书毕德格（William N. Pethick）是美国人，介绍胡佛去拜见李鸿章并给他当翻译，胡佛诚惶诚恐。

李鸿章众多的职务之一是黄河的勘河大臣。毕德格介绍说胡佛是个工程师，李鸿章很高兴，说黄河的状态让他感到很忧虑，希望胡佛去检查那些防洪工程，并对如何治理黄河提出建议。

胡佛一听傻了眼，慌忙说明自己的专业是矿业工程师，不是水利工程师。李鸿章以为他是自谦客气，不容分说表示他已经交代张燕谋为胡佛考察黄河做出安排。见多识广的李鸿章也犯了和张燕谋类似的低级错误，做出这种在现代人看来近于荒诞的决定，一方面是因为清朝闭关锁国，中国人不知道西方国

李鸿章

家工业革命带来的科学发展，搞不清楚各专业学科的分野；另一方面也是因为东西方之间的文化差异，李鸿章不了解美国人少有中国式的"自谦"，一向自吹自擂的胡佛都说他不懂水利，那他就真是对水利一窍不通的门外汉了。

胡佛知道，李大人是不能被拒绝的，他硬着头皮答应下来。转念一想可以去黄河流域巡游，心里甭提多高兴了。讨论完正事，他知道自己应该告辞了。这时，一名仆人用餐巾裹着一个香槟酒瓶进来了，仆人完全用西式礼节煞有介事地给胡佛斟了一杯酒。胡佛举起酒杯向李大人致敬，一口酒下肚，不料被呛得剧烈咳嗽，脸红脖子粗说不出话来。

这时他才发现香槟酒瓶里装的并不是温和的香槟，而是一种火辣辣的东西。他可怜巴巴地央告毕德格替他向李大人求情，别再让他干杯了，并为此向李大人表示歉意。李鸿章听了毕德格的翻译，咧嘴笑了，却又严严肃肃一本正经地接受了胡佛的道歉。

出门后，胡佛问毕德格瓶子里装的是什么液体，毕德格说是中国烧制的烈性白酒。他还忍住笑说长期以来李大人在西方客人告辞的时候总是用这同一瓶酒招待客人，剩下的酒一律被倒回瓶中，这是李大人众多恶作剧中的一个。

李鸿章几乎是唯一一个敢作弄洋人的清朝官员，他爱开这种玩笑有无用意，今人不好揣测。在那个闭关锁国的封建王朝，就连李鸿章这样见多识广的"洋务派"领军人物，也只知道"工

天津的李鸿章行辕衙门

黄河旧景

程师"这个名号，而不清楚工程师是个须细分各种工程专业的统称。

不管怎么说胡佛实在是太幸运啦！张燕谋当然又如法炮制做了安排，胡佛和乔治·威尔逊又有机会在二百多人的簇拥下，旌旗招展浩浩荡荡沿着黄河来来回回巡游了几番。当然他和乔治·威尔逊都不如大禹会治水，谁让东方古国天子臣民一向笃信远来的和尚会念经呢！他俩一个劲地在胸前画十字感谢上帝。

李鸿章启用"洋员"还有另外一个故事。他要聘请一位军事顾问，也是经德璀琳推荐，1879年冬德国将军老汉纳根之子康斯坦丁·冯·汉纳根（Constantin von Hanneken）来到了天津。面试时李鸿章问他："你对大沽口炮台有什么看法？"

汉纳根年仅25岁，渴望得到李鸿章的聘任，内心十分紧张，但他是个诚实的人，略作思忖，他决定直言回答："大沽口炮台

汉纳根

建得比较早，最近（指太平天国时期）一次重建也过去了十几年，已经不适应现在战争的需要。对于防御进攻来说，只有一个固定射击点位显得太少，既不能形成交叉火力又难以进行拦阻墙式的射击，一旦打起仗来连自我防卫都很难，很容易失守……"

李鸿章听了非常惊讶："这是座普鲁士风格的炮台，是按照普鲁士防御工事的样式修建的呀！"

世袭军人家庭出身、来自普鲁士炮兵部队的汉纳根，费力寻思也想不出来大沽口炮台是仿照哪一座德国炮台建造的。李鸿章看出来他狐疑的神色，便告诉他："我们参照的是普鲁士防御工事的模型呀！是大清驻柏林公使送来的礼品。"

李鸿章言下之意是说，那应当是一座比较好的炮台呀！汉纳根却哑然失笑：模型礼物只是一件仿古工艺品呀……他只好实话实说了："那是18世纪的防御工事，如今在德国几乎没有了。在正方形平面上修筑堡垒，明显缺乏自卫能力。"

李鸿章一听笑了，点头表示："我也早就看出来了这座炮台存在的问题。"

汉纳根在中国累计生活了33年，直到1925年去世于天津。担任李鸿章的军事顾问期间，他负责设计、监造或修葺了旅顺炮台、威海炮台、厦门炮台、虎门炮台、大沽口炮台等众多海防工事；中日甲午战争时期他在"高升号"受日舰偷袭事件中泅

大沽口北侧炮台

旅顺炮台

海逃生，找来德舰"伊利达斯号"救起100多名清军水兵，后又随清军旗舰参战负伤。他得到了朝廷封赏授将军衔，成为一代著名的"大清洋将"。

李鸿章启用汉纳根，算是慧眼识珠，伯乐之于"洋才"；而胡佛的来华对于晚清来说则是一场灾难。那年头儿海途迢迢、信息闭塞，用人对错，个中带有某些偶然性。

仅从这两桩史话，就能看出农业国家与工业国家的差距。落后的症结囿于封闭，和国际接轨的关键在于开放，这个道理直到今天仍然有着现实意义。

叙述那些往事，笔者心里禁不住感到阵阵悲凉。一百多年以前只因中国是封闭的农业古国，在工业化发展上晚了一步，就受制于洋人到那种程度！

至于李鸿章的所托非人，则是因为他对西方工业文明的不甚了解。也正是在晚清那样的特殊时期，在封闭已封不住、国门被动地似开不开的尴尬氛围，以及八国联军大兵压境的战争阴云下，才会发生"开平矿案"这种震惊中外的跨国骗案。

更令人惋惜的是，当年我们这个农业古国还不懂得现代工业、科技、交通等方面的情报概念，竟然傻乎乎地花重金请了美国人来详细勘察国土、河流、矿藏……任由他们绘制了精确的图纸，攫取了详实的数据。这除了让经济情报暴露于西方社会之外，更为严重的后果是让殖民者了解到了清政府虚弱、愚昧、落后的程度，助长了他们瓜分中国的野心和气焰。

捕风捉影的"总统套房"

No.6

美国有好几种胡佛传记，其中一部传记记载了胡佛夫妇来华初期的生活。他们于 1899 年 3 月 20 日到达天津，在利顺德住了几天，然后，胡佛就奉命去做矿务考察，也就是那趟荒诞地从秦皇岛出发北至库伦的掘金之旅。

新娘露·亨利一个人留在天津，人生地不熟，很是孤单。对于一对毕业不久的大学生夫妇来说，利顺德的房租显然太贵了。幸好英租界有她的一个女性朋友，邀请她到自己家里暂住，在异国他乡有个讲英语的女伴真的是太好了，她很快就搬离了利顺德。胡佛找不到金矿，张燕谋就遣他再到别的地方去找，行程越来越长，归期一拖再拖。露在朋友的陪伴下逛遍了英法租界，还到天津老城去看新鲜。

胡佛终于回到了天津。小夫妻新婚久别，自然格外甜蜜缠绵，住在朋友家里多有不便。再去住酒店或寄人篱下都不是常法子，他俩决定找个长期栖身的住所安家。夫妇二人经过多次看房，在英租界租了一座宽敞的灰色二层楼房定居。那座楼房的具体位置，天津史学界和历史建筑专家们曾经长时间争论不休。

从相关史料记载我们可以确认两件事：一是胡佛夫妇于1899年2月10日在洛杉矶结婚后，立即赶往旧金山登船，在海上漂泊一个多月才抵达天津。初到时，他俩在利顺德住了几天便结束了新婚蜜月，胡佛即被张燕谋派遣踏上长达几个月的"寻金之旅"，露搬去和朋友同住。也就是说，他们只在利顺德住了很短时间。

其二，按照常理分析，他们在英租界的公馆是租的不是买的。外国人到中国公司谋职一般任期不会太长，在他们无法预测自

利顺德大饭店今景

己要在天津居住多久时，不会在前程不明的情况下冒冒失失买房。远涉重洋跑到东方来掘金的雌雄冒险家，初闯津门立足未稳时先租下一幢别墅居住，也不失为一种务实选择。

那么，那座灰色小楼位于何处呢？

《胡佛的崛起》书中说："当时天津市的四周都围着 15 英尺高的泥筑堤坝，这些都是第二次鸦片战争时期用来保护城市的防御工事。胡佛家位于防御工事外的一片新开发的地区"。

故事讲到这里，又要引出僧格林沁亲王（1811—1865）和德璀琳两位大人了。如今天津的年轻人连墙子河都没见过，更不知道当初的护城墙（即"防御工事"）了。1858 年第二次鸦片战争期间英法侵略军攻占大沽口，清廷被迫签署《天津条约》。1859 年僧格林沁亲王奉命镇守天津和大沽口，为了抵御英法联军来犯，沿着如

僧格林沁

今天津的南京路南侧修筑了护城墙，取土筑墙也就挖成了墙外的护城河，老天津人称之为"墙子河"。当年护城墙外设有军营，如今的南京路与大沽路交会处的城门曰"大营门"，如今的南京路与马场道交口的城门曰"小营门"。胡佛故居选在出了小营门即可到家的宅院。《胡佛的崛起》书中说的"防御工事外的一片新开发的地区"即是指如今著名的"五大道"街区最初开

胡佛故居

发的东端了。

"五大道"街区最早出现的道路是德璀琳修筑的马场道，当初还没有重庆道，胡佛故居位于马场道一段 S 形弯路上，胡佛夫妇选择这片新区租房子是上佳选择，可能因为房租便宜。这里虽然地处英租界老区之外，但出去不过五六百米，几乎就是守在护城墙跟前了。

可以说，德璀琳与胡佛是昔日津门异客中两位知名度最高的西方人了，不过两人的不同之处是，胡佛在天津只顾了自己投机捞钱，陡然暴发成为巨富，而德璀琳在不耽误发财的同时也为天津城市建设做了不少好事。他发起疏浚海河工程，利用挖出的海河淤泥垫起一平方公里（后来的五大道）地块，成为英租界"推广界"，故称"新开发的地区"。

戈登堂夜景

　　胡佛夫妇选择的别墅位置是"新区"紧靠"老区"的城墙根儿，门外的马场道朝北穿过小营门桥跨越墙子河通向今浙江路。当初德璀琳修筑马场道是从今浙江路北端开工的，从那里向东即是英租界中心戈登堂、维多利亚花园、利顺德大饭店了。

　　蜿蜒地流过城市的美丽的墙子河消逝于1970年。当时天津市决定借墙子河的走向修地铁，代号"7047"工程，一直到1984年底才总算挖通了小白楼至西站短短一小段路程。修地铁固然是为了解决城市交通问题，但是赔上河堤绿荫、小桥流水、诗情画意的墙子河，个中的环保账、宜居账、美丽天津账，究竟划算不划算呢？只有留待后人评说了。

　　笔者关心胡佛夫妇在天津的住处问题，原因是后来利顺德大饭店专门设立了一套豪华房间，曾经名曰"总统套房"。房间里面摆上了"胡佛夫妇的床""总统办公桌"等陈设，门外有铜牌写着胡佛总统曾在此居住，看了叫人哑然失笑。商家炒作是可以理解的，但若要考证史料的真实性，那就得认真对待了。试想，贫困家庭出身的胡佛初到天津时只有 25 岁，是个毕业不久的大学生，他妻子露也不是富家女。他初来天津时还未到开平煤矿总部上任，头一个月的薪水也还没拿到，临时在利顺德落脚而已，何谈住得起这样陈设豪华的"总统套房"？

当然，今人自可宽容商家炒作，比起那些凭空编造人文典故的旅游景点，胡佛夫妇毕竟在利顺德住过，还算是有风可捕有影可捉的。

墙子河（今南京路与大沽路交口）

388

胡佛套房
HOOVER SUITE

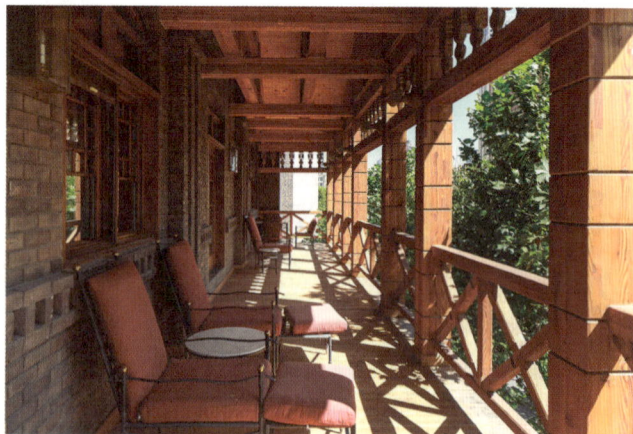

利顺德大饭店"胡佛套房"内景及阳台

第
三
章

开平煤矿

胡佛的"处女作"

张翼任命胡佛为开平煤矿工程师，胡佛洋洋得意地去矿山上班了。坐在火车上，他还沉浸在那种"穷小子当了国王"的感觉里，以为会有很多人欢迎他、围观他。岂料，除了公司派出的洋员礼貌性地接待，人们对他的出现反应平淡。在他之前这里已经有许多西方人担任工程师了，其中就有受人尊敬的总工程师英国人金达（Claude William Kinder）。金达率领中国技工把一台锅炉改装成蒸汽机火车头，制造了中国第一列火车"龙号车头"（又名"火箭号"）。所以，不仅外籍雇员只把他当作一个普通的新同事，就连中国职员也早已对洋员见怪不惊，把他当成个初出茅庐的毛头小子。他们谁都没有料到，这个毕业不久的年轻大学生竟然能够把一座实力雄厚的"大国企"搅得天翻地覆。

胡佛初到开平煤矿大吃一惊，在矿山参观一圈以后万分诧异，先前他怎么也没想到，在封闭落后的农业古国竟会拥有这么一座比起西方国家来毫不逊色的现代化大煤矿！而且离中国北方最大的海港口岸天津大沽口这么近，真是天下难寻的仙山宝地呀！

开平煤矿当时的面貌，也难怪叫刚从澳洲废矿来的胡佛惊愕了。当年这座矿山的规模有报刊记载为证，1890 年 9 月 20 日上海出版发行的新闻周刊、享誉全国的《益闻录》载文：

> 唐山向有煤矿一所，井口在街前，井深一百六十余丈。井上设有火轮机器，烟筒用砖垒成，高八九丈，大小锅炉

1890年9月20日《益闻录》原文

十余口，均由此一筒出烟，昼夜不停。行人来往、煤斤出入，升降甚便。井底有极大吸水机器两个，又有入风之机器风筒。井内上下分四层。头层计深六十余丈，内有东、西大街，约二里许；又分无数小巷，并分出煤之槽洞若干……井内大街小巷均用砖块悬棚而起，与城门洞相似。至出煤之槽洞，上有木板托好，下有木柱顶妥，坚固之极。无煤之空洞，俱用土石塞满。井内有马车六七辆，骡马七八十匹，或运土石或运煤炭，昼夜换班，无时或息。按此井深大而坚牢，出煤之多，速而省工，诚中国第一佳矿也。前月因被水灾，铁路不通，存煤过多，不得已于初八日停止工作，只留里工在井内修整一切。现在铁路业已修妥，驶行如昔，想不日即可兴工重开矣。

1878 年建成的开平煤矿矿井及厂房

　　胡佛身临其境，这才明白了墨林老板为何非要到中国来考察，又为何把他抽调到中国来了。开平煤矿真是天下难寻的只有《天方夜谭》"芝麻开门"才能见到的财宝仙洞呀！难怪墨林一眼就看上这块肥肉了呢！他简直就是"阿里巴巴与四十大盗"中的强盗头目呀！

　　胡佛那精明的、猎犬似的鼻子立即嗅到了金钱的铜臭，给墨林发电报自动请缨对开平煤矿做详细调查，这正中墨林下怀。

　　可惜咱们中国人那年头儿还没有经济情报的观念，大清朝沿袭的是几千年来的农业生产方式，压根儿不懂得保护矿产资源，任由外国人到各地勘察，致使西方殖民者轻而易举地掌握了中国的矿产储量。

　　胡佛运用他在斯坦福大学学到的矿业知识，花了几个月的时间写了一份《开平矿务局报告》呈递墨林。

　　报告详细列举了开平煤矿的地理位置、开发历史、股份资本、煤田面积及采矿权、地质、煤层数及规模、煤质、焦炭质量、开采中的各矿、采煤成本、可供目前设备开采的煤量估计、未经开拓的煤、运输部门、运河、塘沽港、秦皇岛港、轮船、海运运费、一般航运、码头、存煤、煤价、产煤品级和数量的估计、市场、售煤收入概算、计划中的扩建工程、所需资本和时间、矿务局负债、资产、财产总值。

　　如此详实的矿山商业秘密，每一项都有精确的调查数据。胡佛像一位高超的画师，细微地描绘了"开平肥羊"的规模和未来的开发潜质。他在调查报告最后的"结论"中向其主子建议：

　　……由上述可以清楚地看出，这项产业肯定值得投资

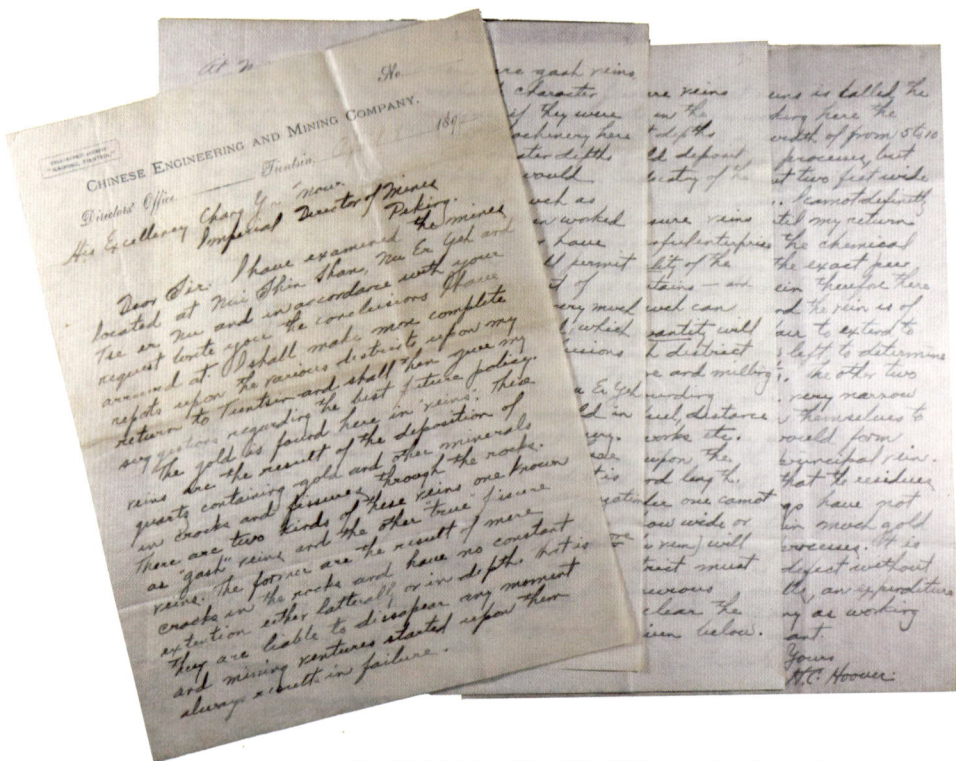

1899年4月8日，胡佛写给张翼的信。信中描述胡佛考察矿山情况并得出结论，表示回津后将做出更全面的报告

一百万（英）镑；这个企业绝不是一项投机事业，而是一个会产生非常高的盈利的实业企业。

毕威克－墨林公司

代理人　胡华（签字）

调查报告完成于 1900 年 6 月 1 日，1901 年由毕威克－墨林公司在伦敦出版，成为胡佛的"处女作"。就是胡佛递交的这份调查报告，引来了墨林及其背后西方财团这群饿狼。可以说，胡佛是"开平矿案"的始作俑者。

他的估价还没算上煤藏量 32500 万吨，价值 812.5 万英镑，折合约 5571 万两白银。企业资产和地下乌金两项加起来的价值高达 916.5 万英镑，约合 6286.96 万两白银。若以当今汇率概算，相当于 125 亿英镑，折合人民币堪称千亿元大矿了！还有一点须说明，一百多年以前各国的经济都不是很发达，穷人多，富人少，1000 英镑就算是一笔难得的大财了。开平煤矿这等"肥羊"，别说英伦三岛没有，全球又能有几座？

墨林看了胡佛的调查报告惊喜异常，恨不得立刻把这只"开平肥羊"抢到手。他和胡佛、德璀琳三个人经过两年多的阴谋筹划，终于不花一分钱便把偌大个开平煤矿一口吞下。

这份经济情报详细到何等可怕的程度！时隔百年，今天的中国人可以以大国公民的俯视目光来欣赏胡佛大作了。

天津坊间传说胡佛会说中国话，还会讲天津方言，回到美国以后他们夫妇若是有不便示人的话，就以天津话交流，那纯粹是演义了。

胡佛不懂中文，他是如何查询并整理出来如此详细的开平矿山资料的呢？估计他采取了两个办法：一是此前唐廷枢雇用了一些"洋员"参加煤矿的管理和技术工作，"洋员"留有英文版档案，他可以直接阅读、拣选、编纂；二是他通过调查弄来不少中文资料，请"洋员"同事帮他译成英文。看得出来他是下了一番苦功夫的。姑且先不抨击其不良目的，单就一个西方青年独闯陌生的东方，对矿山开发潜力的正确判断、缜密详实的调查求证，可以看出他个人奋斗的野心与强悍坚韧的心理素质，确实符合"美国精神"，也是对他后来能够竞选美国总统的一种历练。

　　调查报告对唐山、天津、秦皇岛大片地区矿藏、地质、农业、水利、海港各方面的经济情报，来了个全方位的窃取，数据细节详实到骇人听闻的程度。仅凭这一份报告，胡佛就能评上历届美国总统中最为了解中国的"达人"了。胡佛亲笔撰写的《冒险年代——美国总统胡佛自传》，扬扬得意地回顾了他年轻时在中国的冒险生涯。关于昔日半封建半殖民地的中国如何成为西方冒险家的乐园，这部史料是一份活的物证。

李鸿章初会唐廷枢

No.2

那么，叫胡佛看了大吃一惊的"中国第一佳矿"又是怎么来的呢？尚处工业萌芽时期的中国怎么会冒出一座令西方人都艳羡的先进大煤矿呢？这还得从始于 1861 年 1 月（咸丰十年十二月）的"洋务运动"（又称"自强运动"）说起，史书上一般界定"洋务运动"止于 1894 年。中国饱受两次鸦片战争之苦以后，清廷明显地分成了"洋务派"和"守旧派"。"洋务派"的领军人物有李鸿章、张之洞等大员，他们主张中国自强要从两方面入手：一是"师夷长技以制夷"，引进西方军事及工业设备；二是发展经济，兴建近代化生产企业，以富强达到自强。他们在创办第一批近代化企业的实践中摸索出了"官办""官督商办""官商合办"等管理模式，新型工业迅速诞生，国力显著有了起色。囿于当时的历史局限，在不断受到朝廷内外顽固"守旧派"打压掣肘的情况下，洋务运动还是以累累硕果为中国迈入现代化奠定了基础。

引进西方设备进行近代化生产的实际操作中，李鸿章在用人方面头脑很清醒。他主张"中国欲自强，则莫如学习外国利器。欲学习外国利器，则莫如觅制器之器，师其法而不必尽用其人，则或专设一科取士……"，在他创办的军队、军工企业、民用企业中可以雇用西方人担任技术顾问、工程师或管理人员，但是军队的指挥官、企业的最高负责人一定要由中国人担任。因此，即使是腐败无能的清朝，面对列强的渗透，也守住了"师其法而不必尽用其人"的主权原则。

这就带来了新型企业急缺领头羊的人才荒。要知道，在 160 年前的中国若是有精通外语、熟悉西式管理规则又善于经营的"CEO"，那真是踏破铁鞋无觅处呀！于是，才有了李鸿章求才若渴挖了怡和洋行墙角，起用唐廷枢的佳话。

此事的警示榜样还在于事先李鸿章和唐廷枢并不相识，纯属任人唯贤之举，这又是源于怎样的缘故呢？

1872 年（同治十一年），李鸿章提出设立招商局，奏请同治皇帝批准，次年在上海创办了第一家"轮船招商局"。招商局经营范围很广，不止限于拓展交通运输，还具备招商募股、投资开发多项功能。近代化的机构是设立了，但封建落后的思维惯性险些掐断这枝新型企业萌芽。

首先是资金拮据。清政府财政空虚，再加上"守旧派"阻挠，创办招商局时朝廷只拨款 20 万贯制钱，约合白银十四万两，李鸿章一看少得可怜，个人认股五万两白银，总算勉强凑合着开张了。不料，由于首任"总办"仍然沿袭旧的封建式管理办法，不到一年工夫公司就滑到了倒闭的边缘。

朝廷里的"守旧派"重臣们这下子可逮着理了，大肆攻击李鸿章为了沽名钓誉不惜白花了皇家的银子。李鸿章陷入困境，急需找一位能人入主招商局。可是，招商局不仅没了经费还负债累累，什么样的"巧妇"能够烧好这锅"无米之炊"呢？他苦思冥想无计可施，于是召得力干将盛宣怀前来议事。

盛宣怀，江苏常州人，于1870年成为李鸿章的幕僚，祖父、父亲都是高官，他作为书香门第兼"官三代"交游甚广，且足智多谋。他向李鸿章举荐了一个人——唐廷枢，说唐是难得的全才，学贯中西，能力超群，曾在香港总督府任高级翻译，后任上海海关高级职员，现任怡和洋行总买办，既懂得国际贸易又熟悉海关航运，出任轮船招商局的舵把子是最合适不过的了。

李鸿章听了喜出望外，只是一想人家是著名的怡和洋行"总

上海轮船招商局

盛宣怀

买办",不由得嘬了牙花子:人家坐拥英国大洋行"总买办"肥缺,这得花多少钱才能挖过来呀?

盛宣怀却力主见面诚邀,说这个人志向远大,爱国爱乡识大局,不看重钱财。李鸿章求贤若渴,希望见面谈谈。于是,由盛宣怀牵线唐廷枢见到了李鸿章。

李鸿章对唐廷枢说了什么,笔者未及查考。反正是二人一席之谈相见恨晚,唐廷枢决定抛弃外国洋行优厚待遇,追随中堂大人开创民族实业。

那么唐廷枢又有着怎样的人生过往呢?

唐廷枢的三次角色替换

No.3

　　唐廷枢（1832—1892），号景星、镜心，出生于广东香山县唐家村（今珠海唐家湾镇）普通农家，距离澳门很近。他自幼聪明好学，在同龄孩子中间脱颖而出。他父亲为了生计，长年在香港给一位洋人医生当听差，使他有了去香港求学的机会。他十岁时进入著名的马礼逊学堂，后又升入英国教会学堂，接受了六年正规的西式教育。英国教师的讲授、洋人孩子们形成的同学氛围，再加上他的勤奋好学，使他打下了坚实的英文基础。从如今留存下来的史料中可以发现，好几位当时与他有交往的英美人士都称赞他"英文字写得非常漂亮""说起英语来就像一个英国人"。

　　唐廷枢身材瘦小，清癯嶙峋，凹眼阔唇，典型的"老广"长相。别看他貌不惊人，又只活了60岁，但他的生命历程精彩纷呈、轰轰烈烈，完成了三次普通人难以实现的角色替换，而

唐廷枢

且都是紧随时代演进的重要角色。

首席翻译官。

晚清时期中国懂得外语的人很少，英文水平达到以假乱真程度的人更如凤毛麟角。他毕业以后找工作很顺利，成了抢手的奇缺人才。1851年，他的头一份工作是在香港殖民政府巡理厅担任翻译，从一般职员做起，头衔为"副翻译"。由于工作出色，两年后年方21岁的他就升任"香港巡理厅正翻译"。不久他又成为"代理香港大审（法）院正翻译"。在香港供职使他有机会熟悉了西方行政管理规则、国际法律知识，特别是列强在中国推行的不平等法律手段。

他在 26 岁时赴上海担任海关"副大写"，转年即升任"正大写及总翻译"。

日后的 1876 年中国和英国在烟台谈判《芝罘条约》时，他出任了李鸿章的首席翻译。可以说，当年在中国他是首屈一指的翻译官了。

他在翻译专业上有所建树，三十而立那年由广州纬经堂出版了《英译集全》一书，为"洋务中人"提供便利，据说是中国出版的第一部汉英字典。有意思的是《英译集全》卷首说明："这本书是一个隶籍广东的作者用广东方言书写的。它主要适应广东人和外国人来往、打交道的需要。"如今即使翻阅那本最早的宝贵的工具书，我们北方人也是看不懂的。

海关国际贸易专家。

前文提到唐廷枢于 1858 年进入上海海关，起初担任"副大写"，转年即升任"正大写及总翻译"。

晚清时期的海关分为"常关"和"新关"，"常关"仍然照封建王朝旧例行事，只能管理内河运输。南北各条有航运能力的江河均由"漕帮"帮会把持，"常关"税收也因贪污腐败被各方权贵层层盘剥，真正上缴国库的税金寥寥。鸦片战争之后中国一些沿海城市被迫开埠，外国商船日益增多，清政府专门设立了针对海上贸易的"新关"，人们称之"海关"者一般即指"新关"了。

海关总署设在北京。"洋务派"本来主张"师夷长技以制夷""师其法而不必尽用其人"，但因清政府缺乏国际贸易的经

上海海关大楼

验和管理海关的能力，也只好聘请一些"洋员"任职了。海关
总署税务司（即关长）乃英国人赫德，他把国际海关严格的规
章制度移植到中国，各大港口海关均照章办事，监督外国货轮
纳税。海关税收成了清廷财政收入的主要来源，朝廷也就顾不
得"不必尽用其人"那些了，上海、天津、广州各大口岸海关
都是"洋员"主政。由于要和中外客商打交道，海关急需翻译
人才，唐廷枢就是上海海关从香港"挖"来的"大写"。什么是"大
写"呢？笔者揣测这一"职称"不是一般译员能够胜任的，必
须会写符合西方法律规定、外国公司规章、国际贸易规范的公文、
报告、合同等重要文件。唐廷枢在沪海关的工作经历，使他熟

悉了国际贸易的运作方式和国际海关的规章制度。

怡和洋行买办。

著名的怡和洋行也注意到了人之龙凤唐廷枢。

"洋行"一词始于清朝，是西方人独办或外商与华商合办的商业贸易公司或代理商行，相当于如今的外国商贸公司或中外合资进出口贸易公司。

"买办"又是什么呢？此称谓始于明朝，是宫廷、王府或地方衙门为那些负责采购物品的人员的头目而设立的职衔，有招商买办、铺户买办等。到了清朝"买办"一词专指帮着西方人与中国人做贸易的中间商了。洋行买办具有多重身份，既是外商的雇员，本人又是独立商人，大都有自己的商铺，他们还充当洋行与中国商号、洋行与清政府"官督商办"企业之间的经济人。"买办"以广东人、江浙人居多，因为东南沿海口岸开埠早，他们的外语能力沾了光。他们还兼当西方人与中国人之间的翻

20世纪早期位于上海外滩的怡和洋行老楼

译，负责列强与清政府之间的沟通，离了他们，中外双方就都成了"哑巴"。他们左右逢源，中西通吃，形成了一个依靠列强入侵而起势的特殊阶层。因此，"官僚买办资本家"越到后来越成为帝国主义对华进行经济侵略的工具。

早在 1832 年两个英国人就在广州成立了怡和洋行，致力于对当时还只是个小渔村的香港的早期开发，故有"未有香港、先有怡和"之说。后来怡和开设的上海分行也是上海首家西方公司，公司人士常去海关办事，很快就发现了唐廷枢的英文水平和工作能力，于 1861 年请他"顺便""代理该行长江一带生意"，到了 1863 年 9 月正式委任他为"怡和洋行"买办。

唐廷枢这一干就是十年，升至"总买办"高位。此时的他已经是"不惑"的中年人了，早就自省到"买办"在国人心目中是个不光彩的角色。

唐廷枢破茧化蝶

No.4

1873 年，唐廷枢的人生轨迹出现了一个重要拐点——他遇到了李鸿章。李鸿章聘请他出任轮船招商局的"总办"，而且中堂大人坦言招商局处于创办初期，起步艰难资金亏损，全靠他从头做起扭转乾坤。

41 岁的唐廷枢知道这是决定自己后半辈子职业选择的关键一步，余生之路到底应该怎么走呢……若是为了赚钱，当洋行买办是再好不过的了。但是，一个有识之士的人生价值与精神追求，莫非只是拜金敛财吗？其实，多年以来在他内心深处总有个声音暗促他摆脱"买办"身份……虽然他受西式教育长大，满口洋文，血液中仍然流淌着中华民族的文化基因，骨子里甚至保留了古代先贤"士"的"修身齐家平天才"之情怀。前两者他自诩做到了，而报国志向，以天下为己任呢？无论是在港府、沪海关还是大洋行，他都目睹了西方列强如何利用中国的贫弱

张之洞

落后巧取豪夺，深切感受到洋人对华人的歧视欺压，自己就这么为了赚钱一辈子甘心为洋人当买办吗……

他早就仰慕李鸿章、张之洞这些勇于变革的务实派，赞同"洋务运动"的主张，如果自己能为"实业救国""以富强达自强"的事业出一份力，那才称得上远大志向啊……

他决定追随中堂大人，为创办实业自强富国效力。

他赤手空拳来到濒临破产的轮船招商局上任了，头一件大事就是找钱，决定向社会各界招商募股，成立股份制董事会。然而富商巨贾怎么肯轻易向一家陌生的新公司投资呢？公司可怜到连重新起步的启动资金都没有，他义无反顾地效法中堂大人，拿出自己多年积蓄 8 万两白银率先入股，又动员老家香山一带的富商亲友入股。他在香港、上海的政界、海关任职多年，上层关系深广；在怡和洋行领衔买办又和中外各方客商交情匪浅；他还拉来了湖北武汉几位航运巨头加盟，很快就募集到大量资金。可以说融资顺利全凭唐廷枢的个人魅力，大老板们信任他是因为他有多年与洋人打交道的经验，熟悉资本经营手段，并且结交了广泛的中外人脉。他所具备的国际商贸知识水平、管理经验、工作素质，不仅远远高于其他买办，也足以和外国对手比肩竞争。

果然，唐廷枢不负众望，把资金用到了刀刃上，添置好几艘新型海轮，开拓通往南洋、日本、美国多条航线，还收购了一支美国洋行的船队。轮船招商局很快地就拥有了 33 条海轮，并在东南沿海修建了多处码头、货栈、仓库，很快地扩张成为经济实力达几百万两白银的大企业。

当然，唐廷枢力挽狂澜背后也靠的是李鸿章的政策支持。李鸿章、张之洞等"洋务派"代表人物都认为，"中国官（与）商久不联络，在官莫顾商情，在商莫筹国计。夫筹国计必先顾商情"。因此，他们为发展经济提出了"官督商办"的主张。

轮船招商局就是有政府背景的大公司，实力雄厚，盈利日益增多。股东们红利颇丰，更加踊跃支持唐廷枢扩股增项。在短短的五年中，唐廷枢呈报李鸿章奏请朝廷批准，率领他一手带出来的精英力量以惊人的工作效率创办了中国第一批近代化民族工商产业：汉冶萍煤铁厂矿公司、上海机器织布局、中国通商银行、保险招商局、中国第一条电话线、中国第一条铁路……

盛宣怀

唐廷枢

徐润

　　唐廷枢从怡和洋行"跳槽"，迈对了后半辈子的人生步伐，从名声不好的帝国主义附庸洋行买办破茧化蝶，跃身为中国近代历史上的四大"红顶商人"之一。什么是"红顶商人"呢？因清朝官帽上缀有红色缨穗，故"红顶子"即指"乌纱帽"之意。李鸿章、张之洞为了破格重用人才，奏请朝廷赏赐盛宣怀、唐廷枢、胡雪岩、徐润等"顶戴花翎"，官居二品（却无俸禄）。"红顶商人"乃"官商"，既有行政级别，又有商人身份，相当于当代的"大国企老总"。如今的中国公务员经商乃大忌，但在晚清"洋务运动"中却是具有积极意义的新事物，其深远背景是中国封建王朝经济发展缓

胡雪岩

慢，"重官轻商"。如果不给唐廷枢他们谋一个官位，他们的工商业活动将处处受到"守旧派"的弹压。

唐廷枢身份的转变，有一个象征性的细节颇为生动，那就是他的着装。此前他一直是"吃洋饭"的，在香港殖民政府、法院、上海洋人控制的海关、怡和洋行，他的"职业装"当然是西服革履，如今成为"朝廷命官"，忽然变为顶戴花翎袍子马褂，胸前"补子"上禽鸟祥瑞，脖子下面朝珠闪烁，走起路来窸窣作响，他还不得不适应了一阵子呢！

唐廷枢人生之路的拐点，还有一个更具象征意义的细节——更履换鞋。此前他一直是足蹬皮鞋的，擦得锃亮。说到皮鞋，朝野还流传着一桩笑谈，某年一群英美海军军官拜见慈禧太后，

清宫素描作品　[美]凯瑟琳·卡尔　绘

个个足蹬皮靴。待他们走后，慈禧太后问侍从们：“他们穿的那是什么鞋呀，踩在地面上发出那么大的响声？”

朝臣侍从们不敢告诉老佛爷那是牛皮鞋。农耕社会崇拜神牛，宫里不许吃牛肉，太后要是知道了洋鬼子扒了牛皮制作鞋子，那还了得！

清廷官员们穿的“朝靴”都是布底儿绸缎面儿的，中国老百姓自古以来也都是用植物制作鞋子的。唐廷枢很快就喜欢上了柔软舒适的中式服装。我们今天看到的他为数不多的照片，大都是袍子马褂“瓜皮帽翅儿”，和其“西洋通”的内里形成有趣的对比。

李鸿章给唐廷枢的下一个任务，便是开平煤矿了。

第四章　人过留名

唐山市的"祖母"和"母亲"

No.1

　　1876年11月初，唐廷枢率领他临时组建的工作团队，从上海乘海轮抵达大沽口，风尘仆仆赶到天津。置身于北方大汉之中，这位瘦小的老广很容易被"淹没"，只有他那双深陷于眉骨之下的大眼睛炯炯有神，闪着超出常人智慧的灵光。他也没料到，自己从此和这座城市结下了不解之缘。

　　11月3日，他们就站在几百里地之外一座荒僻小村的土道上了。他们在天津未及休息，第二天就赶到了地质勘探目的地。随员们已经习惯了唐廷枢这种拼命三郎式的工作作风，不过南方人对北国深秋的寒流估计不足，衣衫单薄冻得瑟瑟发抖。

　　这座只有18户人家的小村名叫乔家屯，位于直隶（今河北等地）东北部开平镇西南方向约20公里处，在地图上都找不到它。封建王朝统治中国的几千年，城镇的设立从来不是工商业发展的需要，而且出于军事目的，往往设立城镇之后才慢慢地有了手工业作坊和商铺。城镇之外的广大农村，祖祖辈辈农民靠原始落后的生产方式一成不变地过着农耕生活。谁都没料到，因为唐廷枢的到来，开平镇和日后的唐山市，竟然成了中国北方少有的非军事重镇、单纯因经济发展而繁荣的城市。

　　唐廷枢来到乔家屯之后很快就找到了煤石样品，上报给李鸿章。中堂大人掂了掂乌黑晶亮的矿石非常高兴，问他如何这么快就发现上佳样品的。他笑道："我们挨门挨户到农民家里拜访，几乎家家都以此代柴。他们说这是打祖辈时传下来的技艺，有些地方耕地耕得深一些，就能挖出黑色的'水火炭'，可以代替木柴煮饭烧水。"据当地志书记载，早在明朝永乐年间，当地居民打井或挖渠时发现"掘地二三丈即可得煤"。不过，使用手

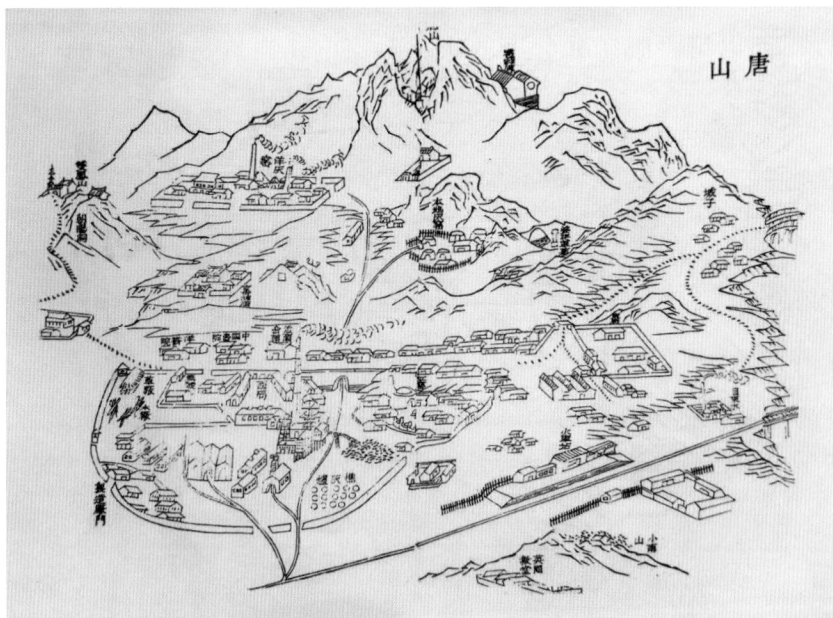

1898年唐山老地图

工农具挖掘无法解决地下水上漫的问题，也就只能在地表浅层取少量煤炭，仅供家用而已。

唐廷枢提出为了弄清样品的成分，需将之送到英国去请矿业专家化验鉴定，李大人当即应允。矿石样品和地质勘察数据被寄到英国请著名化学家巴施赖礼、戴尔化验，结论为矿石中含有优质煤炭，且有丰富的蕴藏量。唐廷枢愈加兴奋，呈报李中堂获得批准，决定就选在乔家屯试打第一眼矿井。

苍天不负有心人，这第一眼井就打出了乌黑晶亮的优质煤炭。后来，随着煤产量的增加，他们陆续买下了周边 740 亩地，建设工厂、机器房、办公楼、职员宿舍、家属住宅等；随着矿工的增多和客商的往来，继而出现了商业贸易、物流业态、街道集市……乔家屯日益壮大达到乡镇规模，更名为唐山镇。

唐山镇便是日后的工业大城唐山市的"母亲"。

而以第一眼矿井起家的小小乔家屯，当然是唐山市的"祖母"了。

借贷度日与招股章程

No.2

45 岁的唐廷枢又一次面临赤手空拳从头创业的处境。

采矿初期需要大量"烧钱",钻井设备都得从西方工业国家进口。在当时的科学技术条件下,地下煤层的储藏量究竟有多少,煤井及作业巷道将会遇到什么样的地质情况,能否赚回投资,回报期又有多长,投资人和开采公司都没有十足把握。

按理说,李鸿章请唐廷枢来创办这么大个企业,总得给些经费吧?但在朝廷"洋务派"属于少数,始终受到守旧派的压制,想干什么事都遇掣肘。再加上清政府国库空虚,也拨不出多少银两来。前文提到轮船招商局资金困难,迫不得已中堂大人竟自掏腰包鼓励唐廷枢创业,唐廷枢也倾尽自己多年的薪资储蓄,还搭上了老家乡亲、商界故交的人情,靠借贷度日这才度过了轮船招商局起步初期的艰难。

1876 年唐廷枢奉中堂大人之命到达天津创办开平煤矿,朝廷仍然只是以一纸"批奏"给予支持,"恩准"但别提钱,两手空空的唐廷枢这时候又能想什么法子找资本金呢?

他没有急于要钱,而是亲赴矿山现场去考察。当年农历九月二十九日他上书禀报李鸿章:

> ……驰赴开平查看煤铁矿情形。当于月之十九日乘坐小轮船,由大沽而至北塘口进发。……二十二、二十三、二十四连日在开平一带,东三十里至古冶,西南十五里至唐山,北二十里至凤山,逐日将煤井铁石细看,似有把握。

他以企业家的内行眼光,在最初的勘察阶段就提出了修筑铁路的建议,就在九月二十九日那份禀报中,他给中堂大人算了一本细账:

> ……现在土法开采之开平煤,用牛车运至芦台,再由芦台用小船运至天津,每吨价六两四钱。若运上海以拒洋煤,……断难出售。……况仿照西法采煤,每天应运五六千担,须雇大车三百乘方足敷用,不独无此多车,且车价腾贵,更难化(划)算。……如筑铁路……只需成本银四两,不独可拒洋煤,尚属有利五钱。如每年采煤十五万吨,便可获利银七万五千两。欲使开平之煤大行,以夺洋煤之利及体恤职局轮船,多得回头载脚十余万两,苟非由铁路运煤,诚恐终难振作也。
>
> 开煤必须筑铁路,筑铁路必须采铁。煤与铁相为表里,自应一齐举办。计购煤铁机器等银四十万两,筑铁路银

四十万两，共银八十万两，为数颇钜，恐非易筹。如能先筹银三十万两购买机器，递年续筹银三十万两以为买地、筑路、采煤、熔铁等项之需，便可敷衍。铁路筑成，第二年可入铁路利银十九万两，煤利银七万五千两，铁利银十万两。其实两年便可归本。以后每年入息三十余万两之多，岂不溥哉！

没有虚词儿，没有套话，都是实干家亲视亲察亲算的内行话，这才是认真搞经济的样子！李鸿章阅后当然支持这套实施方案了！

果然，开平煤矿开局顺利，优质煤产量蒸蒸日上。那可真是局势喜人却又局势逼人呀，运输瓶颈卡住了矿山发展的步伐。经济发展的规律，逼出了中国第一份企业招股章程。此前各朝各代中国商家虽然早有合股经营者，但那些都是民间小型商铺或作坊，三五亲友合资互助而已。如今却是要向国内外登报公布招股章程、面向公众募股了。

1877 年，唐廷枢为此又向李鸿章禀报了实施方案：

……拟于直隶开平设局，名曰开平矿务局……拟集资八十万两，分作八千股，每股津平宝纹一百两。一股至千股皆可附搭。定于注册之日先收银十两，……光绪四年正月再收四十两，……以便购办机器。其余五十两，限四年五月收清。……将来生意兴旺，或需添机器，或另开煤井，准再招新股二十万两，合足一百万两。……查此局虽系官督商办，究竟煤铁仍由商人销售，似宜仍照买卖常规，俾易遵

大清光緒十三年

四月初四日

申報

號六十三千五

今日另出附張不取分文

一千八百八十七年四月二十六日禮拜二

海每紙取錢制錢十文

舊鐵路共長九十里○開辦鐵路本從唐山起至胥各莊為止去歲復加擴充從胥各莊直至閻莊接至蘆臺北塘大沽北岸及天津品蓮瀋計長新百八十里便關兵運械益商便民欽奉總督海軍衙門經督爵傅玉山觀察為督辦舊日開平鐵路公司擬招股優一百萬兩作為本每股行平化寶銀一百兩已由開平鐵路公司佈告大眾倘可從遠集股也

可從運司正任便關周玉山觀察為督辦舊日中國鐵路公司擬招股優一百萬兩作為本每股行平化寶銀一百兩已由開平鐵路公司佈告大眾倘

鐵路公司招股章程

啓者敝公司於光緒十二年承辦開平鐵路集本銀二千五百股每股天津行平化寶銀一百兩合二十五萬兩從唐山育各莊至閻莊北岸並天津處約長一百八十里以便關兵運械益商便民所有築鐵路一切工程報效業有成效今將敝公司承辦緣由謹就其事奏由軍機處發利源閎多不盡入之人致開平鐵路集本營二千五百股每股天津行平化寶銀一百兩合二十五萬兩從唐山育各莊至閻莊北岸並天津處約長一百八十里以便關兵運械益商便民所有築鐵路一切工程報效業有成效

1887年4月23日《申报》
刊登关于开办铁路的新闻

1887年4月26日《申报》
刊登的铁路公司招股章程

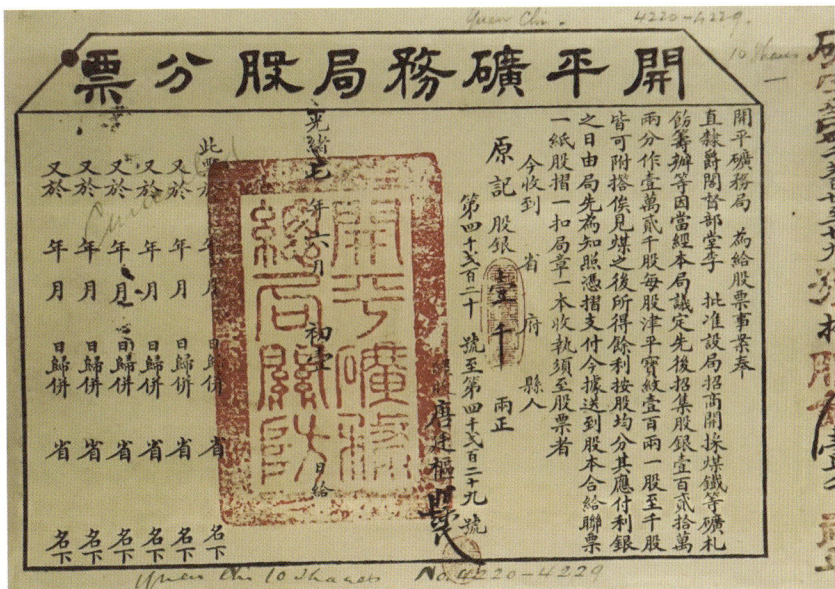

开平矿务局股票

守。所有各厂司事，必须于商股之中选充，方能有俾于事。请免添派委员，并除去文案、书差名目，以节糜费。……每年所得利息，先提官利一分，后提办事者花红二成，其余八成仍按股均分。……查股份一万两者，准派一人到局司事。……所有生熟铁至津，按照市面价值，先听机器局取用。煤照市价，先听招商局、机器局取用。其余或在津售，或由招商局转运别口销售。

这可是个新鲜事！

用我们当代人的眼光看，李鸿章也真够开明的，他能够开封建王朝之先河，同意这套招股章程，尤其批准了"请免添派

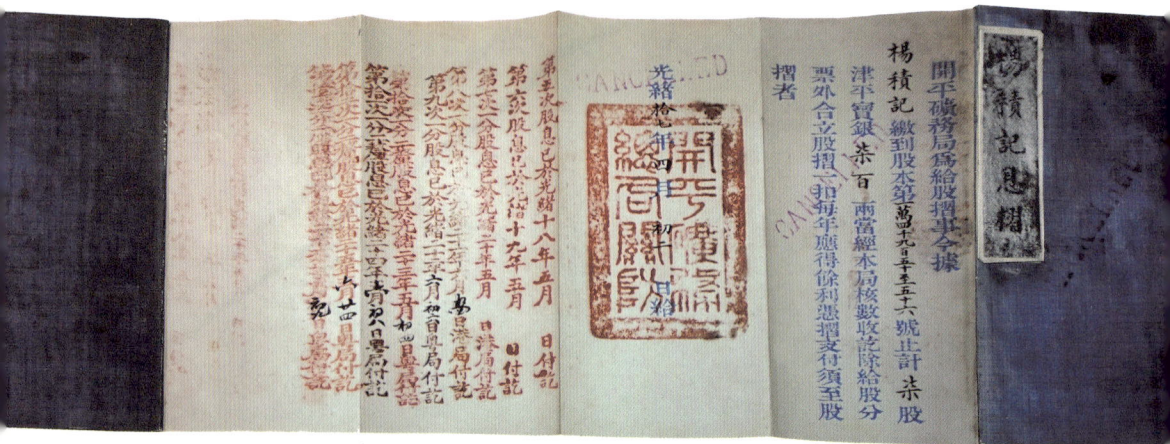

1891年开平矿务局股票息折（发行股票时配发取息凭折，上面记载逐年分发利息的情况）

委员，并除去文案、书差名目，以节縻费"之正当要求，身处封建王朝而敢于主张企业自由权，其真知灼见和刚直勇气，令人钦佩！

仅用三四年工夫，开平资本一百万两白银股份就招足了，到了1889年又招募新股五十万两白银。

在那段时期开平煤矿始终是国民瞩目的"网红"，《申报》《北华捷报》《点石斋画报》等各大报刊经常给予重点报道热情赞扬。

李鸿章曾于1881年上奏朝廷：

……臣查唐廷枢熟精洋学，于开采机宜，商情市价，详稽博考，胸有成竹。（开平煤矿）经营数年，规模初备。

那时候光绪皇帝还不足七岁，慈禧太后垂帘听政不久羽翼未丰，乐见李鸿章能为朝廷赚钱也就没有多加干涉，"开平矿务局"这枝近代化萌芽得以在封建王朝几千年"堆积层"上破土而生，实属不易。历史容不得"假如"，但当代中国人比那些经济建设先驱们又多走了近150年的岁月长路。

笔者还是禁不住设想诸多的"假如"，假如当初开平煤矿的先进经验得以推广，中国工业化的步伐是否能够加速呢？假如唐廷枢们始终拥有企业自主权，中国经济发展的途程是否能够少走一些弯路呢？假如中国的封建土壤没有那么板结深厚，早期近代化的萌芽是否能够长成参天大树呢……

当然，除了我们自身的原因，还有新老殖民主义、列强、帝国主义的虎视眈眈，中华民族还是难逃半封建半殖民地的多舛命运。在很多时候，"假如"只是一种愿望。

钻井"恐泄山川之气"

No.3

　　开平煤矿创业初期遇到了意想不到的阻力，这件利国富民、造福一方的大好事，却遭到了当地人的强烈抵制，乡绅们甚至派出团丁武装攻击。中国近代化工业的早期萌芽若想在封建主义坚硬顽固的"皇天后土"中存活生长，必须排除一波又一波的阻力。围绕矿山的破土动工上演了一桩又一桩让当代人听了啼笑皆非的荒诞故事……

　　这就要从中国封建王朝千年不变的小农经济生产方式说起了。西方国家的封建时代分为"政（权）与（宗）教"，最为黑暗的时期充其量"政教合一"，在国王与红衣大主教上面还有个天主呢！中国的统治者比他们聪明，干脆来了个"人（皇帝）神合一""真龙天子"，皇上就是天神的化身，"普天之下莫非王土"。除了皇上有权"封地"，任何人都不能擅动"皇土"，从表面上看承认土地私有，允许买卖，但天下人都是皇帝的子民，那么私人持有的土地也归于"皇土"。再加上中国先民一向奉行多神崇拜，民间迷信"土地神""地藏王""龙王""河神"，还有个深藏"地府"的阎王……因此，唐廷枢团队的采矿进展在当地引起了轩然大波。

开掘第一眼矿井的高架矗立起来，可把当地农民给吓坏了，祖祖辈辈都没见过这么高的黑乎乎的铁家伙。隆隆响的钻头往地心里扎，时间不长就挖出了源源不断的煤块，煤矿石堆积如山。这还了得！这得冒犯多少地神呀？自打明朝那会儿，朝廷就下令不允许开掘矿井，圣旨曰"恐泄山川之气"。平时村民们小偷小摸在地表挖些"水火炭"，乡绅们自家也要节省烧柴用度，那些都是民不举官不究的事。可如今如此大张旗鼓地钻井挖煤，当地人可就不干了。唐廷枢他们亮出官府批文，一再解释这是直隶总督李鸿章大人亲自督办的工程，乡民们仍然认为采矿作业会破坏当地风水。

双方矛盾激化的另一个原因是西洋机器设备的引进和洋人工程师的出现。原住民哪里见过这些洋玩意儿，更没见过"红发绿眼"的洋人，于是视矿山公司为妖魔。有钱的地主乡绅派出团丁配合顽固保守的村民轮番攻击矿场，阻挠工人凿井和安装设备，多次放火烧毁公司的建筑。后来事态又恶化到当地人企图伤害洋员和广东籍员工，使得他们都不敢携家眷来此居住。

无奈，唐廷枢组建了护矿队日夜巡逻并配发洋枪及充足弹药。洋员大都会摆弄来福枪，他们负责训练警卫队。当地团丁队又来进攻矿场时，矿上中外员工顽强自卫。来福枪吓怕了当地人，其实护矿队并不敢打死打伤村民，只是鸣枪示警就把来犯者吓跑了。他们哪见过这种子弹能射到天上去的洋枪呀，此后再也不敢侵犯矿场了。

几年以后，随着矿山规模的不断扩大，当地人才意识到正是新兴的工业发展给自己带来了就业机会。

开平煤矿矿井及厂房

开挖运河"坏了旗地风水"

No.4

矿井出了煤皆大欢喜，可是如何把产量日趋增高的煤炭运出去呢？运输掣肘成了开平矿山的一大难题。

这桩大事，唐廷枢早在勘探初期就想到了。起初他想修筑一条从矿山通往天津的百里铁路，天津是北方各地商贸物流的集散地。铁路如能绕行塘沽把煤卸在大沽口，即可由海船运往南方市场的集散中心上海。但是，这一最佳方案尚未诞生就被扼杀了，清廷守旧势力极为反对修筑铁路。解决不了运输问题煤矿就无法生存，无奈之下唐廷枢只好改为开挖运河接通水路。

他是个思维缜密的有心人，当初在天津拜见过李鸿章来开平上任时，他率领其团队走的是水路。他们从大沽口坐小轮船经北塘口沿蓟运河东驶，到了芦台下船改走旱路。他们雇了一辆小驴车，沿途注意观察地形，为煤矿日后的运输路线做考察。当时他们是为计划修筑的铁路做准备，如今铁路方案搁浅了，他忽然想起乘坐小驴车途中向车把式打听到的信息，说是芦台东北方向还有一条河名叫陡河，沿陡河行船再走一段水路就可以到达开平了。从芦台到陡河约50里旱路须得挖一条运河，而且陡河沿途河道有宽有窄，水面有深有浅，最浅的地方刚没膝盖。陡河故道水少，沙土淤塞，河滩地渐渐被乡民侵占种了庄稼。总而言之，若想行驶运煤大船，非得挖河扩道不可。

唐廷枢决心开通水路运煤，逢旱路挖掘运河，逢旧河床挑挖扩道。不料，水路方案也受到封建保守势力的顽强抵制。

这一带离北京皇城和遵化皇陵都不远，田亩大多是清朝八旗的"旗地"。众所周知，努尔哈赤率领"八旗"军队一路向南攻城掠地，为清朝建国立下汗马功劳。开国后朝廷赏封八旗的"旗地"多在京东至山海关一带。"旗地"村庄就连小小的"庄头"都在京城有靠山。《红楼梦》中写的乌庄头每年年底给贾府送上丰厚的年礼，就说明了"旗地"与京城权贵的关系。

挖河工程虽然有官方批准

唐廷枢勘察水路示意图（光绪四年，唐廷枢由涧河口至陡河沿途溯流对河道宽窄、水的深浅、淤沙、桥梁、水闸进行勘察的路线图）

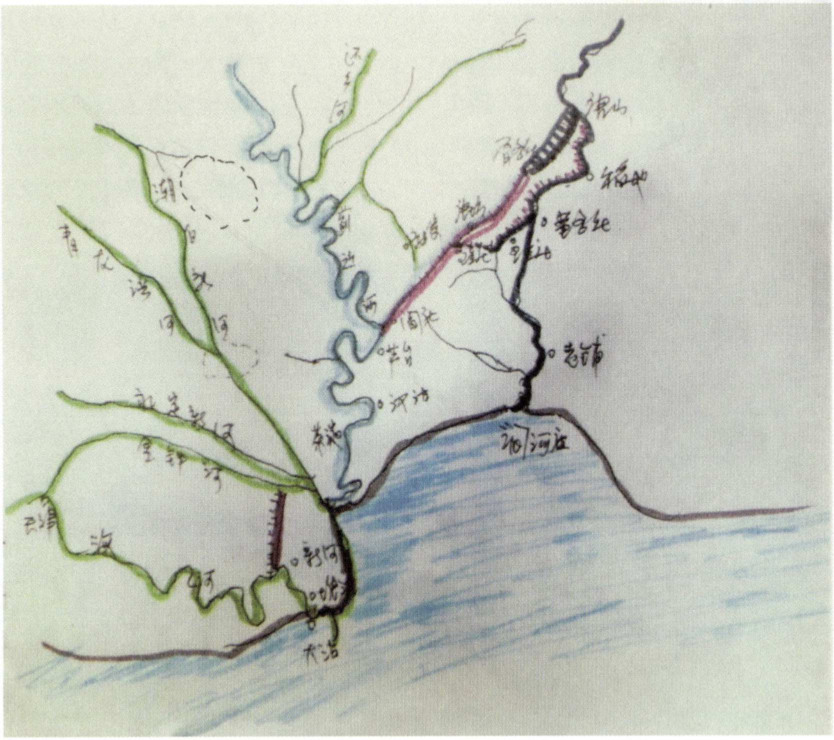

唐廷枢最后确定的挖河方案路线图（图中红笔标画即舍弃陡河旧道，重新开挖的路线）

的手续，开平公司征购土地给出的价格也很优厚，但还是触犯了各方权贵的利益。一则唐廷枢为人正派，不懂得去贿赂关键人物；二则乡绅庄头们虽然获得报酬，但他们知道地亩河道一旦归为矿山所有，今后也就断了自己的财路；三则农村的恶棍刁民霸占的大片河床河滩土地，怎肯轻易退还！于是，在庄头们的煽动下，挖河沿途必经村庄的乡民纷纷阻止挖河，他们打出的共同旗号是挖河"坏了旗地风水"。

强龙不压地头蛇，何况还是联襻京城皇族纽带的"旗地"！为了挖河工程顺利进行，唐廷枢做了两方面的工作，先是邀请

运煤河胥各庄河头处示意图

丰润、宁河两县的官员乡绅宣讲挖河工程的意义，又算了一笔经济账，指出矿山开发、运河开放对当地繁荣的作用。当地官民听明白以后表示支持。

唐廷枢宣布："大家无异议，本人将尽快禀请李中堂，札饬两县，即日发布告示，谕令各乡业主一体遵照。开河用地不多，一旦煤道打通，两岸渐成沃野，此乃所失者小，所得者大矣！"

丰润县、宁河县知县都表示："挑河之举有益地方，一旦中堂大人札饬到县，将会同矿务局并各乡庄主乡绅一起测量地亩、分别办理，若有恶棍顽民故意从中作梗，定将严办。"

李鸿章奏请朝廷批准的官文很快就颁布了。然而施工途中仍然有不少"旗民"干扰。唐廷枢虽然手握尚方宝剑，却没有以暴易暴。他也学得灵活了，派员向沿途百姓宣讲运河将造福一方的同时，叫人从上海买来 40 车礼物，有洋地毯、布料、钟表、酒、腌制食品、镜子等，分发给大家。他还亲自拜访乡绅，畅谈运河前景。当时他这个"红顶商人"已官至二品大员，如此礼贤下士儒雅谦逊，博得地方官员和乡绅们的好评。

1882 年春天运煤河正式通航，开平煤炭及当地物产源源不绝运往外地，促进了沿岸地区的经济发展。当时的丰润县县志记载："商艘客船，樯密如林，来往洋轮疾于奔马而起。浚之处名曰河头，方圆数十亩，波水澄清，两岸洋楼花坞目不暇赏。稍西桥边，列肆鳞比，人烟辏集，居然一水陆埠头也。"

中国第一座近代化煤矿带富了一乡山川，那真叫风生水起，成就一方风水宝地。

修筑铁路"震动了龙脉"

运煤河的通航，在矿山产煤的初期立下了汗马功劳。但随着煤产量的逐年增高，小小的河道运输已经不堪重负，若要从根本上解决煤炭外运问题，还是得修筑铁路。再说，目前的水路只能止于胥各庄，距矿场还有 11 公里，因为那段路呈高升地势，无法行船通水路。矿山公司只好临时修了一段木制轨道，在矿井口把煤装上骡车，骡马拉着铁制煤车轧着木轨，一跑吱吱呀呀颠簸着把煤拖到胥各庄运河口，再耗费人力卸车装船。难以降低成本先不说，面临不断增长的产煤量，这也终究不是长法子。

李鸿章多方游说朝廷大员，几次通过醇亲王动员慈禧太后和光绪皇帝同意修筑铁路，都因守旧派强烈反对而无果。

木轨、骡马、小煤车实在无法适应煤矿的产量，无奈之下李鸿章默许了唐廷枢秘密试制火车。英国工程师金达深受唐廷

"中国火箭号"机车

枢信任，金达率领有经验的中国技师悄悄地把一台锅炉改造成小型火车头，把木轨道换上了铁轨，偷偷试行的机车速度飞快，犹如开弓离弦的火箭，故命名"中国火箭号"。小火车满载煤炭驶向胥各庄运河，解决了矿山增产的瓶颈顽疾。

不料这下子可惹了大祸啦！西方工业国家早已司空见惯的蒸汽机火车，在古老封闭的东方北国僻乡农民们看来简直就是妖魔凶兽！这条"铁龙"驶过时朝天长吼喘着白气，两侧节节铁臂捣来怼去，串串铁轳辘碾轧咱皇封旗地，这还了得？"乌庄头"们很快地就往京城通风报信儿了，皇亲国戚老顽固们也很快地就上奏金銮殿了，罪名甭提多吓人了：火车乃"凶物凶兆"，祸事上至大清国江山社稷，震动了皇陵龙脉；下至黎民香火，侵扰了墓地先人害得亡灵不得安宁。

据说事有凑巧，那一年光绪皇帝去东陵拜祖，发生了一次小小的地震。守旧派大臣们可逮住理啦，这不就是火车震动了皇陵嘛！他们竟然派员把唐廷枢抓来投入了遵化州牢狱。李鸿章闻讯多方斡旋，这才把人保释出来。

事情还没完，听说北京要派钦差大臣来矿山调查此事。唐廷枢广交朋友耳目众多，大臣们乘坐马车慢悠悠地刚出京城，就有人给唐廷枢通风报信了。唐廷枢和他的团队商讨出应对之策，算计好大臣们沿途会受到知府、知县们迎送应酬，时间还来得及。金达率领能工巧匠们把火车头拆散了，或埋于地下，或藏于安全之处。铁轨不用拆除，查问下来就说是为了骡马拉车平稳好走。

朝臣们大驾光临了，唐廷枢率部属去胥各庄迎接。大员下凡，矿山公司举办了一场又一场盛大的欢迎活动。那真跟过年赶庙会似的，天天演大戏、处处送礼物、餐餐办宴会，地方官员们

马拉火车

也来凑热闹。宴会从来不重样儿，中餐满汉全席西餐鸡尾酒会，洋员们西服革履轮番敬酒，土官们觉得倍儿有面子，很多人是头一次喝香槟酒，灌下了一杯又一杯，那高脚酒杯，碰杯时发出金属般悦耳的声音，还有洋员的太太弹奏钢琴助兴。坐井观天的老朽们哪里见过这等花花世界，一个个高兴坏了，几乎忘记了此行的目的。

　　开始视察了，大臣们看了矿山和工厂，又检查了那段"铁路"，哪有什么怪兽火车头呀，不就是一段铁轨嘛，不还是骡马在轨道上拉车嘛，百闻不如一见嘛！那些大臣中不仅有人"上天言好事"，后来还有人转为理解或支持修筑铁路了。

　　说到现代科学技术硕果在晚清封建土壤上难以栽种萌芽，还有许多可悲可笑的例证。

　　李鸿章一直努力争取慈禧太后支持修筑铁路，于1881年求得她同意在西苑三海园林修筑一条小铁路供她上朝乘坐，让她体验一下坐火车的感觉。那段通往紫禁城的路不近，她每天"上班下班"乘坐轿夫太监肩扛的凤辇很费时间。李鸿章专门从德国订制了小火车，火车头采用"丹特式"蒸汽机车，后面拖着一节豪华车厢和两节上等车厢、两节中等车厢、一节行李车厢。小火车的行驶路线由紫光阁始发，至乾隆花园全长七华里。慈禧太后试坐发现火车运行平稳，在车厢里可以来回走动，坐下来吃点心喝茶聊天儿观景儿，比坐凤辇舒服快捷多了。此举又遭到守旧大臣们雪片般奏折的"轰炸"，指责铁轨压了皇城的"地脉"，汽笛声坏了皇城的"气脉"，车轮的滚动搅了皇城的"风水"……

　　慈禧太后不得不做出妥协，移走了蒸汽机火车头。一出滑稽的皇家喜剧上演了——失去火车头的车厢两侧系上绳子，每一节车厢由四名太监拉绳前进，前面照样有仪仗开道，后面循例有侍从队伍尾随……

不管怎样，慈禧太后知道了火车的好处。

醇亲王也逐渐理解和支持"洋务运动"了。随着颐和园安装了电灯，醇亲王再次奏请太后批准修筑铁路，朝廷总算同意修筑唐胥铁路了。此后，唐廷枢又上奏朝廷，请求修筑一条把芦台和北塘连接起来的铁路，准奏开工后。开平煤矿终于延伸到塘沽出海口。1889 年，此线向西再延长到天津，形成了煤炭既能直通天津向三北地区集散发货，又能直接由大沽口经海运向南、由上海向南方各地集散发货的运煤通途。

中国自建的第一条铁路诞生了！铁轨闪闪反射阳光，蒸汽团团拥抱白云，汽笛声声欢唱未来，车轮滚滚走出近代化康庄大道，那可真是开启中国现代化征程的火车头啊！

《皇家喜剧——人拉火车》漫画　常宇　绘

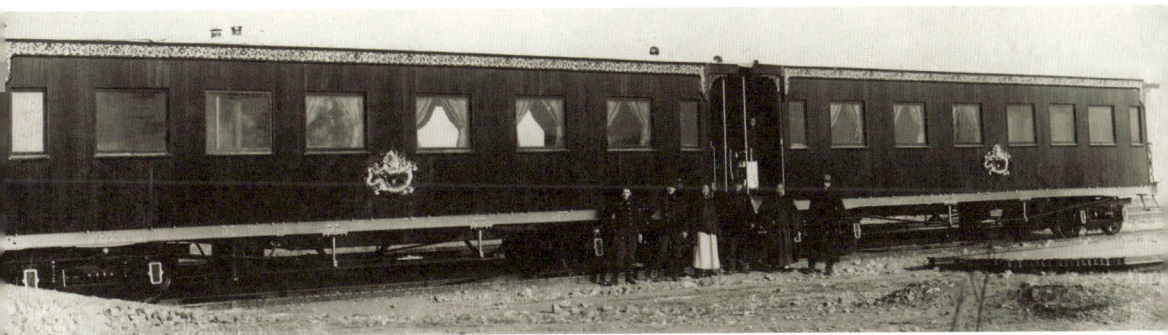

《辛丑条约》签订后，慈禧太后由西安返回北京途中乘坐的专列

车厢外侧中部饰有皇家专用五爪龙的纹饰

车厢内的宝座为黄绒宽座沙发，铺有白狐毛皮垫。宝座上方悬挂一面大镜，镜框饰有"二龙"雕刻，厢内地面铺有欧洲进口的深色红花地毯。因慈禧回銮时为冬季，故在宝座前安放一个烤火盆

西凤东栖说金达

No.6

在开平煤矿刚筹办时，唐廷枢就跟李鸿章说，干这活儿得请几位洋人工程师。李鸿章早先主张"中国欲自强，则莫如学习外国利器。欲学习外国利器，则莫如觅制器之器，师其法而不必尽用其人，则或专设一科取士……"。话虽这么说，"专设一科取士"培养科学技术之"士"也不是一朝一夕的事。开采大型煤矿在当时的中国还是一项全新的复杂工程，向地层深处掘取"黑色金子"不仅需要引进西方先进设备，在安装、调试、企业管理等环节，聘用来自工业国家的工程技术人员也可以少走许多弯路。于是，李鸿章采纳了唐廷枢引进人才的建议。

开平矿山从此有了一道罕见的风景线——小个子老广唐廷枢身边总是跟着几名洋人工程师，个个人高马大，把唐老板比得更显矮小了。洋腔洋调的洋人技师各有专长，各司其职，确保开平煤矿引进当时西方最先进的采矿设备、技术以及企业管理模式。他们有的金发碧眼，有的棕发黄眼，有的还留着大胡子，公司专门为他们从天津请来了西餐厨师。在 19 世纪封闭的中国北方这可是一桩稀罕事儿，形成矿场一道惹人注目的西洋景儿。

首任总工程师是英国人伯内特（Robert Reginald Burnett，1841—1883），曾多年在南美洲和沙皇俄国西伯利亚采矿。他自 1878 年主持了开平煤矿一、二号井的开凿，顺利出煤，1881 年离开矿山，1883 年去世。

第二任、第三任总工程师就是在中国铁路发展史上占有重要席位的金达了。

唐廷枢（前左三）和伯内特（前左一）、金达（后左二）等工程技术管理人员在一起

ADOLPHUS PEPPER,Phot

16岁时的金达

金达

　　克劳德·威廉·金达（Claude William Kinder，1852—1936），英国人，出身于铁路世家，其父曾是爱尔兰一家铁路公司的合伙人，后赴日本铁路公司工作。金达幼年时留在欧洲学习法语和德语，17岁时去沙俄圣彼得堡学习铁路工程。那家俄国矿业公司制造厂的总工程师是一位严谨的德国人。那段实践经验比他去任何大学深造都更重要，因为人类发明铁路时间不久，尚未形成完整的铁路工程学科。1872年8月1日德国老总为金达签署了资格证明书，或可曰推荐信，证明金达曾在他手下完成了各种铁路工程技术工作，包括铁路、工厂、机械和机车车架设计图的绘制。西方国家很尊重教授、总工程师的个人威望信誉，年仅20岁的金达持有那样一份推荐信，会受到招聘公司的欢迎。很快他就去了日本找父亲，在神户、大阪、九

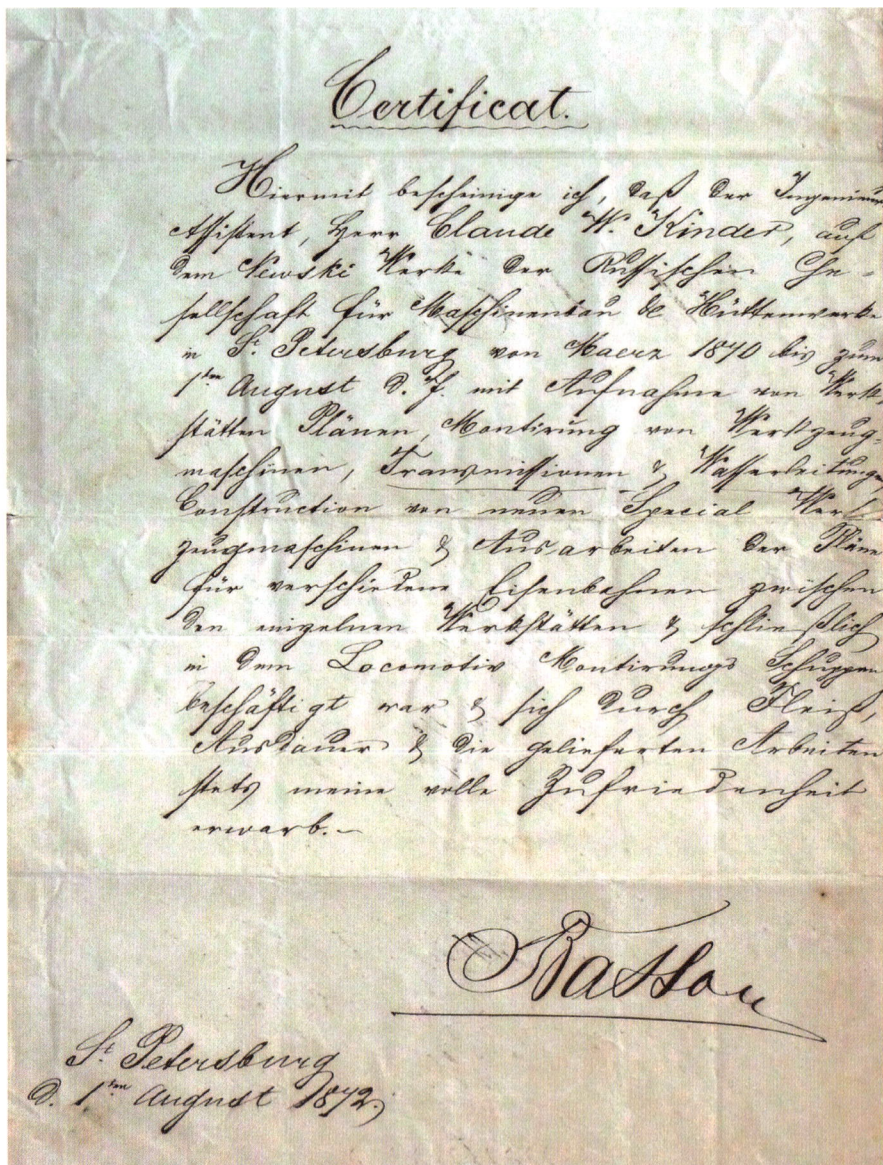

1872年8月1日，德国总工程师为金达签署的资格证明书

州等地从事铁路工程技术工作。1876年 12 月 13 日，时任日本工程部部长的著名政治家伊藤博文署名了一封嘉奖信，表扬金达在九州煤矿铁路和港口改造中所完成的勘测成绩。那一年，金达刚满 24 岁。伊藤博文曾赴英国学习，是日本明治维新的功臣，1885 年成为日本首任的内阁首相，后于 1909年 10 月 26 日在哈尔滨车站被朝鲜爱国志士安重根刺杀身亡。

伊藤博文

　　金达年轻时获得的那封嘉奖信本来是工程部门的平常事，却因伊藤博文后来的首相身份和震惊世界的暗杀而显得弥足珍贵，许多历史事件和历史名人就这么机缘巧合地关联到一起了。

　　同是 1876 年，45 岁的唐廷枢北上筹办开平煤矿。两年后金达来到了中国，经英租界董事长德璀琳向唐老板推荐，他有缘投职开平矿务局担任工程师。时间不长，唐老板就看中了这个有真才实学的青年才俊。1881 年伯内特离职后，唐老板提拔金达为总工程师。金达在经过矿山四五年历练，升任开平矿务局总工程师时巧逢而立之年。他这一干就是 30 多年，人生的黄金年华全交付给了中国，一直到 1909 年退休时他已经年近六旬了。

　　金达和他的伯乐唐廷枢一样，在漫长的职业生涯中演绎了"人过留名，雁过留声"的精彩故事。

　　婴儿诞生了，却要隐名埋姓。

　　欧美国家的火车驰骋了 40 多年的时候，大清国的朝臣们仍然在为修不修铁路争吵。由于顽固的守旧派反对修筑铁路，朝

Robusho

PUBLIC WORKS DEPARTMENT,

TOKEI, December 13th 1876.

C. M. Kinder Esq.
Assistant Engineer.

Sir,

It gives me great pleasure to certify that the surveying work intrusted to you for the colliery Railway and Harbor improvement at Miike and designs for the same, have been executed completely to my satisfaction, and trust you will be similarly successful in other undertakings.

I am
yours Truly
Hirobumi Ito
Minister of Public works.

1876年12月13日，伊藤博文写给金达的嘉奖信廷驳回了刘铭传的筑路奏折。这可急坏了"洋务派"们，眼看开平煤井出煤极旺，堆积如山，小小的运煤河已不堪重负，这可怎么办呢？

李鸿章和唐廷枢商量不出其他输煤良策，铁路运煤既然是世界潮流大势所趋，那就悄悄动手吧！他俩找来金达一问，金达早已为修铁路完成了缜密的勘察设计。三个好汉胆子大，中国人自办的第一条铁路蔫不溜儿地从矿井向着远方延伸了。

这个茁壮的新生儿明明姓铁，唐廷枢在呈交的报告中却含糊地称它为"快车路"。李鸿章更绝了，为了回避朝廷禁用的"机车"一词，他在奏折里说由矿井至胥各庄有 18 华里路，地势陡峻，运煤河中断，拟修筑一条"马路"，即以骡马在轻便铁轨上拖载煤车。不知慈禧太后是真的不明白，还是揣着明白装糊涂，反正放行了这条名称隐晦的"马路"。

蹒跚学步，就和世界同轨。

筑路之前有一个必须确定的头号问题——两条轨道之间的距离以多宽为宜？铁轨越宽成本越高，但载重量大速度也快；窄轨虽然成本低，但载重量小速度也慢。

有人说既然只是一条运煤的小铁路，不如先采用 2.6 英尺的窄轨距。连唐廷枢都顾虑到经费紧张而折中一下，建议采用 3.6 英尺的轨距。唯有金达坚持采用 4.85 英尺（1.435 米）的轨距。他以工程技术人员的务实精神介绍了早年他随父亲在日本亲历了窄轨铁路的缺陷：速度、载重、安全、舒适上都受到困扰。他甚至强烈建议，即使筑路初期是牲畜拉车的"马路"，也要采用宽轨标准轨距。现在多费一些钱，日后中国的铁路大规模发展之时，咱们这条段路可以轻松接轨。

　　唐廷枢是一位有远见的企业家，最终他宁可自己为筹措资金再次为难，也支持了金达的主张。

　　果然，日后到了 1937 年，国际铁路协会确定 4.85 英尺为标准轨距。从那以后，世界 60% 的铁路都采用了标准轨距。

　　一项远见卓识，帮助中国免受日本改轨之苦。李鸿章、唐廷枢身为封建时代的官员都能摒弃长官意志，尊重科学，倾听内行人士的意见，难道不值得当代人深思吗？

金达夫人在凤凰山住宅

金达与中国工匠们

No.7

1881 年 6 月 9 日，在唐廷枢默许下，金达带着几个中国工匠造出了"一条喷白汽的火龙"。他们是偷偷干的，没敢叫朝廷那些世袭罔替的"铁帽子"老顽固们知道。

也难怪来自 240 年前山海关外骑射民族的朝廷老臣们看了会害怕，洋人称为"蒸汽机车"的那个铁家伙，肚子里"吃火"头顶喷白汽，四五条胳膊肘儿前捅后捣，六七个风火轮轧在两条铁长龙上隆隆飞过，深更半夜也不睡觉，瞪着一只贼亮独眼，匕首一般刺破夜幕，还时不时长啸一声直蹿天穹，这不是个怪物是啥？上冲天下震地，还敢碾过咱老祖宗的皇陵，破了大清朝的风水，这还了得！

对待同一件事，金达在《华北的矿山及铁路》中的记述完全是另一种科学严谨的语境：

自 1880 年冬季开始，在修车厂车间，一辆经我特别设计的机车在悄悄地制造，使用的是可以弄到的废旧材料：锅炉取自一台旧的英国产的蒸汽绞车；机车上有 6 个轮子，车轮是作为旧铁从美国买进的；车架则利用槽铁所制，取自开平矿一号井井架。

1881 年 3 月 20 日，工程师们用 20 磅重的蒸汽对机车进行测试，测试结果很好。同年 6 月 9 日，那一天是发明世界上第一台火车机车和第一条铁路的乔治·史蒂文森百年诞辰，机车投入运行，命名为"中国火箭号"Rocket of China。

这台由金达带领中国工匠们制造的首台机车，轴式为 0—3—0 型，只有三对动轮，没有导轮和从轮。车身长约 5.7 米，拖动力 100 吨。如果每趟行驶能够运送 100 吨煤，那顶得上多少匹马呀！而且它的速度飞快，从矿山到胥各庄每天能往返几趟，能增加多少输煤运力呀！在当年那真算得上是大力神级的奇迹。

首台机车最初叫"中国火箭号"，后来又改称"龙号"。据考证"中国火箭号"是当时的总工程师伯内特或是其夫人命名的，那年头儿的外国人也不曾预想到如今的航天火箭，只是形容它的快速而已。至于为何改名"龙号"，恰恰证明了中国人对它的承认和喜爱。1882 年金达向英国驻华领事馆商务官员介绍："第一座火车头是在本地造的，行驶了几个星期，没有引起烦言。但不久便被命令停驶，停了几个星期。过些日子又可以开行了，以后便一直在使用。"

美国媒体载文报道："1881 年 11 月 8 日，'火箭号'机车第

唐胥铁路建成后英籍工程师金达站在"中国火箭号"列车旁留影

一次在铁路上运行，载着两车兴奋的清朝（当地）官员前往距工厂大约 4 英里的第一座铁路桥。"当时中国北方已进入冬季，运煤河很快就封冻了无法运煤，比较一下更加显出机械化运力的优越性。

看来那次"兜风"是唐廷枢的宣传策略，自此当地官员心照不宣，反对的声音减少了。

"龙号"机车的"明媒正娶"似可以那张举世闻名的照片为"出嫁日"。1888 年 6 月，李鸿章请来了"帝父"醇亲王，随行众多清政府大员。他们在唐胥铁路乘坐了火车，留下了一幅著名的车上合影。在中国早期近代化履历上，可以说那是个颇具象征意味的历史时刻，从中我们可以了解到朝廷里顽固派的阻挠和改革派的最终胜利。

金达虽然不懂中文，但在创办中国铁路事业的征程上他与中国同事们关系融洽，在唐廷枢、徐润、伍廷芳、胡燏棻、梁汝浩等众多有识之士的支持下，他把自己在西方所学技能全部贡献给了中国铁路、桥梁建设，几乎参与了当时所有的铁路工程，至中日甲午战争之前，中国铁路修筑了 447 公里，其中的 352 公里是金达作为总工程师主持设计的。

除了修路架桥，金达还以长远目光主张开办铁路学堂，奔走呼吁了多年，终于在天津、山海关创办了铁路学堂，为中国日后的铁路发展广种桃李。其中，他培养了最为优秀的学生詹天佑。

詹天佑是中国留美第一批幼童之一，回国以后于 1888 年进入中国铁路公司，在金达手下当实习生，得到了金达的赏识。金达很快提拔詹天佑为正式工程师，不久又重用他为工务段工程师，并支持他完成了滦河铁路大桥工程。

留美学生棒球队，后排右二为少年詹天佑

詹天佑

万事开头难，金达为中国铁路所做贡献中最令人难忘的生动事例还是那辆"龙号"机车。如果说"龙号"机车是中国铁路人的"初恋情人"，到了1909年金达退休时，他真的得到了那位"大众情人"。

听说老总工程师要回国了，无论是欧美籍同事还是中国同事们都难舍难离，很多跟钢铁打了多半辈子交道的硬汉都伤心落泪了。大家都想送给他一件有纪念意义的礼品，几经商议，欧美籍的高级工程师们凑钱买了一架钢琴，让他回到家乡以后每弹出一个音符都会想起中国。

广东籍的老工匠孙锦芳，在多年的合作中和金达结为好朋友，孙锦芳等59位老同事还给金达写了一封情深意切的信：

恳请您收下这张装在唐山工艺相框里的照片留作纪念。机车制造车间的中国工人聚集在您的周围，在名副其实的铁路线旧址和中国第一台蒸汽机车"中国火箭号"机车前，这些都是您刚刚开始工作时主持修建的。

不同文不同种却同心的老总工程师要走了，合作了三十多年的老师傅们舍不得呀！人生有几个三十年呀？一奶同胞的兄弟姐妹也难以如此朝夕相处呀！大家送了一程又一程，这一别远隔重洋，就是永诀……人们常说见信如面，可是您不懂中文我们不懂洋文，往后离了翻译连封信都没法写啦……那咱们就来个"见车如面"吧，让"龙号"机车永远留在您身边当个念想儿……

他们制作了一台精巧逼真的"龙号"机车模型送给金达，

金达如获至宝，抱回英伦保存终生。这件象征中英友谊的礼品至今由金达后裔保存着，成为其家族的荣光。

金达对中国矿业和铁路的贡献得到了清政府的嘉奖，光绪十七年（1891年）颁给他执照证书，封赏他"头等第三双龙宝星"勋章。1905年他再次受到嘉奖，光绪皇帝册封他"二品顶戴花翎"，即中国二品官员。后来中国虽然经历了改朝换代，

头等第三双龙宝星

1891年，清政府颁给金达的执照证书

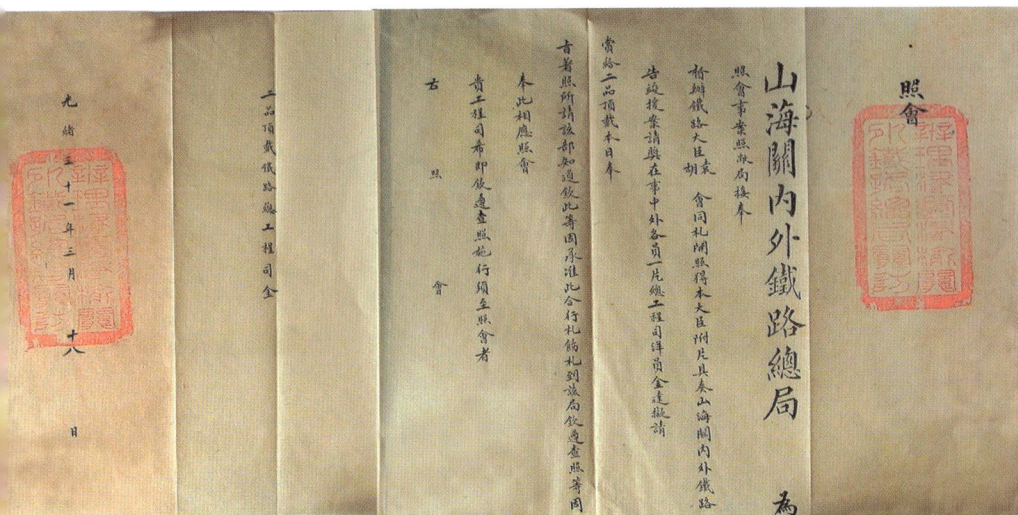

照會

山海關內外鐵路總局

為

照會事：竊本處於接本橋期鐵路大臣胡

會同札開照將本大臣附片及奏山海關內外鐵路

唐政據案請與在事中外各員一并總工程司詳員金達敬請

貴為二品頂戴本日奉

旨著照所請該部知道欽此等因承准北合行札錄札到該局欽遵查照等因

本此相應照會

貴工程司希即欽遵查照施行須至照會者

右照會

古

九緒三十一年三月十八

二品頂戴鐵路總工程司金

日

1905年4月，清政府山海关内外铁路总局照会，至"二品顶戴铁路总工程司（即'师'）金（达）"

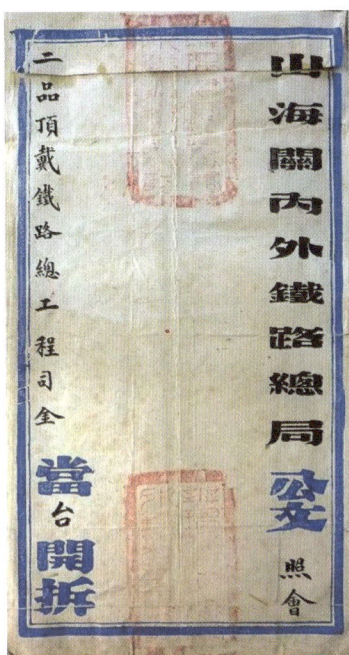

山海关内外铁路总局使用非常醒目的外交官信封将此嘉奖寄给金达

开平矿山中外同仁欢送金达的临别时刻

1909年4月，金达夫妇启程沿西伯利亚铁路回国

80岁时的金达

位于北戴河的金达塑像

却没有忘记老朋友。1925 年民国政府铁路公司为了感谢金达，写信聘请他为带薪终身顾问。1931 年中国政府举办纪念"龙号机车"50 周年活动，再次写信表彰金达的杰出贡献。金达晚年生活很舒适，中国给予的嘉奖退休金、顾问薪酬不仅为他提供了物质保障，更加使得他在精神上感到无比骄傲。

　　金达于 1936 年 8 月 9 日在英国切特镇（Churt）去世。

　　在如今的北戴河海边，金达的塑像栩栩如生，永远留在了他的第二故乡——中国。

　　同是西方人在开平煤矿，但在中国人民心目中，金达和胡佛的形象却有着天壤之别。

积劳成疾的最后时刻

No.8

常年的奔波劳碌、殚精竭虑夺走了唐廷枢的健康。早有同仁向中堂大人呈报："（唐公）积劳之疾，隐痼日深。自去年春间，由粤东开办码头回归，病已加剧，犹得时患时愈，旁观者皆代抱隐忧。迄至今夏，依然力疾从公，不遑朝夕……"

1892 年 5 月 21 日为唐廷枢 60 岁生日，中国民俗一向视六旬为"整寿""大寿"，李鸿章特意筹划为他庆生。中堂大人一番美意，德璀琳当然是一马当先，其为总督府幕僚、津海关税务司、英租界董事长，一手监造了市政厅戈登堂。在戈登堂为唐公举办寿辰庆典再合适不过了，位于西侧海河边的即是著名酒店利顺德，宴会服务一应俱全。多年来唐公创办的各种近代化工业企业进口了大量的西方工业设备，长居天津租界的侨民洋行大多和唐公有着商贸往来，所以德璀琳借中堂大人之名向 70 多位中外人士发了请柬。李鸿章之子李经迈代表总督父亲出

罗丰禄

席，直隶津海关道盛宣怀、山东登莱青道罗丰禄、天津轮船招商局代表等贵宾纷纷致礼。唐公在津亲属 12 人殷勤酬答，躬谢连连。戈登堂经过一番布置，满堂华彩，绣锦、屏条、花卉灿若云霞，由侨民组成的乐队"城市乐人"的演奏愈加烘托全场的热烈气氛。酒会的"官方语言"多用英语，由第一批回国的"留美幼童"罗丰禄担任翻译。

招待委员会主席宓克（Michie）先生的致辞绝非流于一般性客套，而是表达了发自肺腑的崇敬："从来没有哪位中国总

第一批留美幼童在轮船招商总局门前合影

督会邀请一群外国人来与家人和官员同乐，也没有哪个中国通商口岸的外国侨民会像今天这样鼓掌由衷赞赏一个中国人……唐先生年届六旬，一生劳碌，满身荣誉。世界由各色人等组成，工商业和治国方略或军事科学同等重要，都是国家福祉的基石。一个人做好自己的本分，不管做什么，都值得尊敬。今天庆祝生日的寿星，在生产制造方面累获殊荣，既是商业领袖，也是优秀市民，值得我们向他致敬……要体会唐景星这样的人取得的成就，首先要体味中国各企业所经历的困难、障碍。几多维新宏图，几多高谈阔论的奏章，几多误入歧途的宏大企业，只需要想想这些，就知道这位中国轮船、矿务、铁路之先驱，他的功力是多么深厚，成绩是多么骄人。"

德璀琳、盛宣怀及几位中外人士都做了精彩演讲，对唐公的个人品格及其为国家所作不可磨灭之贡献大加赞赏。

当年颇有影响的英文报纸《北华捷报》于 6 月 3 日详细报道了贺寿盛况，尤以欣慰的口吻广而告之："当晚之主人公似乎较前些日子精神爽利。"

大家的颂词让唐廷枢大感意外，深受感动。他那颗朴实的心涌起孩童般的快乐，以流利的英语发表了妙趣横生的长篇谢词。他向大家披露了一些重要的生平概况，扼要概述了自己所从事过的事业，用词简洁，事实鲜活，情真意切，雄辩滔滔。外国侨民们早就听说他的英语"说得和英国人一样"，这次百闻不如一听，纷纷称奇，满堂喝彩。

笔者之所以不吝篇幅细说唐公的六十诞辰，是感慨那次李鸿章授意的盛会是李唐二人多年知交义气之举，或许中堂大人知悉唐公沉疴难愈，预感到了什么……

唐廷枢

可以说，唐廷枢在自己的甲子之年当众直抒胸臆，是他最后的宣泄，最后的欢乐，最后的放飞自我了。

谁都没有料到，4 个月以后他就病故了，那次精彩演讲成了他人生的绝唱。那晚消逝在戈登堂里的乐队演奏，似乎已经隐含着挽歌赞美诗的悲壮意味了……

1892 年 10 月 7 日，唐廷枢于天津去世。11 月 3 日，《申报》上海版载文记述了唐廷枢的最后时刻：

> 又闻（唐公）于（农历）八月十七日午后一点钟逝世，
> 在十点钟时开平（矿务）局内之同事十余人及工头等均到津

THE
North-China Herald
AND
SUPREME COURT & CONSULAR GAZETTE

Vol. XLVIII., No. 1296.   SHANGHAI. JUNE 3. 1892.   Price, Tls. 12 p An.

CONTENTS.

Miscellaneous Intelligence.

Shanghai mail advices of 23rd April were received in London on the 31st May.

BIRTHS.

At the Zoroastrian Garden, 32, Foochow Road, Shanghai, on the 28th May, D. Burjorji (Dadabhai Burjorji Chinai), aged 85.—Bombay papers please copy.

At Shanghai on the 30th May, the wife of José Thomas de Souza, of a daughter.

Hongkong and Macao papers please copy.

DEATH.

At Hongkong, on the 30th May, 1892, One Posthumus, of Makkum (Holland), late pilot Imperial German Mail Line, aged 44 years.

METEOROLOGICAL REPORT.

Day of Month.	Barometer. 9 a.m.	Wind. Direction.	Force 1 to 12.	after 9 a.m. in shade. Dry.	Wet.	Rain.
May						
26	29.92	84.0	S.	2	63.5	60.2	70.0
27	29.93	68.0	S.e.	1	67.5	62.0	73.0	61.0
30	29.85	48.5	E.s.e.	2	65.0	67.0	72.0	65.0
31	29.75	70.5	S.e.	1	70.0	68.5	71.0	65.0
Jun						
1	29.60	78.5	N.N.W.	1	73.0	71.0	80.0	70.0
2	29.80	72.0	S.w.	2	74.5	71.5	78.0	70.1
3	29.90	72.0	S.w.	1	73.5	73.0	80.0	68.0

Initials :—b, blue sky ; c. clouds ; f. fog ; h. hail ; l. lightning ; m. misty (hazy); o. overcast (dull); r. rain ; s. snow ; t. thunde ; z. calm. Force from 1 to 15. estimated.

The North-China Herald.
IMPARTIAL NOT NEUTRAL.
SHANGHAI, FRIDAY, JUNE 3, 1892.

In our notice of the Customs Gazette for the first quarter of this year we have dealt with the twenty Chinese treaty ports : we have now to notice the three Corean treaty ports ; Kowloon and Lappa, the two sentinels set to watch the commerce of Hongkong and Macao ; and the two inland ports on the Tongking frontier, Lungchow and Mêngtze. In Corea there was a considerable falling-off in the collection this year, and the total is even less than in 1890. The comparative figures are :—

	1892.	1891.	1890.
Jenchuan	$55,010	$74,997	$52,400
Fusan	37,483	55,752	49,165
Yuensan	9,748	14,607	12,972

Total $102,241 $145,356 $114,537

The decrease in the revenue at Jenchuan was under both import duty and export duty, there being a very trivial increase in tonnage dues. There was a general decline in the import of cotton goods except lenos and Japanese piece-goods, a decline in woollens, and an improvement in metals except spelter, tin, and old brass metal. In foreign sundries there was a general decline except in kerosene oil and salt. Of this last necessary of life Pls. 5,252 were imported against Fls. 260 in 1891. In native sundries there was a marked increase in cotton piece-goods. Exports

generally were below those in 1891, yellow beans falling from Pls. 111,000 to Pls. 58,000. At Fusan the decline was in import duty, export duty and tonnage dues. The quantities of cottons, woollens and metals imported were all smaller than in 1891. In foreign sundries, firewood and kerosene oil were almost the only things that showed an advance, salt falling from pls. 31,000 to pls. 16,000. In native sundries there was a marked advance in dried fish. Exports fell off almost without exception. At Yuensan, too, the decline was under all three heads of revenue. Imports of cottons, woollens and metals were almost all below those in 1891, though there was a slight gain in Japanese cottons, unclassed, and in Japanese cotton yarn. In foreign sundries there was an improvement in kerosene oil and in salt. In native sundries there was an increase in rice and wheat, but a very marked decline in cotton piece-goods. In exports the chief point to be noticed was a very large increase in dried fish, provision. Beans and unclassed skins were considerably below the average, the other exports being well maintained.

The movements of treasure to and from China and Japan during the quarter were as follows :—

	Imports. Silver.	Exports. Gold.	Silver.
Jenchuan	$ 2,700	$ 51,011	$14 145
Fusan	47,963	5,601	4,250
Yuensan	300	78,935	1,323

Total ...... $ 50,963 $135,547 $19,718 Same quarter,1891 $194,441 $120,407 $27,395

In Kowloon and Lappa the collection this year was smaller even than in 1890, the figures for the three years being :—

	1892. H'n. Tls.	1891. H'n. Tls.	1890. H'n. Tls.
Kowloon	134,843	153,938	131,374
Lappa	112,595	121,608	120,594

Total Tls. 247,438 Tls. 305,546 Tls. 251,968

The great excess in 1891 at Kowloon was due to the collection of over Tls. 60,000 as Chingfei tax, inwards, nothing being received from that source in 1890, and the receipts from it this year being only Tls. 31,000. There was also a large decline this year in opium duty and likin, and in duty inwards on general cargo, while likin inwards showed an improvement. In imports, there was a very marked improvement in cotton and woollen piece-goods and in woollen thread, while there was a marked decline in Indian yarn. Metals were generally in good demand, especially lead. Indian raw cotton and kerosene oil showed a decline : india-rubber shoes rose from 6,470 to

1892年6月3日《北华捷报》报道唐廷枢60岁寿辰的贺寿盛况

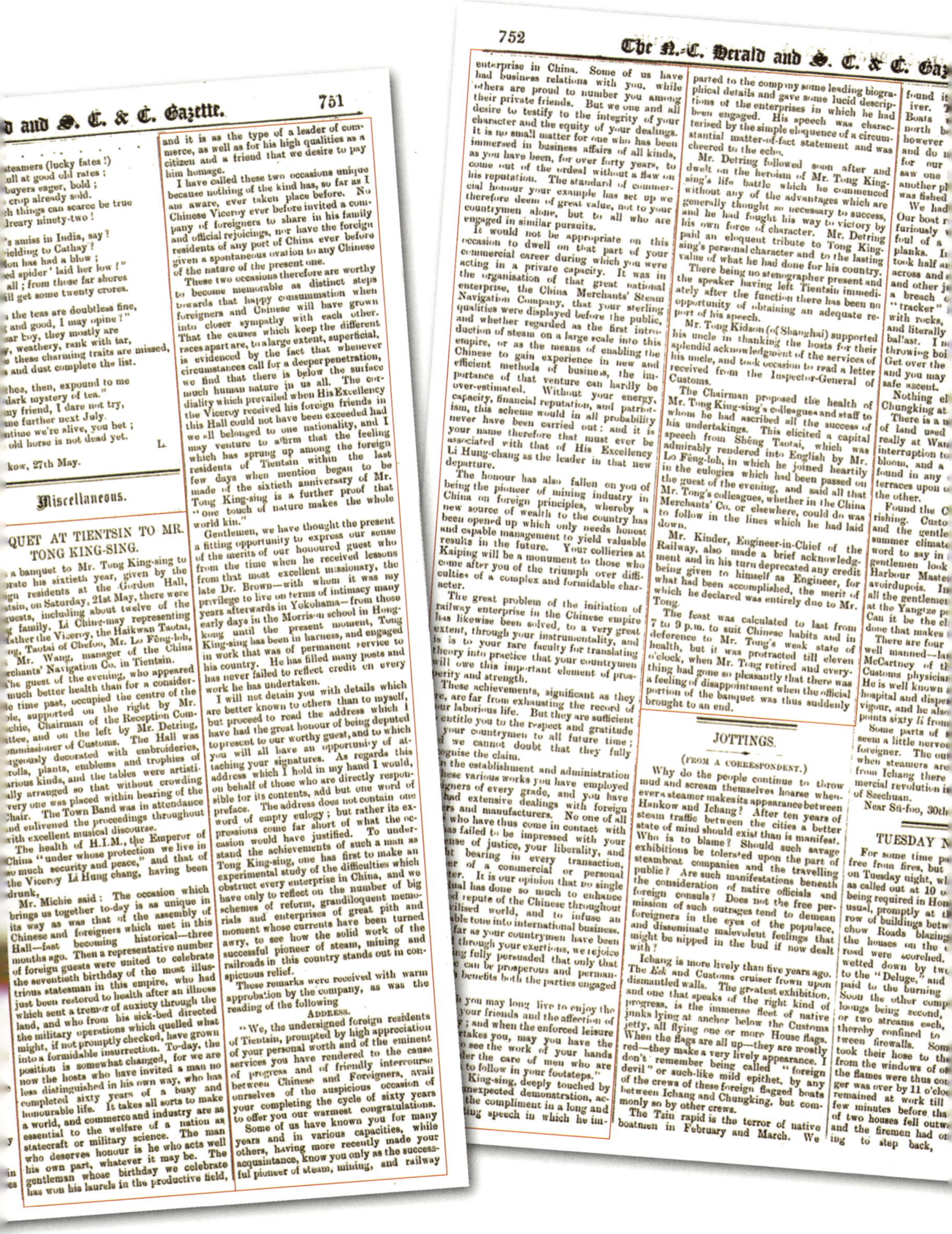

steamers (lucky fates !)
...ll at good old rates ;
...buyers eager, bold ;
...h things can scarce be true
...reary ninety-two !

...s amiss in India, say ?
...yielding to Cathay ?
...on has had a blow ;
...ed spider' laid her low !"
...all ; from those far shores
...ll get some twenty crores.

... teas are doubtless fine,
...d good, I may opine ?
...ar boy, they mostly are
...n, weathery, rank with tar,
... these charming traits are missed,
...s and dust complete the list.

...hea, then, expound to me
...dark mystery of tea."
...my friend, I dare not try,
...ne further next July.
...ntinue we're alive, you bet ;
...old horse is not dead yet.

L.

...kow, 27th May.

Miscellaneous.

...QUET AT TIENTSIN TO MR.
TONG KING-SING.

...a banquet to Mr. Tong King-sing to
...orate his sixtieth year, given by the
...n residents at the Gordon Hall, in
...stin, on Saturday, 21st May, there were
...guests, including about twelve of the
... family, Li Chine-nay representing
...father the Viceroy, the Haikwan Taotai,
...ng, Taotai of Chow, Mr. Lo Feng-loh,
...r. Wang, manager of the China
...chants' Navigation Co. in Tientsin.
...e guest of the evening, who appeared
...much better health than for a consider-
...le time past, occupied the centre of the
...ble, supported on the right by Mr.
...chie, Chairman of the Reception Com-
...ttee, and on the left by Mr. Detring,
...missioner of Customs. The Hall was
...rgeously decorated with embroideries,
...olls, plants, emblems and trophies of
...rious kinds, and the tables were artisti-
...y arranged so that without crowding
...ery one was placed within hearing of the
...hair. The Town Band was in attendance
...nd enlivened the proceedings throughout
...ith excellent musical discourse.

The health of H.I.M., the Emperor of
...China "under whose protection we live in
...o much security and peace," and that of
...the Viceroy Li Hung-chang, having been
...drunk,

Mr. Michie said : The occasion which
...brings us together to-day is as unique in
...its way as was that of the assembly of
...Chinese and foreigners which met in this
...Hall—fast becoming historical—three
...months ago. Then a representative number
...of foreign guests were united to celebrate
...the seventieth birthday of the most illus-
...trious statesman in this empire, who had
...just been restored to health after an illness
...which sent a tremor of anxiety through the
...land, and who from his sick-bed directed
...the military operations which quelled what
...might, if not promptly checked, have grown
...into a formidable insurrection. To-day, the
...position is somewhat changed, for we have
...now the hosts who have invited a man no
...less distinguished in his own way, who has
...completed sixty years of a busy and
...honourable life. It takes all sorts to make
...a world, and commerce and industry are as
...essential to the welfare of a nation as
...statecraft or military science. The man
...who deserves honour is he who acts well
...in his own part, whatever it may be. The
...gentleman whose birthday we celebrate
...has won his laurels in the productive field,

and it is as the type of a leader of com-
merce, as well as for his high qualities as a
citizen and a friend that we desire to pay
him homage.

I have called these two occasions unique
because nothing of the kind has, so far as I
am aware, ever taken place before. No
Chinese Viceroy ever before invited a com-
pany of foreigners to share in his family
and official rejoicings, nor have the foreign
residents of any port of China ever before
given a spontaneous ovation to any Chinese
of the nature of the present one.

These two occasions therefore are worthy
to become memorable as distinct steps
towards that happy consummation when
foreigners and Chinese will have grown
into closer sympathy with each other.
That the causes which keep the different
races apart are, to a large extent, superficial,
is evidenced by the fact that whenever
circumstances call for a deeper penetration,
we find that there is below the surface
much human nature in us all. The cor-
diality which prevailed when His Excellency
the Viceroy received his foreign friends in
this Hall could not have been exceeded had
we all belonged to one nationality, and I
may venture to affirm that the feeling
which has sprung up among the foreign
residents of Tientsin within the last
few days when mention began to be
made of the sixtieth anniversary of Mr.
Tong King-sing is a further proof that
"one touch of nature makes the whole
world kin."

Gentlemen, we have thought the present
a fitting opportunity to express our sense
of the merits of our honoured guest when
from the time when he received lessons
from that most excellent missionary, the
late Dr. Brown—with whom it was my
privilege to live on terms of intimacy many
years afterwards in Yokohama—from those
early days in the Morrison school in Hong-
kong until the present moment, Tong
King-sing has been in harness, and engaged
in work that was of permanent service to
his country. He has filled many posts and
has never failed to reflect credit on every
work he has undertaken.

I will not detain you with details which
are better known to others than to myself,
but proceed to read the address which I
have had the great honour of being deputed
to present to our worthy guest, and to which
you will all have an opportunity of at-
taching your signatures. As regards this
address which I hold in my hand I would,
on behalf of those who are directly respon-
sible for its contents, add but one word of
preface. The address does not contain one
word of empty analogy ; but rather its ex-
pressions come far short of what the oc-
casion would have justified. To under-
stand the achievements of such a man as
Tong King-sing, one has first to make an
experimental study of the difficulties which
obstruct every enterprise in China, and we
have only to reflect on the number of big
schemes of reform, grandiloquent memo-
rials and enterprises of great pith and
moment whose currents have been turned
awry, to see how the solid work of the
successful pioneer of steam, mining and
railroads in this country stands out in con-
spicuous relief.

These remarks were received with warm
approbation by the company, as was the
reading of the following

ADDRESS.

"We, the undersigned foreign residents
of Tientsin, prompted by high appreciation
of your personal worth and of the eminent
services you have rendered to the cause
of progress and of friendly intercourse
between Chinese and Foreigners, avail
ourselves of the auspicious occasion of
your completing the cycle of sixty years
to offer you our warmest congratulations.

Some of us have known you for many
years and in various capacities, while
others, having more recently made your
acquaintance, know you only as the success-
ful pioneer of steam, mining, and railway

enterprise in China. Some of us have
had business relations with you. And
others are proud to number you among
their private friends. But we one and all
desire to testify to the integrity of your
character and the equity of your dealings.
It is no small matter for one who has been
immersed in business affairs of all kinds,
as you have been, for over forty years, to
come out of the ordeal without a flaw on
his reputation. The standard of commer-
cial honour your example has set up we
therefore deem of great value, not to your
countrymen alone, but to all who are
engaged in similar pursuits.

It would not be appropriate on this
occasion to dwell on that part of your
commercial career during which you were
acting in a private capacity. It was in
the organisation of that great national
enterprise, the China Merchants' Steam
Navigation Company, that your sterling
qualities were displayed before the public,
and whether regarded as the first intro-
duction of steam on a large scale into this
empire, or as the means of enabling the
Chinese to gain experience in new and
efficient methods of business, the im-
portance of that venture can hardly be
over-estimated. Without your energy,
capacity, financial reputation, and patriot-
ism, this scheme would in all probability
never have been carried out ; and it is
your name therefore that must ever be
associated with that of His Excellency
Li Hung-chang as the leader in that new
departure.

The honour has also fallen on you of
being the pioneer of mining industry in
China on foreign principles, whereby a
new source of wealth to the country has
been opened up which only needs broad
and capable management to yield valuable
results in the future. Your collieries at
Kaiping will be a monument to those who
come after you of the triumph over diffi-
culties of a complex and formidable char-
acter.

The great problem of the initiation of
railway enterprise in the Chinese empire
has likewise been solved, to a very great
extent, through your instrumentality, and
...is is to your rare faculty for translating
...theory into practice that your countrymen
...will owe this important element of pros-
...erity and strength.

...These achievements, significant as they
...re, are far from exhausting the record of
...our laborious life. But they are sufficient
...entitle you to the respect and gratitude
...your countrymen to all future time ;
...d we cannot doubt that they fully
...ognise the claim.

...he establishment and administration
...hese various works you have employed
...igners of every grade, and you have
...had extensive dealings with foreign
...rs and manufacturers. No one of all
...who have thus come in contact with
...ense of justice, your liberality, and
...t bearing in every transaction,
...er of a commercial or personal
...er. It is our opinion that no single
...ual has done so much to enhance
...al repute of the Chinese throughout
...ilised world, and to infuse a
...ble tone into international business,
...far as your countrymen have shared
...through your exertions, we rejoice
...g fully persuaded that only that
...can be prosperous and perman-
... benefits both the parties engaged

...u may long live to enjoy the
...your friends and the affection of
...; and when the enforced leisure
...rtakes you, may you have the
... to see the work of your hands
...der the care of men who are
...to follow in your footsteps."

...King-sing, deeply touched by
...unexpected demonstration, ac-
...the compliment in a long and
...g speech in which he im-

parted to the company some leading biogra-
phical details and gave some lucid descrip-
tions of the enterprises in which he had
been engaged. His speech was charac-
terised by the simple unobtrusive of a circum-
stantial matter-of-fact statement and was
cheered to the echo.

Mr. Detring followed soon after and
dwelt on the heroism of Mr. Tong King-
sing's life battle which he commenced
without any of the advantages which are
generally thought so necessary to success,
and he had fought his way to victory by
his own force of character. Mr. Detring
paid an eloquent tribute to Tong King-
sing's personal character and to the lasting
value of what he had done for his country.

There being no stenographer present and
the speaker having left Tientsin immedi-
ately after the function there has been no
opportunity of obtaining an adequate re-
port of his speech.

Mr. Tong Kidson (of Shanghai) supported
his uncle in thanking the hosts for their
splendid acknowledgment of the services of
his uncle, and took occasion to read a letter
received from the Inspector-General of
Customs.

The Chairman proposed the health of
Mr. Tong King-sing's colleagues and staff to
whom he had ascribed all the success of
his undertakings. This elicited a capital
speech from Shêng Taotai, which was
admirably rendered into English by Mr.
Lo Fêng-loh, in which he joined heartily
in the eulogies which had been passed on
the guest of the evening, and said all that
Mr. Tong's colleagues, whether in the China
Merchants' Co. or elsewhere, could do was
to follow in the lines which he had laid
down.

Mr. Kinder, Engineer-in-Chief of the
Railway, also made a brief acknowledg-
ment and in his turn deprecated any credit
being given to himself as Engineer, for
what had been accomplished, the merit of
which he declared was entirely due to Mr.
Tong.

The feast was calculated to last from
7 to 9 p.m. to suit Chinese habits and in
deference to Mr. Tong's weak state of
health, but it was protracted till eleven
o'clock, when Mr. Tong retired and every-
thing had gone so pleasantly that there was
a feeling of disappointment when the official
portion of the banquet was thus suddenly
brought to an end.

JOTTINGS.

(FROM A CORRESPONDENT.)

Why do the people continue to throw
mud and scream themselves hoarse when-
ever a steamer makes its appearance between
Hankow and Ichang? After ten years of
steam traffic between the cities a better
state of mind should exist than is manifest.
Who is to blame? Should such savage
exhibitions be tolerated upon the part of
steamboat companies and the travelling
public? Are such manifestations beneath
the consideration of native officials and
foreign consuls? Does not the free per-
mission of such outrages tend to demean
foreigners in the eyes of the populace,
and disseminate malevolent feelings that
might be nipped in the bud if now dealt
with?

Ichang is more lively than five years ago.
The Eck and Customs cruiser frown upon
dismantled walls. The greatest exhibition
and one that speaks of the right kind of
progress, is the immense fleet of native
junks lying at anchor below the Customs
jetty, all flying one or more House flags.
When the flags are all up—they are mostly
red—they make a very lively appearance. I
don't remember being called "foreign
devil" or such-like mild epithet, by any
of the crews of these foreign flagged boats
between Ichang and Chungking, but com-
monly so by other crews.

The Tsin rapid is the terror of native
boatmen in February and March. We

found t...
...iver. T...
Boats...
...north be...
however ...
and do n...
...for our ...
saw one ...
another pl...
was fished...
Our boat ra...
furiously o...
foul of a ...
planks. In...
took half an...
across and ...
and other ja...
...a breach ...
"tracker" ...
with rocks, ...
and literally ...
...I m...
throwing boa...
Get over the ...
and you may ...
safe ascent.

Nothing ...
Chungking at ...
There is a n...
of land usuall...
really at War...
interruption to ...
...bloom, and a ...
found in any o...
terraces upon o...
the other.

Found the C...
...rishing. Custo...
and the gentle ...
summer climate ...
word to say in i...
gentlemen look ...
Harbour Master...
avoirdupois. A...
all the gentlemen ...
at the Yangtze p...
Can it be the cl...
done that makes o...

There are four ...
well manned—la...
McCartney of the ...
Customs physician...
He is well known a...
hospital and dispe...
vigour, and he als...
points sixty li from...

Some parts of th...
seem a little nervo...
foreigner. The ou...
when steamers are ...
from Ichang there ...
mercial revolution in...
of Szechuan.

Near Su-foo, 30th...

TUESDAY N...

For some time p...
free from fires, but ...
on Tuesday night, w...
as called out at 10 o...
being required in Hon...
usual, promptly at th...
row of buildings befo...
chow Roads blazing ...
the houses on the o...
road were scorched. ...
settled down by two ...
to the "Deluge," and ...
paid to the burning ...
Soon the other comp...
lounge being second, ...
or two streams each, ...
thereby confined to ...
tween firewalls. Som...
took their hose to the ...
from the windows of ...
flames were 115 o'clo...
ger was over by 11 o'clo...
remained at work till ...
few minutes before the ...
of two houses fell outw...
and the firemen had o...
...ing to step back,

问疾，（唐公）尚能与之拱手，并将年结账目通统交付。又请张燕谋入室，告以"我死后局务惟君主之，君之来宾天赐也。惟（矿务）局中诸同事大半由生手而至熟手辛苦倍当，异日如有更调务须随时斟酌。我虽经营数十年，家无长物，后裔年幼无能，一切尚祈照拂"。张（翼）闻之凄然，答以"诸（事）请放心，自当率循旧章，以无负君之谆托也"。

唐公沉疴日深，由张翼接班当然是朝廷的安排。但唐公临终对继任的绝对信任和殷切期望却也是发自肺腑，张翼也发下决不辜负君之谆托之誓言。可是，唐公终究是所托非人了。倘若他在天有灵，日后知道了张翼竟敢"私卖"开平矿山还不得气疯了？

唐廷枢与张燕谋交集不多，作为"开平煤矿总办"职位的前任与后任，两人的品格之高下，知识结构之差异，工作能力之优劣，为官之清廉与贪腐，有着天壤之别。

李鸿章出席唐廷枢葬礼时有一个感人的细节：他"知（唐公）素日清贫，预告以不必设筵款待，及礼毕即回辕。当（中堂大人）泪止及回辕时枪炮之声隆隆不绝，至僧道来诵经礼忏者，其资皆有友人资助……"

李鸿章深知老友一向清贫，事先通告唐家不必设筵，乃知交体贴之举。上行下效，中堂大人带头为丧主省钱，哪一级前来吊唁的人士敢依俗留席？这也说明大家都敬佩唐公无私报国的高尚品格。其族侄唐国安（清华大学前身清华学堂首任校长、第二批留美幼童之一）于1907年在《寰球中国学生报》发表了《唐景星先生生平事略》，文中记述了唐廷枢廉洁奉公的生动细节：

唐国安

清华学堂

……最重要的是，他为人真诚，道德高尚。虽然他生平曾掌管十几家企业，但死得却贫困清苦。他为人之真诚，实属罕见，殊为难得。假若他人坐于其位，面对如此多之机会，或许早已富甲一方。他曾对友人说："我宁要身后美名也不要财富。"他刚直不阿，决不向任何歪门邪道妥协。我们只需说一件事即可证明之。他常常收到各省份官方购煤的订单，里面总是附带一个条件，要求按成本之若干百分比给买家送回佣。虽然唐先生可在其定价中加入回佣，但他断然拒绝任何这方面的安排，使许多订单流向日本。

从以上短短的唐先生生平事略中，我们可以看出，赋予他的"中国铁路、矿业及航运之父"之称号，确是实至名归。

笔者希望，回顾唐先生之生平事迹可使中国贤能之士以其为榜样，尤其是以其永远真诚之品格为榜样。

相比之下，张翼日后将开平煤矿私卖给英商，虽有八国联军入侵、其生命受到威胁的因素，但他通过与胡佛的"私相授受"，从中也捞取了巨额贿金，也就无法得到后世的原谅了。

震撼中外的隆重葬礼

No.9

在老天津的城市记忆中，有一道俗世风景线便是浩浩荡荡出大殡了。

19世纪下半叶至20世纪上半叶的百年中，北京是中国政治大剧的前台，天津则是幕间暗转、酝酿剧情变幻的后台。晚清大厦将倾时局跌宕，皇亲国戚纷纷到天津置业隐避；清末民初军阀混战，下野政客首选到天津蛰伏待机；富商巨贾云集之北方最大口岸，豪门婚丧嫁娶自是接踵不断争强炫富。在有据可查的历史记载中，似乎再怎么声势浩大的葬礼也超不过早在1892年11月11日举办的唐廷枢大殡了！

其实唐廷枢既无显赫的出身门第，也非政界大佬商界巨子军界魁首，他只是一位徒有官阶的"红顶商人"，虽说御赐顶戴花翎，但那只是个荣誉虚衔没有实权。再说了，清朝官员多如牛毛，哪一位能够享有如此崇高的哀荣？几千年的中国封建

文化传统秉承一套重仕轻商的价值观，商
人的地位很低，况且在"洋务运动"之前
也没有"实业家""企业家"一说。然而，
唐廷枢的卓越贡献改变了旧观念，他去世
的消息迅速上达天听，光绪皇帝特别批准
在唐山敕建"唐公祠"。

晚年唐廷枢

　　葬礼规格之高的标志是李鸿章亲自主
持入殓仪式，文武各员俱于天明时等候。
官轿军马摩肩接踵，顶戴花翎朝服憧憧，
礼炮声隆隆不绝。罕见之处还不在于来了多少文官武将，而是
商家百姓的踊跃参与汇成了官民同哀的"同频共振"场面。待
到出殡之日，天津卫大街上更是出现了"今古奇观"，送葬队伍
的"复杂成分"形成了一道独特的风景线——唐公的凝聚力不仅
引起官民同哀，也迎来了各界同哀、劳资同哀，甚至华洋同哀。《北
华捷报》天津通讯指出："唐景星先生于昨天中午逝世，这使所
有关心中国进步的人都感到悲痛。"

　　开平煤矿特别停工两天以示哀思，唐公创办的中国第一条
铁路开出专列送300多名工友和开平中外职员到津祭奠。他们
带来了矿山周边乡民赠送的"万民伞"，每柄伞冠都由七色丝带
组成，每条丝带上都写着民众的姓名。送殡队伍一路缓行，"万
民伞"犹如一道绚丽的彩霞。

　　如果说这些还和唐公的职业有关系，那么天津各行各业的
深情厚谊就愈加令人感动了。灵柩所过之处，"自来火"一律点
燃。百年前天津人管初安装的电灯叫"自来火"，白日华灯，一
排排犹如列队致敬的礼兵。沿街所有的商店作坊悉数停业关门，

万民伞

东家掌柜伙计一律门外肃立，路祭英灵。

招商局早已派新丰号轮船泊于海河码头，送葬人群将灵柩及唐家眷属送上船，方才依依惜别。船舶于十二日清晨启航，汽笛哀鸣，轮船徐徐驶向大沽口。商民所送"万民伞"，俱于轮船甲板之上乘风破浪，华盖彩带、日出红霞共长天一色……

1892 年 11 月 5 日《申报》详述了灵柩抵达上海的殡仪盛况："昨日九点钟时，轮船由吴淞口……缓缓而行，烟波浩渺中望见旌旗飘拂……素车白马络绎于途，停泊浦中之招商局轮船及各土船皆降半旗以致哀悼。将抵码头时兵舰亦礼炮三声，码头左右吹鼓亭大吹大擂，如奏钧天广乐。炮手燃炮恭迎，声震江浒。"江南各路文武官员皆设路祭供台，"继以江南提标水师右营兵弁并苏松太兵备道，亲兵、洋枪队、大旗队皆有武弁押队，整齐严肃""西乐二十四名沿街吹奏""由津带来之万民伞二十六顶，以五色彩缎制成，鲜明夺目""当发引时……商民闻风而来，争欲一扩眼界，不下数千人，经过之处人山人海，无不啧啧焉以为荣"。

一般来说葬礼的范围囿于"血亲宗族性"或"行业性"，以及逝者所居社会阶层。贵胄国戚"仙遁"惊动的是皇家，将帅"归西"吊唁者多在军界，政客"谢世"祭奠人多为官员，而百姓"白事"送殡的则多为亲友了。

唯独唐廷枢葬礼出现了全方位的"跨界"，除了国家元首级的国葬，达到了前无古人后无来者的超越——跨阶层跨行业，引起社会各界人士的悲恸；跨地域跨城市，天津、上海、广东相继举办声势浩大的悼念活动；跨国家跨种族，在华各国人士竞相送葬。种种奇特之处，组成了中国近代历史上少见的现象。

1892 年 11 月 3 日《申报》还报道了天津各国使节及侨民送殡实况："……西国官商五十余人列在其中陪送，计陪送之中西客不下千人，俱送上轮船。"本书在上一节已介绍过了，多年来天津的洋行外商与唐公经贸合作频繁，唐公创办的多家近代化企业进口了大量西方先进设备，聘用外籍工程技术人员，在其管理的轮船招商局范围内形成了局部的"外向型经济"。而且他精通英语，深谙西方法律规章和企业管理理念，恪守契约精神，坚持与合作伙伴互利往来，因此得到国际社会的敬重。唐公大殡之日，13 个国家驻天津领事馆或代办处全都降半旗致哀，它们是英、美、法、德、日、意、沙俄、奥地利、比利时、荷兰、丹麦、瑞典、挪威。各国官方外交使节给予一个中国企业家如此高规格的礼遇，是绝无仅有的事。

大清光緒十八年

九月十四日

申報

第七千五百一十八號

西一千八百九十二年十一月初三日禮拜四

今日出張附有禮拜分文不取

上海寄售每張取錢十文　外埠照例酌加近處寄發

1892年11月3日《申報》報道殯儀盛況　　　1892年11月5日《申報》報道殯儀盛況

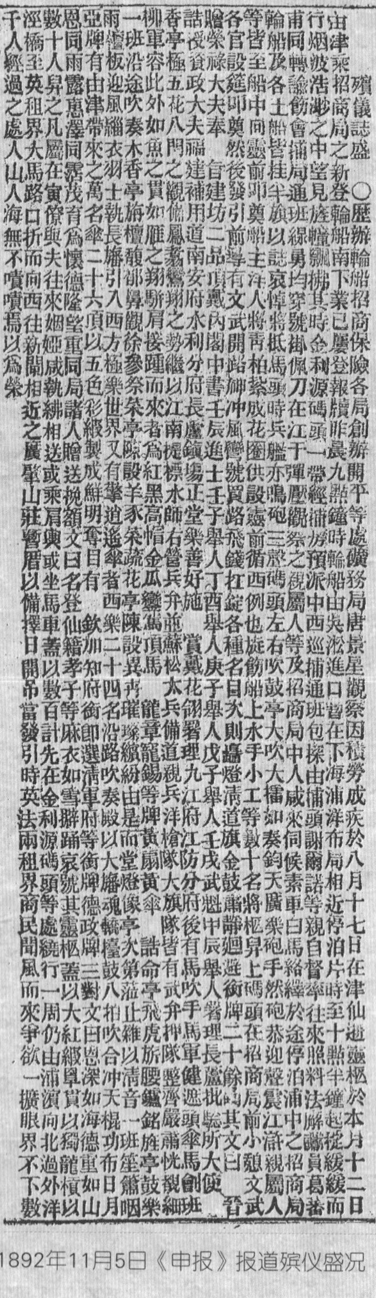

更有甚者，各国商船竟然送灵送到家，迢迢远途追随唐公灵柩到了广东香山唐家村。灵柩船驶出大沽口赴沪海程，除了中国船队一路护送，又有几艘外国商船加入。船队扶柩离沪南归，又有 13 个国家使领馆外交使节或商务官员乘专船一路跟随，直至唐公原籍。在唐公老家的葬礼上，海面上多达 30 艘轮船列队海祭，鸣响三声长笛，以示最后的告别。

企业家亦能成为民族英雄

$No.10$

　　笔者才疏学浅，对唐廷枢的历史功绩所知不多，为了本书写作临时补功课，敬佩之余感慨良多。有据可查的史料和后世文章，都对唐公作了褒扬评价。然而，能否找到一句话，一个称谓，一种推崇，为唐公更为准确乃至更为公正地进行历史定位呢？

　　有人会说，这就很不错了，该知足了。若不是借着中国改革开放的潮流，也不会有那么多论文重提唐廷枢，再怎么说他毕竟是个企业家，是个商人呀！这就是症结所在。中国几千年的文化传统一向重仕轻商，封建社会的各阶层中商人地位低下，"商"有时竟然排到了被歧视的"优（戏子）"之后！因此，李鸿章独创的"红顶商人"才是一项"革命"！

　　李大人在主持唐公葬礼时难掩悲泣说出的那句名言"中国可无李鸿章，但不可无唐廷枢"，绝非自谦之语，也非溢美之言，而是一句大实话。他评价唐公"事极繁难,百折不回,忠信正直,实为中国商务难得人才""要找一个人来填补他的位置是不容易的"。其言词恳切,也都是发自肺腑的惋惜慨叹。

中国人一向崇拜民族英雄,文死谏,武死战,可歌可泣,青史留名,其中一战成名者多,项羽背水一战之骁勇,岳飞精忠报国之赤诚,戚继光守长城之坚韧,文天祥视死如归之气节……

然而,相比之下,唐廷枢对社会发展的卓越贡献不是更为深远吗?先不说他创办的40多家企业,单说他实现的"十个第一"就足以称得上丰功伟绩了——

1873年创立中国第一家国有股份制企业(轮船招商局)。

1876年创办中国第一家保险公司(仁和水险公司)。

1878年创办中国第一家现代机械采煤大型矿山(开平煤矿)。

1879年开辟中国第一条直达美国的海上航线。

1880年挖掘中国第一条输煤运河(芦胥运河)。

1880年修筑中国第一条自建标准距铁路(唐胥铁路)。

1880年制造中国第一台蒸汽机车("龙号"机车)。

1881年开辟中国第一条直达英国的海上航线。

1886年创办中国第一家铁路公司(开平铁路公司)。

1887年创办中国第一座水泥厂(唐山细棉土厂)。

除此之外,他一生创办的银矿、船队、公司、商号还有很多,

开平铁路公司铜牌

不一一列举。仅以上十大功绩，就足以称他为当之无愧的民族英雄了！

美国是个更加盛行英雄崇拜的国家，民众几乎崇拜每一届美国总统。胡佛在美国虽然是个"争议人物"，但他还是为自己披上了英雄光环，其中主要原因就是巧打"中国牌"。

胡佛与唐廷枢没有交集，但是开平矿山把他们两人的名字永远地捆绑在了一起。唐廷枢拼上 15 年生命开创的富矿，胡佛一伙仅凭"金融运作""私相授受"就轻易骗了去。唐廷枢清廉到临终"无储蓄以遗子孙"，胡佛却能仅凭"开平矿案"一夜致富跃为身家百万，为日后竞选美国总统攫取了黑金。唐公栽树，胡佛偷果；唐公为国，胡佛利己；唐公磊落，胡佛阴诡。没有对比，难分高下；没有并论，难分褒贬；没有相较，难分真神与魔鬼。

在中国乃至西方社会的后世评价中，唐廷枢的高洁无私永远映照着胡佛的品德污点，这也是胡佛躲不掉的宿命。

公论自在天壤。

第五章 骗案始末

八国联军的副产品

No.1

墨林看了胡佛呈递的《开平矿务局报告》，对开平富矿垂涎三尺势在必得，吩咐胡佛想方设法动员张翼与英国合资。胡佛花言巧语多次劝说张翼，以英方注资为诱饵鼓动张翼同意英资控股。其实，所谓"合资""注资"之"金融运作"，实际上是墨林、胡佛在欧洲虚报澳洲"金矿"招股的故伎重演。个中区别是澳洲金矿已是行将停产的废矿，而开平煤矿却是蒸蒸日上的富矿，压根儿就不需要外人的"金融运作"。

胡佛找张翼谈了多次未有进展，于是他怂恿墨林亲自来华谈判。1899年6月17日，他给墨林写信说：

……在前信去后，我在北京住了一星期，和张燕谋大人谈了六次。他对我非常重视并特别尊敬……在经过许多讨论之后，我建议两个方向，谈判可以据以进行。第一，你可用一百万英镑成立一个公司，资本的分配如下：流动资本用于开新矿及秦皇岛，共四十万镑。开平矿务局按五十万镑即股份的一半移交全部财务与权益……

墨林闻讯来到中国，和张燕谋进行了多轮谈判，双方讨价还价。但任凭胡佛再怎么撺掇，开平煤矿"易帜"的事非同小可，用德璀琳的话来说，张燕谋"目前还不敢这样做"。

胡佛时年 26 岁，一个美国穷小子来华急于掘金赚钱，是个典型的冒险家。动员张翼卖矿不成，他正在焦急之际，一场国际风雷在中国炸裂了——1900 年 6 月爆发了"庚子国变"，八国联军进犯天津、北京。慈禧太后、光绪皇帝西逃，清政府群龙无首乱作一团。时局这么凶险，谁还顾得上矿业谈判！胡佛再怎么急于发财，也只好等待时机了。

天津的炮火尤为激烈，战斗持续了一个月。在八国联军到来之前，租界里的侨民组成的"义勇队"，显然不是义和团与清军联合攻击的对手。胡佛夫妇都参与了侨民武装，胡佛在其回忆中说他每天负责去各大洋行、银行收集食物和水，送到戈登堂，侨民中的妇女儿童都躲在戈登堂的地下室。露则参加了救护队看护伤员。

在战争状态下，本来胡佛一时顾不上张燕谋了，不料一个突发事件给他带来了天赐良机，他那猎犬般灵敏的鼻子立刻嗅到了猎物的气味！

这还得从张燕谋逃到天津躲避战乱说起。他的官邸和私宅都设在北京，在天津也购置了房产，和清朝许多达官贵人一样，他们都在天津的外国租界里预备了退身之处。从晚清到民初天

戈登堂明信片

津始终是中国政治舞台的后台，政客们得意时在前台北京呼风
唤雨，遇挫时便躲到中国法律无法管辖的天津的列强租界里去。
八国联军进犯北京烧杀抢掠，他便携家眷连夜逃往天津，在公
馆里大门紧闭悄悄地等待时局好转。

不料，闭门家中坐，祸从天上来。

6月21日这一天晌午，忽听"砰砰砰"一阵剧烈的砸门声，
管家去开门，还没等询问来者何人，一队荷枪实弹的洋毛子就
冲进院子，各屋察看，揪起张燕谋绑了就走。家人拦也拦不住，
谁敢拦洋人们一拥而上就是几枪托子。众人都被打蒙了，语言
又不通，只能眼瞅着洋兵把张大人给绑走了。

当晚，出去打探消息的用人们回来一说，张府立刻哭声震天。
洋兵队指挥官说张老爷是"义和团间谍""给义和团通风报信"，

明天一早儿就要枪决了！

冤枉呀！全家人打来到天津卫连大门都没敢迈出去一步，再说老爷怎么会认识义和团呢……

抓人的是英军，给他们带路的是由西方侨民组成的义勇队。给张翼定罪"义和团间谍"的理由十分好笑，义和团炮轰英租界比较精准地击中了几处重要建筑，那些洋楼顿时火光冲天。说是义和团打的，其实是清军正规军队与义和团并肩作战的战果。好巧不巧张翼公馆邻近的好几栋建筑毁坏惨重，他家房子却毫发未损；另外他家楼顶经常有一些鸽子飞起飞落，于是有传言说是他用信鸽给义和团报信。

在战争状态下，犯了间谍罪是可以就地枪决的。英军指挥官把张翼关了一夜，决定第二天早晨当众行刑，以儆效尤……

刀下留人的前提条件

No.2

　　张燕谋吓坏了，再三恳请英军头目把他的事通报给德璀琳。在天津他认识的最高级别的西方人就是德璀琳了，只有德璀琳能够救他一命。

　　他口口声声自称是德璀琳的朋友，从大沽口打进来的英军头目不知就里，长期侨居天津的西方人告诉他德璀琳是何许人也，英军头目同意与英租界当局沟通。

　　李鸿章兼任直隶总督北洋大臣（北洋大臣相当于如今的外交部长）坐镇天津的25年里，在"洋务"上几乎处处倚重德璀琳。长期以来京津的西方人都视德璀琳为实际上的外交部长，称他为"古斯塔夫大王"。他还长期担任天津海关关长，大沽口、海河码头上的往来货船都得向海关交税，由西方人管理的"津海新关"是天津财力最雄厚的机构。1894年中日甲午战争中北洋海军失败，李鸿章被迫赴日签署《马关条约》，后来虽然离开天津去当两广总督了，但他在天津的势力仍然盘根错节。德璀琳的地位仍然举足轻重，若想救张燕谋一命还是能够刀下留人的。

德璀琳听到张翼被捕的事感到很好笑，正要吩咐市政厅派员去找英军方协调，胡佛闻讯赶来了。他的蓝眼珠子鹩鸪鸟儿一般打了个转儿，德璀琳即刻会意，叮嘱部下先去稳住英军头目再说。

两人谋划了一番，一拍即合，英雄所见略同，都意识到千载难逢的机会来了！他们当然知道张翼不是义和团间谍，但要营救他却是有条件的！他俩掌灯密谈，分析了战争态势。八国联军不仅攻陷了天津、北京，还占领了京津附近的城乡，各国军队安营扎寨大有割据之势。其中日军和沙俄军队人数最多，沙俄本来就占领了旅顺港，日军在东北虎视眈眈，两国都对同在渤海湾的秦皇岛、唐山一带觊觎已久。如今八国联军大兵压境，身为在华西方人的胡佛和德璀琳都意识到属于自己的黄金时刻到来了！此时不干，更待何时？他俩迅速地制定了一套计划，需要连夜打印成文件。于是他俩来到了胡佛家里。

那边张燕谋的小命已经朝不保夕了，这边胡佛和德璀琳却没有直接赶往太古洋行救人，而是又来到胡佛家里密谋了一番。事不宜迟，他俩争分夺秒炮制了一份文件，叫作"保护矿产手据"，德璀琳来回踱步出词儿，胡佛咔哒咔哒飞快地打字……

他俩要趁乱逼迫张燕谋在"手据"上签字，把开平煤矿矿产交由英国保护。现在是迫使张翼交出开平煤矿矿权的最佳时机，保护开平煤矿不被日本或沙俄夺去是最好不过的理由了。手据是英文文本，德璀琳中文很好，但来不及翻译了，晚去一步说不定英军就要把张燕谋枪毙了。

太古洋行

他俩又经过一番斟酌，为了不引起张燕谋的怀疑，由德璀琳一个人先去太古洋行为宜。再说胡佛不懂中国话，德璀琳还得居中当翻译，去了也瞎耽误工夫。

张燕谋被关押在太古洋行大楼的一间旧厨房里，早已吓得魂不附体。德璀琳进门，张燕谋一看见他，就差跪下来求他救命了。

德璀琳先是着力渲染了一番战况，尤其是开平矿务局在天津的产业的情况……俄国人占领了矿务局在天津的煤场，日本人接管了海河对岸另一个煤场……矿务局在大沽口的产业已经被外国军队抢劫和占领……

张燕谋听了万分焦急，非常担心开平煤矿的命运。德璀琳以更加沉重的语调传达了矿山朝不保夕的危险，俄国军队正在朝唐山一带开拔，日本军队也在紧急调动……

张燕谋恳求德璀琳施以援手，德璀琳便拿出了英文

"手据"……

张燕谋一看惊呆了，他知道此事非同小可，但是他没有胆量拒绝。

事情的因果关系是很清晰的，张燕谋面临生死关头，写不写"手据"显然是释放的先决条件，这一点他和德璀琳双方都心照不宣。张燕谋思忖再三：德璀琳何等人物，此时如肯保释自己，才有一线生路，除此之外别无他选……面对纸面上一字不识的洋码子，单凭德璀琳的口译讲述，他也只好硬着头皮答应签字。

德璀琳老谋深算，表示转天再来取"手据"。其实他是想转天再释放张燕谋，第二天他带去了开平煤矿总办周学熙一并签字，并带去了唐绍仪和一个外国人当见证人。

张燕谋被迫签了字，当天晚上才被释放。

胡佛见到了"手据"授权书喜出望外，自己和墨林折腾了那么久都没有进展，没想到拜八国联军所赐得来全不费工夫！

然而，不久他就发现单凭德璀琳得到的一纸"手据"，距离夺取整座矿山还远远不够，他们必须继续逼迫张燕谋在一系列法律契约上面签字盖章。

空手道高手三人行

No.3

胡佛、德璀琳为了帮助英国老板墨林侵吞"开平肥羊",迈出了关键的第一步,他们拥有了张燕谋授权的"手据"。

"保护矿产手据"全文如下:

> 为立手据事:本督办现派天津谷士达甫(今译古斯塔夫)·德璀琳为开平煤矿公司经济产业、综理事宜之总办,并予以便宜行事之权。听凭用其所筹最善之法,以保全煤矿产业股东利益。须至据者。

光绪二十六年五月二十七日立

督办　张燕谋　押
总办　周缉之　押
在见　唐筱川　押
　　　法拉士　押

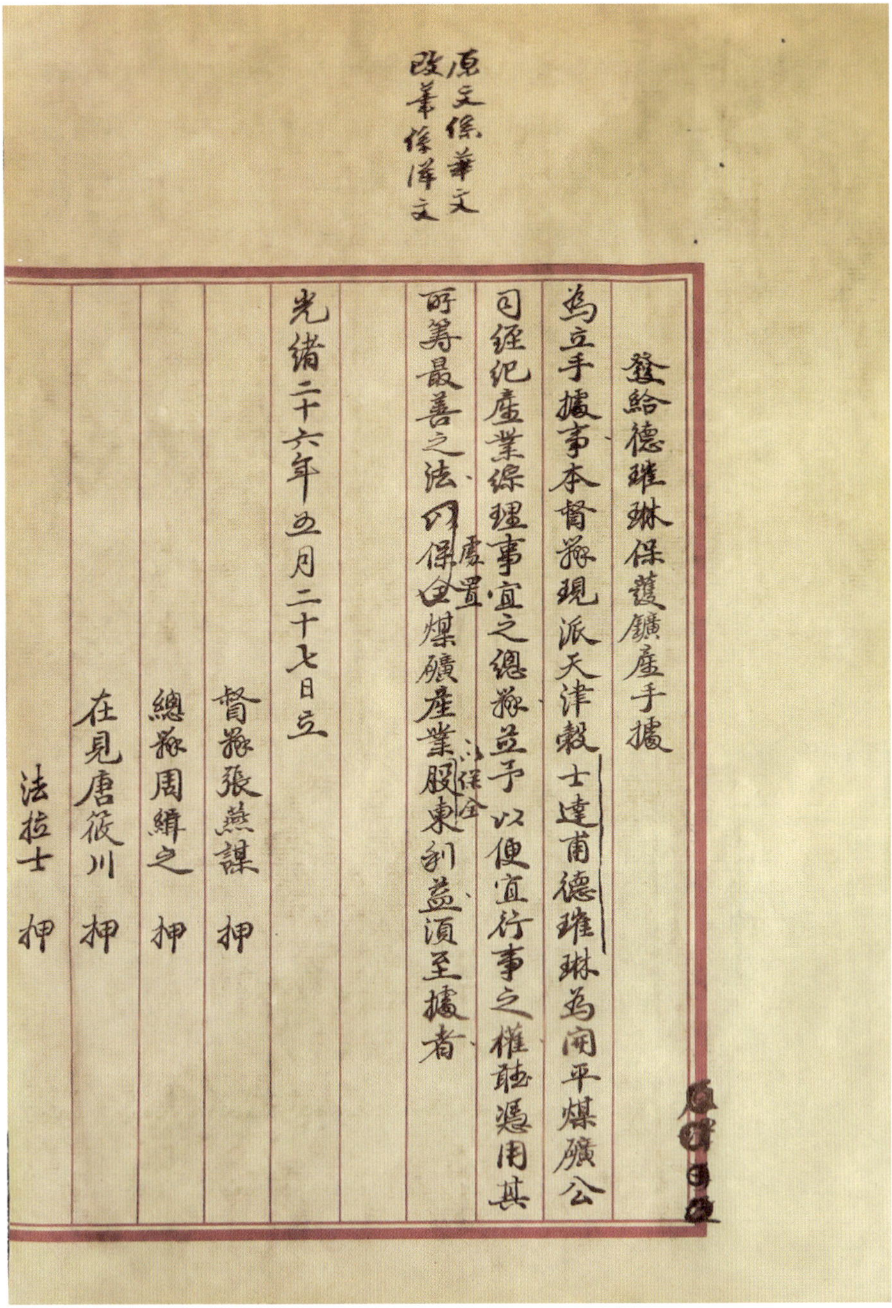

原文係華文
改革係譯文

登給德璀琳保護鑛產手據

為立手據事本督辦現派天津穀士達甫德璀琳為開平煤鑛公

司經紀產業經理事宜之總攬益子以便直行事之權聽憑用其

慶置以保全

呼籌最善之法　四保全煤鑛產業股東利益須至據者

光緒二十六年二月二十七日立

督辦張燕謀　押

總攬周緝之　押

在見唐筱川　押

法拉士　押

"保护矿产手据"，现藏于开滦博物馆

　　有一个巧合颇具讽刺意义，中文文言文"便宜行事"指的是德璀琳有权按照他认为的方便适宜的方式办事。可巧"便"为多音多义字，读作"pián宜"则是物价较低或占了便宜之意了。试问，天底下有占这么大便宜的便宜事吗？！可是胡佛、德璀琳他们借列强侵华之势竟然干成啦！

　　"保护矿产手锯"原文件为英文，由胡佛、德璀琳写于1900年6月23日。我们今天看到的中文件也是出自名人之手——是严复

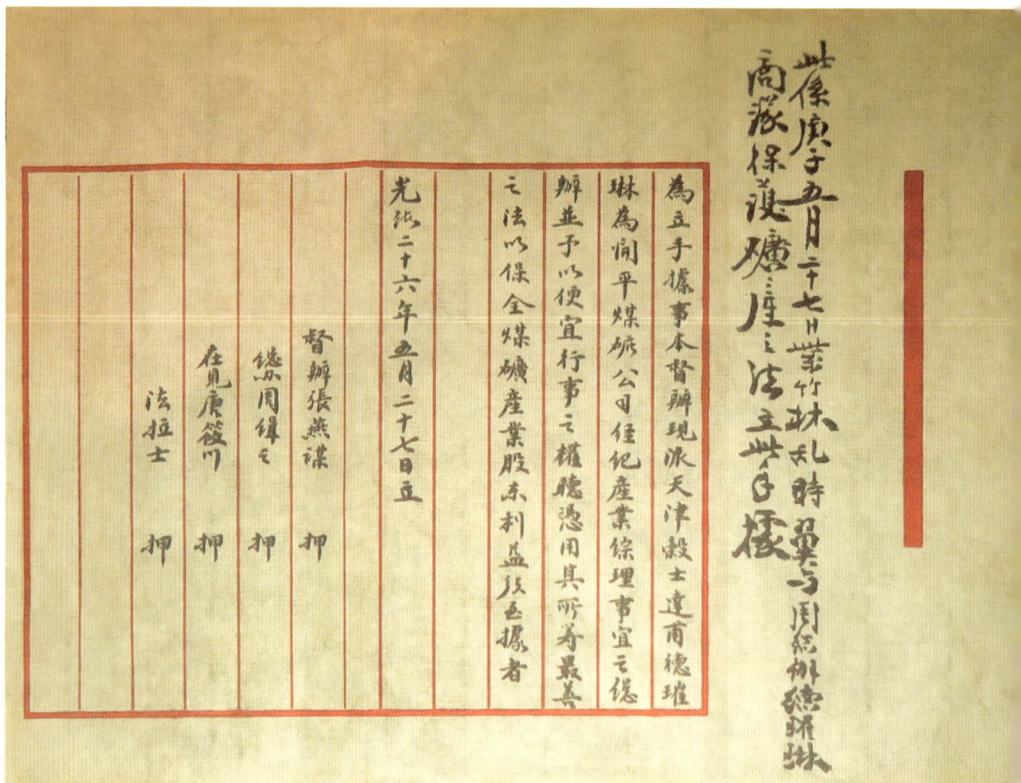

"保护矿产手据"，现藏于开滦博物馆

严复　　　　　　　　　　周学熙

于 1901 年翻译的。在手据上签名的还有两位大名人，总办周缉之即周学熙，只凭一纸英文手据他这个"总办"就移交给德璀琳了；唐筱川即唐绍仪，当时在官办津榆铁路任职。当时两家人都在张燕谋家避难，一定是英军抓捕张燕谋时把他俩一块押往太古洋行，而这一情况事先胡佛、德璀琳已听说了，当时找他二人签字是很省事的。

后面的事情越来越难办了，他们使出一切招数在 8 个月之内，迫使张燕谋屈从他们的指挥，一步步要完了"手据"——《卖约》——《移交约》——《副约》等花样繁复的空手道拳法。

第一套拳：摇身一变法

胡佛变成了英国毕威克－墨林公司的代表，德璀琳变成了开平煤矿"总办"，这两个同案人一下子成了签订合同的甲、乙双方。

这也太"便宜行事"了吧！此处"便宜"二字既可读作方便合适之意，也可以理解为世上难觅的便宜事儿！胡佛本是清政府"国有企业"以高薪雇用的"洋员"，摇身一变成了英国毕威克－墨林公司的代表。单凭要了一套空手道，他没花分文竟然成了挂上英国国旗的新公司的股东之一！

第二套拳：私相授受法

两个洋人的角色置换完成了，英国毕威克－墨林公司的代表胡佛和"天津开平矿务局总办"德璀琳两人商量着拟了一纸《卖约》合同，于 7 月 31 日各自签上了自己的名字，一转手儿就把肥得流油的"开平羊"倒卖给了英国公司。

不料，他俩各自的老板墨林和张燕谋对这份《卖约》都不满意，这下可忙坏了胡佛、德璀琳一干人等。事情变得艰难了的原因是中、英两个东家所持立场差距太大，双方都要最大限度地维护自己的权益。随着战火的平息，张翼慢慢地缓过神来了，他知道涉及偌大个矿山的《卖约》是桩通天大案，白纸落黑字条条都得禁得住朝臣们的诘问。慈禧老佛爷和皇上这会儿是避难去了，等到圣驾回銮，这可关系到自个儿的身家性命啊……

第三套拳：买空卖空法

比起胡佛、德璀琳来，墨林是更胜一筹的空手道高手。

他先是拿"手据"所赋予的全权委托书（也就是以开平煤矿产业）作为抵押，在英国取得了银行贷款；然后立即将新成立的英属开平公司在伦敦上市招股。然后，他又找到总部设在比利时的东方辛迪加国际财团，谈成一桩新交易：只要他把所获"开平肥羊"权益转让给东方辛迪加，就可以得到这家实力雄厚的国际财团股份中的七万九千五百股，那又是一笔巨大的利润。

墨林为了独享这一切，连自己的英国同伙都要踢开。他提出《卖约》合同上取消"毕威克 – 墨林公司"中"毕威克"的名字，换成他自己注册的"墨林公司"，因"毕威克"还有别的合伙人，将来会分了不少股份去。

胡佛的这位英国老板太贪婪了，他对《卖约》《移交约》《副约》每一步谈判都提出了极为严苛的利益要求，一门心思借八国联军之势巧取豪夺。他对中方提出的最低限度的可怜意见都不肯顾念，胡佛被夹在墨林与张翼之间百般周旋，最终的《移交约》签字还是一拖再拖。这个毕业不久急于捞财的穷大学生不甘心半途而废，绞尽脑汁也要促成此事。但是，他再焦急也无用，因为天津城还处于战争状态，人们随时都会有生命危险，大家都很难静下心来讨论合同条款。

"集中营"里的妥协

No.4

张翼、唐绍仪从太古洋行被释放以后，再也不敢回到有鸽子乱飞的张家公馆去住了。开平矿务局在小营门外马场道上有一幢大楼，他们决定率领亲眷们搬到那里暂住。

胡佛很高兴，这幢大楼位于他家对面，他去找张翼继续商讨签约事宜很方便。

不料，张翼他们搬来不久，一颗炮弹击中了那幢大楼。于是发生了《胡佛回忆录》中所说的那场灾难："有一天对面的房子落了炮弹，我们跑过去看，唐绍仪的妻子和一个女儿炸死了……张翼、唐绍仪携家眷躲进我家的房子。"

接连两次命悬一线，张燕谋内心的恐惧可想而知。朝不保夕，惶惶度日，他怎么还有心思跟人谈合同的事呢？

渴望发财的胡佛心急如焚，战火不知何时才能平息，再这么等下去他简直要疯狂了！困兽犹斗，人家不愧是富于冒险精

唐绍仪

神的美国人，情急之下竟然想出了个歪点子，把一干人等都转送到大沽口去。此时大沽口已被八国联军占领，属于洋人的大后方了，那里比较安全。

胡佛派了一名助手去大沽口，助手在大沽口雇到了一条船，沿海河回到天津市区。7月10日，胡佛、德璀琳一行带着张翼等由租界保护的六七十名中国人乘船去了大沽口躲避战火。那批中国"洋务派人群"中有周学熙、唐绍仪等著名人士及其眷属。只要能够拉拢张翼，胡佛什么事都帮他干。听说他的家眷想去日本，为了解除他的后顾之忧，胡佛多方疏通关系把他的家眷送上驶往日本的海船。

胡佛在大沽口弄到了一所由许多中式建筑组成的大院，也就是人们常说的"N 进四合院"，足以安顿从市区去的这群人。

他特意把张翼安排在隔壁居住，这样可以日夜掌控他的动向。三天以后，德璀琳也赶来大沽口了。

这所在当地称得上阔绰的大宅子，成了实际意义上的"集中营"。虽然没有卫兵把守，但不论是中国人还是外国人谁都不敢走出去。对于他们来说，只有这片由联军占领的区域是安全的，周边道路或村庄都有义和团或仇外村民设卡盘查。

胡佛精心设计的这种集中食宿的方案，太有利于攻破张翼的心理防线了。如今他成了名副其实的"裸官"，落入洋人手中惶惶不可终日，只有一步步退让就范的份儿了。

胡佛和德璀琳没日没夜地找张翼"碰心气儿"，花言巧语，恩威并施，一会儿唱黑脸儿，一会唱红脸儿，朝夕相处一直住到 7 月 25 日。半个月的"逼宫"，各方紧锣密鼓的谈判，终于草拟了《卖约》《移交约》等一系列合同。

他俩花了四五天时间给张翼"讲清形势"，每天都做长时间"动员"。胡佛不懂中文，德璀琳居中翻译，说整个大清国也许要被列强瓜分，开平煤矿若想自保，只有改组为中英合资产业，而中方必须放弃产业的三分之一，由英国墨林公司控制股权的三分之二，才能得到英国的保护。

张翼当然舍不得做出如此重大的让步，起初任他们说下天来也不愿意，时间一天一天地拖下去。为了把张翼的利益拉进来，胡佛与德璀琳给张翼"画了个大饼"——说要成立个（中外）联合的中国董事部，仍然请张大人担任督办兼董事长。张翼见有利可图这才在原则上同意了"中英合办"。

紧接着有一个角色分配的问题：讨论"中英合办"的协议由谁代表谁、谁和谁谈判。

　　德璀琳拿到了张翼签字画押的"保护矿产手据"，已经具备了有权"便宜行事"的"总办"身份，当然和张翼一起代表开平煤矿一方了。那么由谁来代表英方墨林公司呢？狡猾的胡佛早已为自己设定了新身份——英国墨林公司代表，并得到了伦敦墨林老板的委任。

　　不过这样一来事情就变得很荒诞了，因为胡佛来华的正式身份是受雇于开平矿务局的"工程师"，是拿着大清朝俸禄的"洋员"呀！他摇身一变兼具了双重身份，也只有在八国联军兵临城下的战争阴云下面，才会出现此等咄咄怪事。

　　经过胡佛这么一番翻手为云覆手为雨的折腾，他与德璀琳两个密谋者一个代表甲方、一个代表乙方，裹挟着随时担心丢掉性命的张翼，这就为一桩国际惊天大骗案签约啦！

比卖身契还惨的《卖约》

No.5

《卖约》原文很长，主要内容如下：

一、立合同人即胡佛与德璀琳，"卖方"德璀琳为中国天津开平矿务局"总办"，其身份仅以日前临时签订的"保护矿产手据"为凭。"买方"胡佛为英国墨林公司驻华代表，其身份亦是临时从开平矿山公司雇用的外籍工程师摇身一变充当英方代表的。文本开宗明义写道：

> 兹因欲将中国开平矿务总局产业移交与英国有限公司……在英国注册。为此，开平矿务总局派德璀琳为代表，并为代理产业人，给予全权处置该总局之产业、利权、利益，该胡华（今译为"胡佛"），系英国伦敦之墨林所派，今定合同，德璀琳与胡华所两厢允愿照约行事……

条约共九条，大致有如下几层规定：

第一条，……实允将该开平矿务总局所有之地亩、房屋、机器、货物，并所属、所受、执掌或应享之权利、利益，一并允准、转付、卖予、移交、过割予该胡华，或其后嗣，或其所派办事掌业之人……

天哪！胡佛这么摇身一变充当了英方代表，一分钱没花就吞下了整个一只"开平肥羊"，连一绺儿羊毛都没留下！而且还惠及这个 26 岁穷小子的后嗣！

第二条赋予了胡佛绝对的权力，诸如"该胡华有权将其由此约所得之一切利权、权据、利益，转付、移交予（英国）有限公司"。

第三、四、五条说的是墨林公司在英国注册资金及股本事宜。获得了如此高质高产的开平煤矿，他们在欧洲策划金融运作，吸纳股民巨资是很容易的。

第六条制定的更是"绝户条款"了，不仅开平煤矿的物权全部归了英国，就连中国公司的法律凭证、文化遗产都被赶尽杀绝了！

该德璀琳……允将所有应行订立画押之契约、文书、合同、权据，以及各项文件，尽行订立画押。俾该胡华得将旧公司所有之产业、权利、利益转付（英方）有限公司，照旧经营事业。并将一切契约、文书、保单、文件、宗卷等，交存天津印澳支汇理银行，以供（英方）设立有限公司办事之用。

今人看到的成文还是"'集中营'里的妥协"的结果，胡佛等人炮制的最初几稿则是更为贪婪了，所以在大沽口集中住宿的大院里的谈判过程是很艰难的。胡佛把开平矿务总局里通晓英文的高级职员们带到大沽口，也是早有预谋的。谈判过程中他负责英文起稿，找张翼商议出结果每次修改，他都让周学熙、唐绍仪等人及时译成中文，供张翼审阅。墨林还从上海调来了其法律代表伊美斯（James Bromley Eames），助胡佛一臂之力。就这样，来自美国、英国、德国的一群洋人给张翼来了个"轮番轰炸"，天天纠缠，不达目的不罢休。

"帝父王府"出身的张燕谋也是见过世面的，战事稍平，他也缓过神儿来了，深知出卖"国有资产"弄不好也会掉脑袋的，就给洋人们来了个"拖"字战术。你们不是心急火燎吗？我得斟词酌句慢慢商量。后来他干脆说奉旨要去上海公干，嚷嚷着要走。

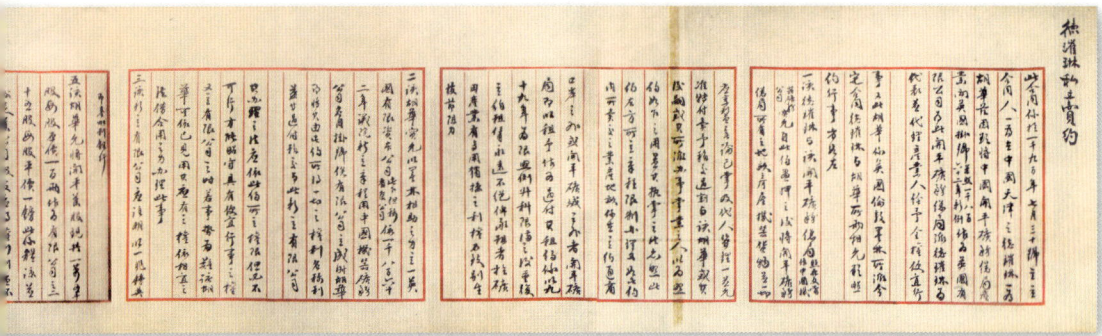

《卖约》，现藏于开滦博物馆

胡佛哪能放他走呀！事不宜迟，夜长梦多，必须让他签了合同才能饶了他！

洋人们害怕久拖不决事情有变，威逼不成来了个利诱，私下里许给张翼不菲的新股。贪财的张翼这才摆出了"有商量"的姿态，于是见不得人的"灰色交易"被掖在了谈判桌底下。

既然说到了实质问题，报酬、股份就不可能只给张燕谋一人，"过手儿三分肥"，大家分分吧！

胡佛只是这么一番折腾，在新公司里就获得了百万股金。怪不得美国作家沃尔特·利吉特在《胡佛的崛起》一书中说："赫伯特·胡佛在中国只不过待了两年多一点的时间。""中国目睹了他从一个矿业工程师转变为以金融操纵手段谋生的人。中国强化了他和墨林及其伦敦利益集团的关系。中国让他一夜暴富。"

《移交约》张开了血盆大口

No.6

以当今中国人的眼光，去看一百二十多年前张翼签订的向英帝国主义交出开平煤矿全部权益的《移交约》，会觉得过于荒诞，不可思议。殊不知，在往昔贫弱的中国这样的事情俯拾皆是。今天的我们真该含泪"拜读"当年开平矿务局向英方"均移交听凭管理"的"计开"细目：

　　……今开平矿务局，其总局设在中国天津，张京卿燕谋，该局之督办，德税司璀林，该局之总办，与胡华与开平矿务有限公司，订立合同，将开平矿务局之产业交与开平矿务有限公司，其以下所订各条，均已允可。

　　计开

　　一、开平矿务局及该局之督办张燕谋、总办德璀琳，由胡华承允移交，而张燕谋以督办直隶全省及热河矿务大臣之资格，实行移交，与开平矿务有限公司，产业如左：

（一）直隶省开平煤田所有之地亩、煤矿、煤槽，凡与唐山、西山、半壁店、马家沟、无水庄、赵各庄及林西所知之煤矿、煤槽、地脉相连之煤矿、煤槽及矿质，皆在其内。此外，凡界内之寻察、开采煤质及他项矿质之独有专权，与开平矿务局与此相关之一切利权及他项利益。

（二）所有自胥各庄至芦台之运河，并开平矿务局所有在通商口岸或他处之地亩、院宇等等详载细单之内，以及利权与此相关者，暨开平矿务局所有在彼处一切利益，自此日起，由开平矿务有限公司及其接办人永远执守。

二、今因订立合同，开平矿务局暨张京卿燕谋、德君璀林、胡华君允可，兹将以下所开，尽归开平矿务有限公司接管：

（一）所有房屋、器具、机器、铁路、码头、货厂，凡一切不能移动之物，或在移交开平矿务有限公司地亩之上，或与其产业有关用者。

（二）所有开平矿务局之承平银矿，建平、永平金矿，唐山左近之洋灰厂暨天津唐山铁路各处股本，开平矿务局所有他人欠彼账目，以及该局一切订约，并全产之利益。

（三）开平矿务局暨张京卿燕谋、德君璀林，今允开平矿务有限公司，凡于移交全产与开平矿务有限公司所需文件及须行之事，均必树名签押。

（四）开平矿务有限公司，允为开平矿务局将其至此日为止之可信之账目，承认代还，即与开平矿务局及张燕谋、德璀琳无涉。至其款项若干，开平矿务局、张京卿燕谋、德君璀林即不理问矣。

因订此约，开平矿务局暨开平矿务有限公司兹特盖章于此。张京卿燕谋、德君璀林及胡华君，今于西历一千九百零一年二月十九号，树押盖印于上，以昭信守。

细单附录于左：

计开

天津　河东地亩、码头约十六英亩，河西地亩、码头约九英亩，并英新租界傍海大道、赛马路及密多斯路地基约一十英亩。

塘沽　地亩、码头约四十英亩。

烟台　口岸前讨回地亩约五分英亩。

牛庄　地亩、码头。

《张翼在〈移交约〉上签字》（油画），付庆喜绘，现藏于开滦博物馆

上海　浦东地亩、码头约四英亩半，吴淞地亩约五英亩。

广州　地亩、码头约十一英亩。

新河　地亩。

杭州　地亩约一英亩半。

苏州　地亩约一英亩半。

秦皇岛　地亩、码头产业约一万三千五百英亩，内有清丈局地亩。

胥各庄　煤山及地亩。

　　　　　　　　　　　　　　　　光绪二十七年正月初一日

　　　　　　　　　　　　西（历）一千九百零一年二月十九号

　　　　　　　　　　　　　　　　　　　　张燕谋

　　　　　　　　　　　　　　　　　　　　德璀琳

　　　　　　　　　　　　墨林公司代理人　胡　华

　　　　　　　　　　　　　　见证人　丁嘉立

　　　　　　　　　　　　　　　　　　　　顾勃尔

　　这是多么大的一个产业、多么广阔的一片国土啊！更不用说日后开平煤矿年年岁岁产出的优质煤！位于皇朝京城附近的中国首矿就这样落入英商手中！几个"空手道"高手不花一分钱仅凭"资本运作""金融运作""买空卖空"就把清王朝的"大国企"一口吞入肚中！签约的日子是农历大年初一！按中国传统习俗，春节素来是要休假与家人团聚的，由此可见他们把张燕谋逼到了何种地步！

Dated 19th February 1901.

The Chinese Engineering & Mining Coy. &
Chan Yen Mao & Gustav Detring
to
The Chinese Engineering & Mining
Coy. Limited.

Conveyance & Assignment.

Dated 19th February - 1901

The Chinese Engineering & Mining Coy. &
Chan Yen Mao & Gustav Detring
to
The Chinese Engineering & Mining Coy. Limited

Conveyance & Assignment.

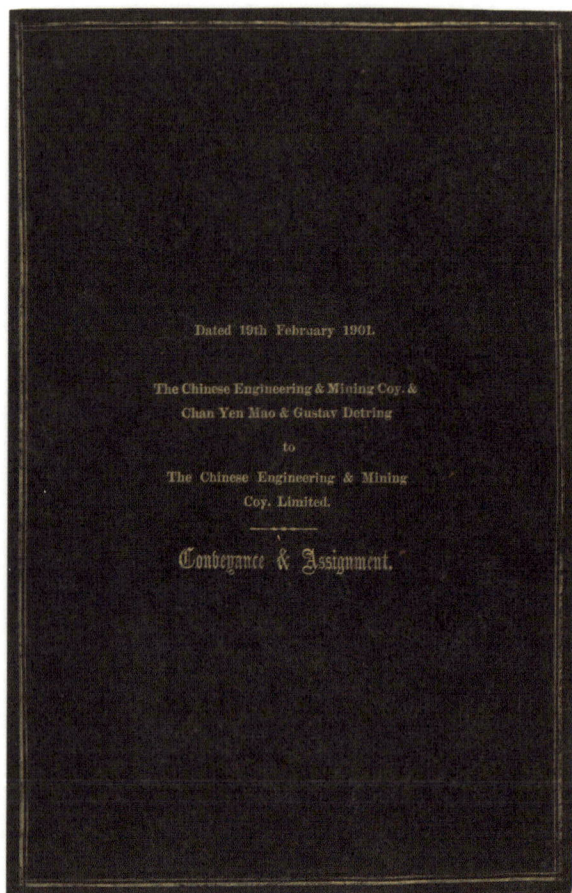

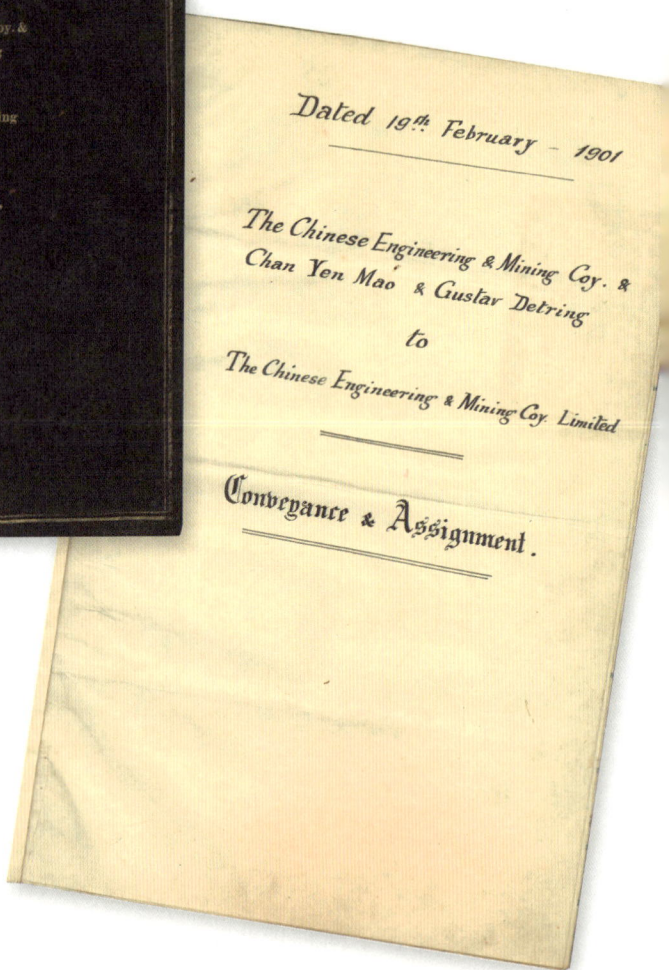

1901年2月19日，张翼、德璀
琳代表开平矿务局与英商墨林
代理人胡佛签订的《移交约》
（封面）

西曆一千九百零一年式月十九號因督辦直隸全省及熱河礦開平礦務局督辦直隸全省及熱河礦務並京卿燕謀德君瑪琳於光緒二十六年五月二十八日扎飭津郡税務司德君瑪琳招集資本英金壹百萬鎊中外合辦凡開平礦務之各產業等語又因該公司曾經管理又因该公司緣所訂之合同現已設立即此公司名開平礦務有限公司股本英金壹百萬鎊將於西曆一千九百年七月三十號因畢此扎特開平礦務局之督辦德稅司德君瑪琳於其總局設在中國天津張京卿燕謀德君瑪琳及公司緣所訂之合同內以俊所云華興開平礦務有限公司此令開平礦務局及其總局設在中國天津張京卿燕謀德君瑪琳之督辦又胡華興開平礦務有限公司訂立合同將開平礦務局之各產業交與開平礦務有限公司所以俊所訂各條你均已允可。

計開

一　開平礦務局及暨京卿燕謀德君瑪琳該局之繼辦也，朝華言另乎，允准移交而督辦直隸全省及熱河礦務大臣張文，茲謀今特以下所開交與開平礦務有限公司。

一　所有直隸省關內煤山西山羊壁店馬家溝熱水莊趙各莊林西地脉相接者留在其內凡兄界內開礦尋礦質實礦槽凡與唐山西山羊壁店馬家溝地脉相接者及開平礦務局在該處所有一切利益。

二　所有自唐各莊至蘆臺之運煤河暨河地及開平礦務局所有在通商口岸或他處之地脫官字等等，詳載地段字號以及利權與此相關者暨開平礦務局之運河并開平礦務局所有在便處之一切利益。

二　所有開平礦務局之永平銀礦建平金礦唐山左近之洋灰廠暨天津唐山鐵路各處脫本及開平礦務局之運河即永遠執守自此令起開平礦務有限公司即以此相關者暨開平礦務局所有在便處之一切利益。

二　今因訂立合同開平礦務局及暨京卿燕謀德君瑪琳即永遠執守自此令起開平礦務有限公司即以此茲特以下所開盡歸開平礦務有限公司接管。

一　所有房屋器具機器鐵路碼頭貨廠凡一切不能移勁之物或在移交開平礦務有限公司地脫之上或與其產業有關者均屬開平礦務有限公司掌管。

三　開平礦務局暨京卿燕謀德君瑪琳今允開平礦務有限公司所需文件及須行之事均必樹名簽押。

四　開平礦務有限公司允爲開平礦務局將其至此日為止之賬目代還至其欸項若干開平礦務局及京卿燕謀德君瑪琳即不理此矣。

因訂此約開平礦務局暨開平礦務有限公司茲特蓋印於此張京卿燕謀德君瑪琳及胡華君今於西曆一千九百零一年式月十九號樹押印上以昭信守。

細單附錄於左

計開

天津。河東地欸碼頭約二十英欸河西地碼頭約二千英欸並其新租界偏海大道實局路及密多斯路地基為壹拾英欸
塘沽。地欸碼頭約三十英欸
烟台。口岸前討自地欸約菓約半
牛莊。地欸碼頭
上海
廣州
蘇州
新河
杭州

見證人丁嘉立
墨林代理人胡華
德瑪琳
張燕謀

見證人丁嘉立
顧勤儒

《移交约》（中文版）

《移交约》（英文版）

亡羊补牢之《副约》

No.7

　　张翼被迫在《移交约》上签字画押之前，就知道此事非同小可。太后老佛爷和万岁爷"西巡"尚未返京回銮，他自个儿做主把这么一大片矿山、土地、财产"移交"给洋人，白纸黑字儿红手印儿，中文洋文法律合同各一份儿，自己可是担了推脱不了的责任！朝廷怪罪下来闹不好是要掉脑袋的！

　　他毕竟是自幼跟随醇亲王的扈从，混迹官场也年头不短了，什么样的阵势没见过？不过这次是直接跟英、美、德三国洋人打交道，他还真的有点怵头："他们仨背后依仗各国使馆，不依了他们也会掀起外交纠纷……何况大沽口驻扎着八国联军，胡佛那个毛头小子只要吹声口哨，荷枪实弹的洋兵们就会闯进大院儿里来取了我的性命……大兵压境，城下之约，这血红的签章我是按也得按，不按也得按呀！何况，洋人们还许给我个人那么多好处，往后那可就是洋股啦，我不要，开平矿山也留不住，自打鸦片战争以来洋人想要什么朝廷敢不给呀？这么说来洋人许给我股份，不要白不要……"

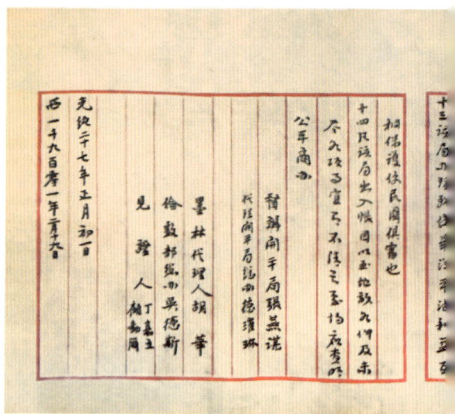

身处八国联军"抢滩"的大本营大沽口，他彻夜难眠，搜尽枯肠，苦思冥想找到了一条保命保财之策——在签订《移交约》之前，他提出必须另签一份具有同等法律效力的《副约》，不然的话，他宁死也不会在《移交约》上签章。

胡佛、德璀琳和墨林的代表伊美斯看到张翼不容商量的决绝态度，一时也没辙了，只好依了他。于是，张翼吩咐手下拟了《副约》条款供讨论。又经过了几番斟词酌句讨价还价，争来吵去寸步不让，双方最后达成妥协。这份《副约》，对于墨林、胡佛来说就是个糊弄人的一纸空文，大英帝国还是靠军事力量说话；而对于溺水濒死的张翼来说，却是抓住了一捆救命的稻草。

那么，《副约》上写了些什么？《副约》全文不足1200字，其"计开"中的实质性内容摘录如下：

计开

一、该局（开平矿务局）股本，英金一百万镑整。

二、凡华股东每股值银一百两者，将得新股二十五股，每股英金一镑者。

三至五（略）

六、该局各事，将由两部办理之定夺：

一个在中国，一个在伦敦。

《副约》，现藏于开滦博物馆

七、张大人翼，仍为该公司驻华督办。管理该公司各事宜。并据督办资格，有权派一中国人充总办，与在华之各外国人充总办者，权利一般无异。

八、该公司在华产业，办理之事，将归华部。

九至十四（略）

督办开平局　张燕谋
代理开平局总办　德璀琳
墨林代表人　胡　华
伦敦部总办　吴德斯
见证人　丁嘉立
　　　　顾勃尔

光绪二十七年正月初一日
西（历）一千九百零一年二月十九号

就是这么几条可怜的《副约》，事后墨林也来了个全盘否认。针对中方提出的维权主张，墨林公司于 1902 年 11 月 2 日回函答复：

　　必须指出，在一九〇〇年七月三十日那个重要的合同里（指《卖约》），不存在什么中国董事部的问题，在一九〇一年二月十九日的《移交约》里，也没有这样的问题。

　　这个问题只发生在同一时期的标题为"关于开平公司改组的备忘录"（《副约》）的那个文件里。

　　这个《副约》对我们公司丝毫没有束缚力。

事后的结果证明，当初张燕谋坚持维护这点可怜的权利还是明智的。胡佛明知中方维权要求不可能写进英方承认的《移交约》里，才要了个另行签订《副约》的欺骗花招。

站在当代中国人的立场来看，即使当初英国人承认《副约》，《移交约》仍然是一部巧取豪夺的不平等条约。胡佛、墨林一伙尽力压低开平煤矿的价值，借列强入侵中国之机把一座好端端的经营顺畅利润可观的优质煤矿生生地抢夺过去。胡佛在那桩国际大案前前后后耍弄的骗术，连美国公众都认为那是他一生的污点。

第
六
章

"龙旗事件"

龙的王朝龙旗降

No.1

1902年寒冬的一个清晨，开平矿山发生了一桩怪事——一队英军士兵把飘扬在井架上空的龙旗降下，换上了米字旗。

胡佛万万没有料到，他们的"暗箱操作"由此暴露于光天化日下，再也脱不掉干系了。本来他们与张燕谋"私相授受"，张燕谋到朝廷那里偷换了"中英合办"的概念，其幕后交易无人知晓，如果低调行事，可能成为永远的秘密。然而英国老牌殖民者霸道惯了，他们不满足于只当个偷取财富的窃贼，一定要当明火执仗的强盗，借着八国联军侵犯中国的硝烟，有恃无恐一手引爆了"龙旗事件"。

龙旗是大清朝的国旗。

自打1878年唐廷枢创办的开平煤矿建成投产，龙旗就在矿井口高架子上迎风飘扬了。

笔者在德国看见过一面清朝龙旗，是出生在天津的一位侨

德国侨民收藏的清朝龙旗

民从天津带回国的，他的爷爷和逊帝溥仪有过交往。那面旗子
长 4 米多宽 2 米多，料子的质地并不是戏台上展示的丝绸，而
是坚固耐用的亚麻布，柠檬黄的底子，宝石蓝色的龙，白犄角
白须子白爪白鳞，瞪着一双红眼睛，盯着上方一团烈焰熊熊的
红火球，灵动飞扬，呼之欲出，煞是威猛。令人称奇的是旗子
的做工，不同色彩的布拼接在一个平面上，和"布贴"工艺完
全不同，一律用细密的针法手工刺绣，正反两面一模一样不露
针脚，真不知道怎么缝制的！更为精妙的是由单面布拼成的旗
子上，两面绣的龙不差分毫，既是一条龙又是两条龙，太神奇了！
　　说起龙旗，有一个历史现象很值得研究。中国几千年封建
社会改朝换代，不仅帝王姓氏不同，也出现了元、清这样不同

民族入主中原的朝代，为什么无论政权如何更迭，图腾崇拜永远是龙呢？古人画龙源于何种想象其说不一，笔者坚信源于天上的闪电。划破夜空的巨型闪电总是紧跟着撼天动地的雷霆霹雳，是自然伟力中最为恐怖的意象了，况且往往后面还紧跟着倾盆大雨。对于靠天吃饭的先民来说，若是没有张牙舞爪的闪电，取而代之的将是耕地干裂的龟纹；而若是闪电带来过大的暴雨，又会造成洪涝灾年颗粒无收。没有任何一种大自然的伟力能够像雨夜闪电那样刺激人类的视觉，让人产生恐惧又敬畏、感激

故宫太和殿

又惊悚的心理反应。闪电的转瞬即逝、难以捉摸，以及随之而来的天鼓轰鸣，都叫人类倍觉自己的渺小无助。这样的图腾崇拜胜于真实生活中的各种猛禽野兽，于是中国人依照闪电的形象把自己畏惧或喜爱的动物拼凑起来，画成了狮头、鹿角、蛇身、鹰爪、鱼鳞、豹眼的"龙"。应该说，这就是"真龙天子"得以跨朝代传承几千年的社会心理依据，只要靠天吃饭的中国农业社会还存在，"龙崇拜"就会继续下去。

总之，龙旗代表了当时中国的主权与尊严，既是朝廷皇家的颜面，也是黎民百姓心目中"国家"的具象性标志，甚至是"修身齐家治国平天下"理想的象征。

本来，咱富得流油儿的一座优质大煤矿，好好儿的不知为啥改为"中英合办"了，在咱大龙旗旁边升起一面火烧咱圆明园的英国人的米字旗，工友们看着就不顺眼了。怎么着，如今干脆连咱的国旗都不让挂了，矿山成了他们英国一家的了？！

英国老牌殖民者在开平煤矿降下了大龙旗，那可就扎了中国人的心窝子！换位思考打个比方，如果中国人跑到英伦三岛去挂中国国旗，不许升起米字旗，国王女王的子民们能够轻饶吗？

那天清晨，一队英国士兵在开平煤矿升起米字旗宣示主权，一桩英商巧取豪夺中国富矿的阴谋一夜之间暴露无遗。龙的王朝龙旗降，顿时引起朝野震撼，民心怨愤，舆论沸腾。

"开平矿案"的引爆点——"龙旗事件"

No.2

　　1902年寒冬开平煤矿如果没有爆发"龙旗事件"，煤矿已被英国骗占的秘密或许还能蛰伏几年，然而历史大剧总少不了跳梁小丑推波助澜、激化冲突。

　　这不，一个叫威英（Trevredyn Rashleigh Wynne）的英国人在驶往东方的轮船上做着米字旗插遍地球的"日不落帝国"旧梦登场了。

　　威英何许人也？这又得从胡佛和他的英国老板墨林一伙骗占开平煤矿的伎俩说起了。他们从张翼手中骗得开平煤矿之后，在煤矿的各个要害部门陆续安排英国人管理，威英就是伦敦派来的新"总办"兼开平矿务局经理。此时张翼已经升任路矿大臣，兼任礼部、工部右侍郎，得意地晃着二品顶戴出入朝堂了。天津开平矿务局的实权落在威英手里，他便有恃无恐发号施令了。英国人侵吞中国矿山的野心很大，骗来了开平矿远远不能满足他们的贪婪胃口，威英又派员到林西矿界以北的无水庄擅自找当地农民购买土地，安装新钻井轰隆隆地探煤。

威英没料到的是他碰上了个硬茬儿杨善庆。

杨善庆又是何方神圣？他非神圣，只是个地方小官，是负责管理唐山一带保甲煤税的候补道。在清政府行政级别中，"候补道"之职级原意是说得等候现任道台升迁或离职以后才有可能升为"道台"，后来宽限为"副职"之意。

别看杨善庆只是个"芝麻官儿"，但他在开平煤矿也有股份，兼任开平会办，拿矿山当作自己的眼珠子一般爱护。他发现有几个洋鬼子不经批准跑到自己管辖的地界来钻井，这还了得？他迅速派员追回了威英从农民手里骗购的地契，命令英国人离开："没有得到中国政府的允许，任何人不许在大清国的土地上采矿！"

威英闻讯暴跳如雷，无奈杨善庆派人把守甚严。威英气冲冲赶回天津总部，急忙打电报向伦敦墨林汇报："大英帝国的采矿权利受到中国人的侵犯！"

墨林自恃手握胡佛帮他骗来的合同条约，当然纵容威英。威英电令开平英籍矿师继续在无水庄钻井，但杨善庆索要中国政府批文，没有批文外国人不准探矿。威英越发嚣张，为了声明英国对开平矿山的"主权"，派人摘下了中国国旗。

于是，1902年11月16日清晨，开平煤矿爆发了天怒人怨的"龙旗事件"。

那天一大早儿，开平煤矿的护卫们照例升起了大龙旗，这旗子很大，在蓝天的映衬下迎风招展，打老远的就能看见。上工的时间到了，聚在井口准备下井的矿工们发现洋鬼子扯下了龙旗升起了英国旗。他们想上前质问，无奈"罐笼"下井的时间到了，每天只有这一趟班车送工人下井，傍晚放工时才上来，不去干活一家老小难以为继。大伙只好先去上工了，在井下各条巷道的工友们议论纷纷，气愤难耐，商议着待上井以后扯下米字旗，换上咱大龙旗。

封建社会等级森严，交通不畅，信息迟延，荒山矿井底下一些采煤工心中的愤怒，何时才能够上达天听？这事也巧了，正当井下矿工们一个个生闷气时，井上面来了一队人马，为首的是永平府滦州知州叶溶光，他是又一位职位不高但血性不小的地方官。

那天上午，叶溶光率领缉私兵队到各乡巡查，刚进开平矿区，打老远的他就觉着高高的井架子上少了什么，仔细一打量，竟然发现井架上空只有一面米字旗，而咱中国的大龙旗不见了！他立刻着人打听，获悉英国人摘龙旗的详情后敏锐地觉察到事态严重。

叶溶光马上去找杨善庆商议，这还商量什么呀？两位同僚不谋而合，事关国体，不容小觑，身为朝廷命官岂能无视如此有辱民族尊严的怪象？他俩挑灯促膝，连夜策划了一场宣示主权的爱国行动……

转天清晨，叶溶光和杨善庆把各自的人马汇聚成一支队伍出发了。

只见旌旗招展，马蹄扬尘，缉私官兵们个个斗志昂扬，直奔开平矿山而去，把井架子团团围住。

叶溶光以滦州知州身份召集矿上中国职员们前来参加升旗仪式，职员们喜形于色，列队肃立。只见一位身手矫捷的兵勇

叶溶光、杨善庆等关于"龙旗事件"给直隶总督的报告

利索地攀上井架，重新挂好了龙旗。叶溶光和杨善庆扶了扶头上的顶戴花翎，欣慰地向龙旗行注目礼。等待下井的矿工们越聚越多，个个仰望国旗兴高采烈，击掌相庆，扬眉吐气。

闻讯赶来的英方职员狂叫着要撤下龙旗，中国人群情激昂发出怒吼：这是中国的煤矿，在中国的地界为什么不许挂我们的国旗？

几个洋鬼子不敢触犯众怒，慌忙给威英打电报去了。

坐镇天津的威英气急败坏，扬言上告中国外交官。他立即找到英国驻天津领事馆，和英国领事馆一起向直隶总督府提出交涉："滦州知州带兵丁闯入属于英国保护境内的开平矿务有限公司，强行升起中国国旗，这种举动很不合理。你们必须立即饬令中国兵退到开平公司界外，将升起的中国龙旗落下并严厉处分肇事的中国官员！"

事情很快地闹到了京城，英国驻华公使约见中国外务部官员，向中国政府提出强烈抗议："开平矿务有限公司系在英国注册的公司，只准悬挂英国国旗，不准悬挂中国国旗！"

清政府相关部门官员们谁瞅着这"强烈抗议"都一脸茫然，朝野上下人人都知道开平煤矿是唐廷枢带着一群有志报国的精英人才豁上性命开创的，也听说去年不知为何改成"中英合办"的了，但要说咱中国第一富矿全都属于英国的了，这是啥时候的事儿？为了啥呢？又凭啥呢……

此事不仅大清朝那年头儿的人们想不明白，就算是如今信息灵通的现代人也没法儿明白，也得刨根问底儿闹清楚个中原委呀！"中英合办"用当今的话来说叫作"中外合资"，都是悬挂合资各方的国旗呀！合资企业根据各方投资数额在合同里明确各占多少股份，哪能一家独吞呢？听说开平煤矿改为"中英合办"之前张燕谋那小子上奏过皇上，不知如何花言巧语写的奏折，皇上下过御批："（朕）知道了，该大臣责无旁贷，着即认真妥为经理，以保利权。"皇上金口玉言呀，即使受张燕谋蒙骗了，明令"妥为经理，以保利权"，那说的也是合资企业呀，怎么它就成了盎格鲁－撒克逊人的财产了呢……

"龙旗事件"沸沸扬扬这么热闹，却有一个人还不知道，他就是继李鸿章之后的直隶总督袁世凯！一代枭雄袁世凯是何等人物呀，嘛消息他不灵通呀，这会儿他到哪儿去了呢……

唱压轴戏的才是名角儿

No.3

由"龙旗事件"开场的连台本戏，袁世凯出场最晚。不过这没关系，戏曲舞台上唱压轴戏的才是名角儿呢！

袁世凯（1859—1916），经李鸿章举荐的新任直隶总督兼北洋大臣，他应该在第一时间就获悉"龙旗事件"呀！李鸿章坐镇天津 25 年，每年大半时间都在"总督行辕"办公，袁总督上任当然也以天津为大本营了。开平矿务局总部也设在天津，开平煤矿则位于直隶省属地唐山。从哪

袁世凯

个方面讲，袁总督都是处理此事的"当家婆婆"。可是，他早就发觉开平矿务局的事自己插不上手，那块肥肉从来都在张燕谋口中叼着。姓张的虽说是"路矿大臣"，但那只是"条条儿"线上的官儿，按照"属地原则"他才是"块块儿"地面上的主官。上任两年来他心里一直不痛快，然而在这个节骨眼儿上怎么不见他的身影呢？

不巧，他回河南老家祭母扫墓去了。

他怎么赶在这个时候歇"带薪年假"了呢？皇上怎么恩准两个月假期放他回原籍呢？原来他自 1882 年出使藩属国朝鲜，驻外 12 年。他初到朝鲜即平乱有功，后来又粉碎了日本阴谋夺取朝鲜的政变，26 岁时即被朝廷封赏"驻扎朝鲜总理交涉通商事宜大臣"。1894 年日本出兵朝鲜，中日甲午战争爆发前夕，他化装成平民从仁川登船才得以逃回祖国。因他有军功，李鸿章屡荐他担任要职，先是在天津小站督练新军，成为中国近代新式军队之始；1899 年又因原山东巡抚处理义和团不力，改派他为山东巡抚，他的政绩都不错。1901 年 11 月 7 日，78 岁病危的李鸿章被八国联军逼迫签订《辛丑条约》之后气得吐血，去世前保荐袁世凯继任直隶总督兼北洋大臣。朝廷为了安抚袁世凯，特准他荣归故里祭母扫墓。

直隶总督是个什么官呢？

先说说"巡抚"与"总督"的权限。清朝的巡抚相当于如今的省长，只掌管一省的行政事务。总督则是某区域的军事行政首长，实际上是该区域的最高行政长官。直隶总督的实权就更大了，管辖范围包括如今的北京、天津、河北全境，以及今河南、山东部分地区的军事、粮农、河道、矿山等军民政务。

又因直隶地处京畿要地，所以直隶总督在清朝九位封疆大吏中居于魁首。

北洋大臣又是什么官呢？

1861 年 3 月（咸丰十一年正月）清政府设立"总理各国事务衙门"，下设"三口通商大臣"及"五口通商大臣"，负责对外通商及外交事务。三口通商大臣常驻天津，1870 年（同治九年）改名"北洋通商大臣"，简称"北洋大臣"，由直隶总督兼任，管理河北、山东、辽宁三省通商、洋务、外交、海防、关税及官办军事工业各方面事务。

袁世凯荣升直隶总督兼北洋大臣时年方 42 岁，于 1901—1907 年在职六年。

1899 年冬胡佛来到天津的时候，袁世凯还在山东任上。在以后的几年中，他们两人的发迹之路犹如两条平行的铁轨没有交集。若不是袁成了新任直隶总督，或许胡佛参与的合同诈骗案与袁永远没有关联。

然而，到了"龙旗事件"外溢的 1902 年冬，袁世凯已被朝廷正式任命为直隶总督兼北洋大臣了。袁总督对付洋人有经验，一上来就成功接收了天津城。八国联军想赖在天津不走，为此在条约中规定在天津周围 20 公里之内不准驻扎中国军队。洋鬼子没有料到袁世凯早有准备，他把在保定督练的北洋新军"常备军"改编为警察部队。此举不仅使中国新式武装力量迅速接管了皇都门户天津，还创立了中国第一套警察制度。

哈，胡佛、墨林、张翼一伙这回算是碰上硬茬儿啦，下面该有好戏看啦！

话说袁总督在河南老家项城逗留月余出尽了风头，门庭喧哗，车水马龙，豪宴酬酢，自是热闹非凡。他少年入伍，远走他国，叱咤风云，仕途畅达，不仅手握配备洋枪洋炮的重兵"新军"，还在"小站练兵"时培养了一批军事人才，段祺瑞、徐世昌、冯国璋、王士珍、曹锟、张勋……那些人日后形成北洋军阀一派势力，他是名副其实的"新军教父"。慈禧太后恩准他履新不久即回乡祭母，个中自有褒奖抚慰之意。至于光绪皇帝也痛快地准假，是否也有笼络厚待"洋务派后起之秀"的深层含意，以备日后另有急用也未可知。这样一位政治新星衣锦还乡，河南的文官武将、豪绅商贾谁不来巴结呢？

袁世凯于十月下旬坐火车去汉口时，唐山还未发生"龙旗事件"。他在汉口考察了"洋务运动"重地兵工厂，当然也少不了应酬"两湖"（湖北、湖南）官场交际广结人脉。然后，他乘坐专用兵舰顺长江而下，到南京去拜会张之洞。张之洞时任两广总督，"洋务派"领军人物之一，李鸿章的同辈人，在政见上与李曾有分歧。如今李大人已经仙逝，小袁千里迢迢前来拜见"叔父"，足以见得他谙熟为官之道，投机钻营，八面玲珑。

袁总督那趟长途之旅下一站抵达上海，刚一下船就有人禀报"龙旗事件"的消息，他听了吃惊不小。那年头儿人类还没发明网络，他在途中既无电脑也无手机，信息迟缓是可想而知的。他到了下榻之处来不及休息就翻阅相关电文，一看在自己的辖地出了这等怪事，又急又气，暴怒之余转念一想，他扑哧一声乐了……

他再也不能作壁上观了

No.4

袁世凯想起了什么才转忧为喜扑哧一声乐了呢？他笑自己沾事者迷，自己又不是始作俑者，跟着瞎着什么急呀！解铃还须系铃人，谁惹的祸谁搪啊！所以，当外务部官员为英国抗议诸事找他请示时，那几份外交文牍他连看都不看就甩回给外交官们，阴阳怪气儿地努了努嘴儿："这事儿问张翼张大人去！他是路矿大臣，矿上的事儿归他管。再说这事从头儿都是他经手，他明白，他处理！"

外务部官员只好去找张燕谋。

张燕谋心中有鬼，支支吾吾搪塞，想了一会儿说："误会！中英乃友邦，派兵强挂龙旗一事实属误会，本来可以好说好商量……"外务部官员追问开平矿究竟是"中英合办"还是英国公司独家所有，他又含含糊糊表示："在订立新章程之前，还是应该按照'中英合办'的合同办事，跟英国人说说，悬挂龙旗也没什么不好呀……虽说我管路矿，但开平地属直隶，袁大人又是管外交的北洋大臣，请袁大人妥办吧……"

张翼支走了外交官们，坐卧不安如热锅上的蚂蚁，深恐卖矿秘事败露。他私下里找英国人斡旋，希望别把事情闹大。不料英国佬翻脸不认人，压根儿不承认"中英合办"，定要独吞开平肥羊，一点也不给张翼留面子。

吃人嘴软，拿人手短，张大人无可奈何，只能尽力压住此事别让太后和皇上知道："好在我在醇亲王府和宫里根子深、人脉广，大不了使银子封住御史们和军机大臣们的嘴就是了。可惜老王爷仙逝了，若是老王爷在世，谁敢动我一根毫毛！没了老王爷还有万岁爷呢！我是皇上生身父亲的扈从，打小儿背着皇上玩儿，当年是我背着皇上跳墙逃命的！姓袁的不过是河南项城土财主出身的兵痞，初出茅庐您还嫩了点儿！"

张大人把心一横，一个字：拖！

此事就这么旷日持久地搁下了。撂凉了谁高兴啊？当然是英国人得意啦！唐山地方官收到的指示是候旨听命，叶溶光、杨善庆官微言轻只好撤兵了。英国兵进驻开平矿。得！中国第一富矿的上空还是米字旗独霸飘扬。

光阴如梭，转眼过了一年。

面对张翼的拖延战术，袁世凯再也不能作壁上观了，心里的毒怨越积越深，终于忍无可忍显露枭雄本色，老虎下山，霸王出手了！

若问袁世凯埋在心里的毒怨因何而起，皆因他出道较晚，尚未找到插手开平煤矿的机会。1878年唐廷枢创办开平矿时，他还年少，在老家帮着堂叔忙活呢。到了1882年开平矿投产时他去了朝鲜，这一去就是 12 年。他奉调回国时唐廷枢已经去世两年了，"开平矿务局督办"肥缺落入张翼手中。回国后的袁世凯始终是军旅之人，和煤矿不搭界，虽然他早就艳羡开平矿油水，但也只能是望洋兴叹，恨之不得。

然而袁世凯是谁呀！他的胃口有多大呀！据传他 13 岁时就写下一句豪言壮语："大泽龙方蛰，中原鹿正肥。"14 岁时又写诗《言志》："我欲向天张巨口，一口吞尽胡天骄。""胡天骄"作何解，其说不一。本文倾向于这样一种说法："天骄"，天之骄子，指的是人之龙凤，但这个词一般用于"王"，逊于"皇帝"，皇帝则称"真龙天子"；"天骄"前头为什么加个"胡"字呢？因其多指胡人，如匈奴的单于。网络文章有一种观点说此句透露袁世凯有反清思想，笔者不以为然。他是河南项城财主家的少爷，清朝统治的既得利益者，再说他年少时清王朝已经执政二百多年了，朝廷推行满汉融合治国方略深入人心，汉族百姓早已认可清廷为正统皇权了。少年小袁不大会持有明末清初志士的反清立场，"一口吞尽胡天骄"更像一种泛泛的指向，表达他不甘居于人下的志向而已。他年少一岁时写的那联口气就更大了，自诩"龙方蛰"，蛰伏河南大泽待起。"逐鹿中原"之典故出自《史记·淮阴侯列传》，指的是群雄并起争夺天下，露骨地表达了他要争霸天下的政治野心。果然，日后他不仅权至直隶总督、民国大总统，还真当了几十天"洪宪皇帝"。

这么一位野心勃勃的混世魔王，此前却一直无缘插手开平煤矿。这回眼看着机会来了，他岂能容忍张翼的拖延战术！

他哪里受过这等窝囊气

No.5

萨道义

袁世凯紧急约见英国驻华公使萨道义（Sir Ernest Mason Satow，1843—1929），见面后双方略事寒暄，袁总督就单刀直入提问了："公使阁下，开平煤矿是我直隶境内的公司，贵国为何不允许悬挂我国国旗？"

萨道义表面上彬彬有礼，暗中却透着强硬，笑嘻嘻地回答："总督阁下，开平煤矿已经卖给英国公司了，今后只能挂我国国旗了。"

袁总督听了十分恼怒，沉下脸质问："公使阁下此言差矣，开平煤矿从来就是我大清产业，去年才改为两国合办，应该挂两国国旗呀！"

　　萨道义却言之凿凿："据我所知从来就没有'两国合办'之说，双方签订的是转卖合同，开平煤矿确实是我们大英帝国的公司。"

　　袁世凯断然反驳；"明明是两国合办，什么时候卖给你们了？"

　　萨道义耸了耸肩揶揄道："只能说总督阁下不知道。"

　　袁世凯顿觉受到羞辱，脱口反问："我怎么会不知道？"

　　萨道义竭力掩饰着讽意说："1901 年 2 月 29 日，张翼张大人和英国墨林公司的代表胡佛先生签订了《卖约》。转卖之时，您还没有到任。"

　　袁总督这下子给气坏了，一时被噎得语塞，暗自思忖：看他说得有鼻子有眼儿的，不像是凭空捏造，可是听说张翼给皇上的奏折明明说的是"中外合办"呀，这到底是怎么一回事呢……他半信半疑地询问："您说的这事有证据吗？"

　　萨道义信誓旦旦："我向上帝保证，合同文本俱全。"

　　袁世凯不相信他的话，但手里没证据又无可奈何，只好放缓口气说："给我看看可以吗？"

　　"全部合同的英文文本、中文文本的副本抄件都存在天津英国领事馆，我会给驻津领事打招呼，请您去我们领事馆审阅文档案据。"这算是萨道义代表英国做的正式答复了。他始终保持着绅士风度，谦恭中却又暗含着傲慢蛮横，鞠了一英式浅躬，说声告辞扬长而去。

　　在这场外交会见中袁世凯起先气势汹汹，到头来却陷入被动吃了个哑巴亏，他戎马半生所向披靡，哪里受过这等窝囊气？

出了这般怪事，他已无心在沪上逗留，辞谢了一切邀约应酬，急匆匆登上兵舰赶回天津。

兵舰乘风破浪疾速北驶，一路上他无心欣赏海景，在甲板上来回踱步心急如焚：自己新官上任，"三把火"还没烧，就碰上了如此棘手的国际纠纷！英国倒打一耙来了个"强烈抗议"，外务部怎敢瞒着太后和皇上？"龙旗事件"闹到朝堂上，那些权贵大臣、言官御史们岂肯罢休？别看他们一不会领兵打仗二不会和洋人交涉，说空话、唱高调、参奏同僚、窝里斗可都是高手！"龙旗"事件出在直隶，他怎么能脱得了干系……筹谋如何收拾局面他更犯了难，该如何应对英国的外交抗议呢？英国佬岂是好惹的？两次鸦片战争，只因为中国不让他们倾销鸦片就采取炮舰政策，侵占天津、北京，火烧圆明园！到头来咱大清朝还得给他们割地赔款，跟他们还有道理可讲吗！看来他们对开平富矿也是势在必得，该如何阻止他们呢……

袁世凯是何等机警狡黠的人物，他一眼就看出"易帜"一事有诈，但是口说无凭，得下功夫找到证据……

兵舰在海上日夜兼程，终于返回了大沽口。他又改乘总督官船沿着海河驶往天津市区。

一进总督行辕，他顾不上旅途劳顿，命人急召英国驻津领事馆报送开平煤矿相关"转卖"文件供他审核。

当他看到英国领事馆派员送来的几份合同文本时，简直不敢相信自己的眼睛了——相关协议的中文副本、英文副本，"保护矿产手据"《卖约》《移交约》《副约》，白纸落黑字，板上钉钉！而且，后面两个具备执行力的合同是张翼亲自签名画押的！

　　他看了个目瞪口呆，仔细看了一遍又一遍，字里行间推敲捉摸，也找不出英方公司些许破绽，气得他差一点骂出了声儿：狗娘养的英国法律，还真严丝合缝挑不出毛病！他自幼博闻强记，斟酌来端详去几乎把那些条款都背下来了，依然一筹莫展，只能干生闷气。

　　瞅着瞅着，他忽然又扑哧一声乐了，噌地一下子站起身来，倒背着双手踱起了四方步……

袁世凯首次参奏张燕谋

No.6

1903 年 3 月 13 日（光绪二十九年二月十五日），袁世凯向朝廷呈上名为"请饬外务部声明产地利权折"的奏折，揭露"龙旗事件"始末：

> 奏为英商依据私约侵占土地，应请旨饬下外务部切实声明，以期复我疆土、保我利权，恭折缕陈，仰祈圣鉴事。
>
> 窃查直隶开平煤矿采办多年，规模宏大，在东亚各矿中，殆亦首屈一指。自光绪廿七年五月间，经侍郎臣张翼奏明将该局加招洋股，改为中外合办公司，原为保全中国矿产起见。乃上年十月间，开平局员候补道杨善庆及地方官认为中外合办，因在该局悬挂中国旗，与英旗相对并峙；而英使萨道义函至外务部，诘责此事，请饬查办；驻津英总领事金璋亦函清护督，饬将龙旗落下。

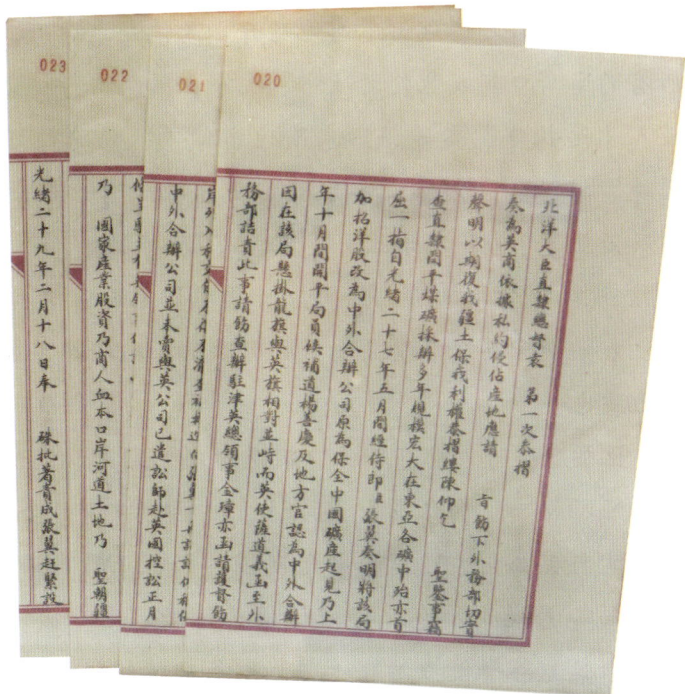

袁世凯首次参张翼的奏折，现藏于开滦博物馆

　　臣销假回津，道出上海，遇晤萨使，以勒下国旗，损辱国体，曾向理论，诘问"中外合办公司"何以不许悬挂龙旗？该使谓：开平矿务局，前已卖与洋商，至英国挂号，现在英国公司，非中外合办公司，断不准悬挂龙旗。臣以与张翼奏案两歧，再三驳论。该使谓：确有凭据，存在天津领事署，当饬该领事抄送核阅，便知始末。臣抵津后，旋据代理驻津英总领事施密士，录送张翼发给洋员德璀琳代理移交洋文凭单，德璀琳出卖矿局洋文合同，张翼移交矿局洋文合同各一件。

　　经臣饬译核阅：其移交合同第一款之二节内载"所有自

胥各庄至芦台之运煤河道河地及开平局他处之运河，并该局所有的通商口岸或他处之地亩、院宇各项，均行移交，由接理人永远执守"各等语。末附地亩细单，内除外省地亩及天津、塘沽、新河、胥各庄地亩关系较轻外，惟秦皇岛地亩及产业，计一万三千五百英亩，以华亩计之，不下八万亩。查该岛，即二十四年三月间，经总理衙门奏准开作通商口岸之直隶抚宁县属秦皇岛也；所有地亩，亦即筹备自开口岸之地亩也。

臣忝膺疆寄，职在守土，河道口岸，列入移交，自不得不彻底补救。迭向张翼一再询诘，仍称：系中外合办公司，并未卖与英公司，已遣讼师赴英国控讼，正月内必有头绪。而现届二月尚无消息。日前诘询德璀琳，亦一味支吾。上月十六日，英署使焘纳理（即英驻华公使馆代办汤雷 R. G. Townley）来津，复由臣反复诘询。该署使复坚称：开平矿务局实为英国公司，并非中外合办公司，无论如何，不能再改，非讼师所能挽回；纵然讼能得直，亦不过将红股酌量断减，等语。

臣又以联军所占秦皇岛地段，日本最多，曾向日提督秋山好言商索。答称：现为英公司地段，碍难退还。

昨复招英公司总办英人威英来署，谆切诘询。该英人呈验出卖、移交各合同，与英署总领事所送各件，文义相符。并称：张翼、德璀琳实已将开平矿务局全数卖给本公司，所有合同内载地亩、河道及秦皇岛口岸地段，均归本公司收执管理。臣诘以出卖合同系德璀琳签订，非张翼画诺，应不足为据。答称：与张翼签订无异，况嗣后张翼又签订移交合同各件，更不能饰词抵赖。又诘以凡交易买卖，须有价值；开平矿局并未收价，何得称为出卖？答称：旧股票每股只值英金十一镑，计银百两，本公司增为廿五镑，计银二百余两，已加价过半；（光绪二十八年）十一月间，由本公司墨林经手，送给矿局英金五万镑，计银五十万两上下，兹有收条呈验，并有英领事作证，此即出卖之价值，各等语。

臣查矿地乃国家产业，股资乃商人血本，口岸、河道、土地乃圣朝疆域，岂能任凭一二人未经准奏，私相授受！

在张翼等人情急自救，不得不支吾拖延；英人正可乘我拖延，从容布置。蒙混愈深，所有口岸、河道、土地、矿产，恐终无规复之日。且庚子之乱，环球动兵以向我，尚未损失土地，又岂能凭片纸私约，侵我疆域？

臣自去冬以来，诘查数月，辩论多次，几于舌敝唇焦，而两造各执一词，迄无办法。如再含混拖延，日深一日，恐人之占据愈久，即我之办法更穷。应请饬下外务部，迅速照会英使，切实声明，谓"开平矿局，系经前李鸿章筹集官商股本，奏准开办，远近中外，靡不共知。而胡华（即胡佛）私约，并未奏明，我政府断不承认，亦断不能作为英国公司，尤不能以我之口岸、河道、土地移交该公司管理。如英人必欲合办，应由外务部查照，奏定矿章，另定中外合办章程，专案奏准，以资遵守"各等语，庶可借资援救，早图转圜，而我之产地利权，不至凭空断送外人之手，实于大局有裨甚巨。

除将英署总领事录送洋文凭单、合同原件及饬译汉文各三纸资呈外务部查核外，谨照录译文清单，恭呈御览。

臣为规复疆土，保全利权起见，理合恭折据实缕陈。伏乞皇太后、皇上圣鉴训示。

　　谨奏。

这份奏折中最为义正辞严的观点是：

　　而（张翼与）胡华（胡佛）私约，并未奏明（朝廷），我政府断不承认，亦断不能作为英国公司，尤不能以我之口岸、河道、土地移交该公司管理。

在奏折中他还尖锐诘问：

　　凡交易买卖，须有价值；开平矿局并未收价，何得称为出卖？

这句质问，一语道破了虚假合同的骗局。

　　奏折呈报朝廷，慈禧太后、光绪皇帝非常吃惊，恼怒程度可想而知。天子脚下、京畿近地竟有这等胆大妄为、私相授受、侵吞国矿国土、降我大清龙旗的怪事发生？！奏折呈上仅三天，经慈禧太后授意光绪皇帝就下了朱批：

　　著责成张翼赶紧设法收回，如有迟延，惟该侍郎是问；并著外务部切实磋商妥办。

　　钦此。

"朕知道了"，于事有补吗？

袁世凯再次参奏张燕谋

No.7

皇帝御批，迫使张翼向伦敦法院起诉。伦敦高等法院于1903 年 5 月 7 日发出传票。

然而，此案一拖就是几个月，远隔大洋，杳无进展。

袁世凯于当年 11 月再次上奏名为"请饬外务部暨张翼迅速收回口岸煤矿以重疆域而保利权折"的奏折：

奏为英商私买口岸、煤矿、无意交还，张翼始终支吾拖延，迄未收复，仍应请旨敕下外务部暨张翼迅速收回，以重疆域而保利权，恭折具陈，仰祈圣鉴事。

窃臣于本年二月间，以直隶开平煤矿暨秦皇岛口岸，经侍郎臣张翼卖给英公司胡华（胡佛）执管，曾奏请饬下外务部，照会英使，切实声明，以资挽救，等情。奉朱批："著责成张翼赶紧设法收回，如有迟延，惟该侍郎是问；并著外

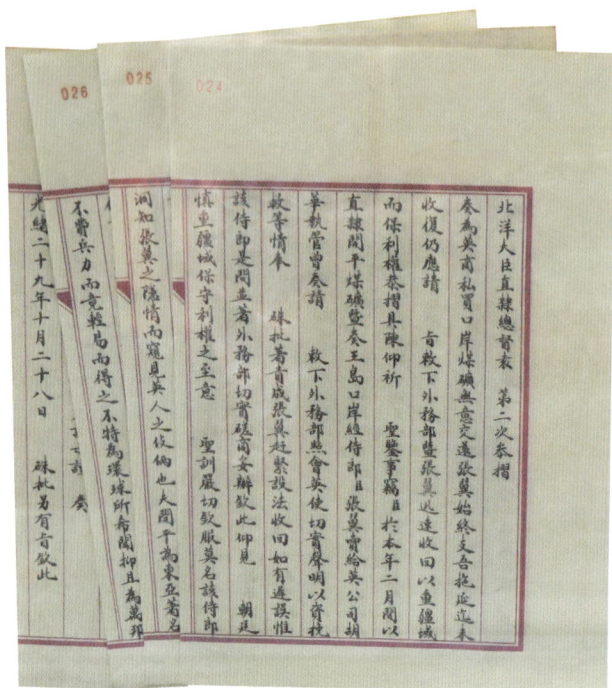

袁世凯第二次参张翼的奏折，现藏于开滦博物馆

务部切实磋商妥办。钦此。"

仰见朝廷慎重疆域，保守利权之至意。圣训严切，钦服莫名。该侍郎宜如何激发天良，力图盖愆，上以赎已过。乃张翼始而蒙混，奏称加招洋股，改为中外合办；继因案据毕露，无可掩饰，又借口与洋人兴讼，翼可延宕。一则曰"数十日即有端倪"，再则曰"一两月必有头绪"，辗转支吾，现计有九个月之久，仍属毫无眉目。该侍郎掩耳盗铃，任意欺罔，姑无足论。而英商在秦皇岛口岸及开平煤矿，竭力经营，不惜繁费。即秦皇岛码头一处，闻已费至百万之多；

如再拖延愈久，该英商经营愈固，费用愈多，将来纵有转机，可以由我收回，而计费清偿，恐亦无此财力。

本年四月杪，英署使焘纳理来访，仍坚称"该地段为英公司产业，请准其指觅地段，另开煤井"。当经臣驳以开平煤矿由本国公家筹拨巨款提倡创办，始为接济海军，继为接济铁路；虽有商股，实同官产，无论何人不能擅卖。秦皇岛系我自开口岸。本国自开国以来，向无人有此全权，能以擅卖疆土，该地断不能认为英公司所有，不准另开新井。焘纳理语塞而去。

是张翼未经请命，擅卖公产，亦为英人所深知。但我如不究诘，彼正可逐步经营。臣前奏所称"在张翼情急自救，不得不支吾拖延，人正可乘我拖延，从容布置。蒙混愈深，规复五日"等语，实洞知张翼之隐情，而窥见英人之伎俩也。

夫开平为东亚著名佳矿，秦皇岛为北洋最要口岸。当庚子之乱，故大学士李鸿章甫抵大沽，即托俄人遣兵护矿，始终无人占据。迨至次年正月，大局粗定，竟为英人窃订私约，攫之以法，殊堪痛惜。

查天津之大沽，奉天之营口，每届冬令，即行冻合。而奉天之青泥洼，通年可以行舟，俄人方经营之，以侵夺我天津、营口之商利。惟秦皇岛向不结冰，以之开埠，足以抵制俄谋，乃又为英人私买执管，损害大局，尤足令人寒心。

且私买土地官产，此端亦万不可开。现在国事积弱，人心叵测，觊觎窥伺，纷至沓来。以吾中国神皋奥区，丰腴沃壤，不啻绮交绣错，皆足动人垂涎。杜渐防微，慎固封守，犹恐有失，其何可投肉喂虎，阴拱让人？

且张翼当日不过一局员，而胡华（胡佛）者，仅一外国之商旅耳。以国家之土地产业，如听其私相授受，而朝廷无知之何，则群起效尤者，尚复何所顾忌？设在我更有大于局员者，利令智昏，挟奸欺而甘心损国；在人更有大于商旅者，乘间蹈隙，结宵小而阴售狡谋，徒使公家大受其亏，而若辈坐分其利，国土国产，潜剜暗割，其为后患，更复何堪设想？

不但此也，从来割据之争，大都起于纷争。即租界之条，亦须互订盟约。今则我方未及觉察，而已含混而失之；人亦不费兵力，而竟轻易而得之。不特为环球所稀闻，抑且为万邦所腾笑；将为中国之要地佳矿，任令一二人凭空断送，如此国法何在？国权何在？又安怪协以谋我者，不论其国之大小强弱，皆视眈眈而欲逐逐耶！诗有之曰：谁生厉阶，至今为梗。臣言念及此，而不禁为之太息痛恨者也！

总之，此案关系极巨，为疆域计，为利权计，为目前之时局与将来之后患计，皆有必须挽回，断无弃掷之理。臣赋性憨直，受恩深重；忝列封圻，职司守土；寸壤尺地，义所必争。区区愚诚，但知利国，不敢畏避嫌怨，挟徇欺蒙。惟有仍请饬下外务部，督饬张翼迅速设法收回；并遵照前旨，一面与英使切实磋商，以期力图补救。大局幸甚！国家幸甚！

微臣曷胜迫切跂盼之至。谨恭折沥陈，伏乞皇太后、皇上圣鉴训示。

谨奏。

　　这一回朝廷真的"震怒"了，一个月以后张翼就被摘了乌纱帽。

　　1903 年 12 月 14 日（光绪二十九年十月二十六日）朝廷谕令张翼革职：

袁世凯

　　　　袁世凯奏开平煤矿及秦皇岛口岸迅速收回一折，开平煤矿系国家筹拨巨款，提倡创办；秦皇岛尤为我自开口岸，疆土利权，均关重要岂容擅卖？前降旨"责成张翼设法收回，如有迟误，惟该侍郎是问"。至今数月已久，乃敢支吾拖延，迄未收回，实属罪有应得。张翼著先行革职，仍著袁世凯严饬张翼，勒限收回，不准稍有亏失。倘再延宕，定将该革员从重治罪。并著该督切实挽回，俾资补救，以重疆土，而保利权。

　　　　将此谕令知之。

　　得，革职罢官的张翼这回算是落在小袁手里了！饬，旧时指上级命令下级，看袁总督怎么严饬张燕谋吧！可是，再怎么"严饬"，也"饬"不了老牌殖民主义大英帝国呀！告到伦敦的官司仍然遥遥无期……

袁世凯第三次参奏张燕谋

No.8

张燕谋丢了官，开平煤矿上空仍然米字旗飘扬。

1904 年 3 月 31 日（光绪三十年二月十五日），袁世凯第三次向朝廷呈上奏折"再参张翼折"：

窃查开平煤矿暨秦皇岛口岸，前由革员张翼擅自卖给英国公司执业，曾经臣奏奉谕旨："严饬张翼勒限收回，不准稍有亏失，等因。钦此。"上年十月三十日复经臣奏明：遵旨勒令两个月，严饬该革员迅即如期收回，毋再延宕。去后，至本年正月初间，臣已限期已过，仍未据该革员呈复，当即备文切催。

乃该革员始则支吾掩饰，所复各节多与奏案事实不符。继则复呈已与公司英人纳森议定六条，"一、英公司不得侵损中国国家主权暨地方官事权；二、照纳煤斤厘税，报效银两；

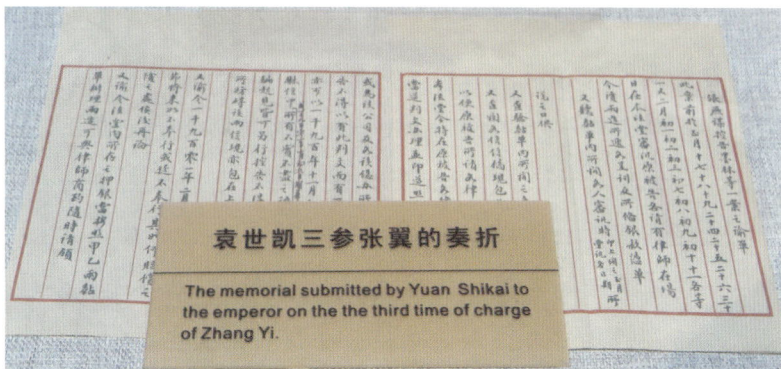

袁世凯第三次参张翼的奏折，现藏于开滦博物馆

三、该公司兴办之事暨每年账目，呈报北洋大臣鉴核，国家向定矿章，敬谨遵守；四、该公司一切事宜，由张翼与洋总办公平议办；五、不得侵损秦皇岛口岸主权；六、秦皇岛内该公司自置地亩及为中国代理地亩，所有国家主权，地方官事权，该公司俱行遵认，至应如何自开商埠及设立工巡局务，由津（海）关道查照前案，禀明北洋大臣批准施行"等语。

伏思此案系钦奉谕旨，严饬张翼收回，不得稍有亏失。所谓收回者，应将英人有限公司挂号注销，收归中国自管；所有局产局屋、运煤轮船，一律收回自行管理；其秦皇岛地亩、码头，亦应议明发还垫款，交割清楚，即由中国执业；始与谕旨"严饬收回，不准稍有亏失"之意相符。乃现议六条，系与英公司商订，是该公司依然尚在，并未撤销；至各项事权、主权，英公司本不得侵损；厘税报效，该公司本未违误；呈报北洋，只系具文；所议多属赘言。惟第六条内，于秦皇岛口岸，虽无切实办法，然该公司已认为中国自开商埠，由（海）关道查照前案禀办，自属稍有转机。

据津海关道唐绍仪禀称，这次与英人会商秦皇岛办法，与英案大致相同。应由臣仍督饬该（海）关道，随时设法筹办，冀挽回一分，即可补救一分，以副朝廷慎重疆土之至意。

但此案结束，要以能否收回矿地为断。张翼自去春以来，迭经奉旨责成收回，而宕延经年，迄未办结。曾据英人言及：如饬张翼亲赴英国控诉对质，或易措手，然亦毫无把握。复与西人谙法律者，再四考核，佥谓：张翼在二十七年立约出卖，亲加印押，事经多年，断难收回；纵能收回，必应偿补英人损失，计非六七百万金，不足抵赔，中国亦难猝筹此款，等语。

查张翼起家寒微，受国厚恩，正应竭诚图报；乃承庚子之变，生心出卖矿地。迨至二十七年春间，庆亲王奕劻、前督臣李鸿章在京议约，大局粗定，该革员不先禀全权，妥筹办法，辄敢擅具印押，卖给洋人。并不候李鸿章核稿书奏，而捏附其名，会衔人告；又不将实在情形即时奏明，只蒙混奏称加招洋股，改为中外合办；所订正副条款，并不分别抄录奏咨，自系有意欺罔。迨案情渐露，仍不肯立即检举，迅速收回，而节节推延，多方掩饰。现已历时太久，竟至无计可施，实属有负国恩。

至应如何办理之处，出自圣裁。理合恭折具陈。

这份奏折呈上三日，光绪皇帝又亲笔写下一道朱批：

仍著严饬张翼赶紧收回，不准亏失。
钦此。

张翼

　　袁世凯之所以敢于和张翼"死磕",一则因为他年轻得志军权在握,二则出于直隶总督北洋大臣职责所在,三则他的权欲钱欲促使他必然也要染指开平富矿。

　　为了写好本书笔者两次赴唐山收集史料。就在当年爆发"龙旗事件"不远的地方,矗立着一座开滦博物馆,馆内陈列着众多珍贵的文物。展厅昏暗的灯光下摆放着大量的真实展品,把我们带回到120多年以前的历史画面中。

如今，袁世凯的三份奏折副本静静地躺在唐山"开滦博物馆"的展柜里，俯下身子阅读它们，可以近距离观察这场历史大剧的细节。

参观的人不多，也只有笔者这些从事专题研究与写作的人才会仔细阅读它们。得到主人允许，笔者把它们拍摄下来，带回了它们的"出生地"天津。在一般情况下，三篇大作应该由袁总督口述。而他一定有一位文笔与书法俱佳的"录事"（文书）捉刀代笔，其手写的楷书不亚于如今的印刷体或"电脑字"，规范工整，娟秀清晰。可能因由袁世凯口述、文书代拟，奏折虽属文言文，但原文除了少量词句叫今人费一番寻思之外，通篇颇为口语化，生动鲜活。

当代人读起来并无障碍，故笔者转载了原文，无须多加注释。

袁世凯年少时两次乡试落第，成年后又是个戎马武夫，看来受八股文桎梏不深，说话比较直白。他十三、十四岁时写的对联和诗句"我欲向天张巨口，一口吞尽胡天骄""大泽龙方蛰，中原鹿正肥"，虽不大注意对仗平仄，文风却气势夺人，人物性格活灵活现。三道奏折又把他这种霸气发挥到了极致，要知道他参奏的可是皇帝生父老醇亲王的贴身扈从、光绪皇帝幼时的玩伴、慈禧太后的瓜葛亲戚，我们甚至可以想象慈禧太后、光绪皇帝读到这些奏折时的复杂表情。

第一道奏折以揭露"龙旗事件"引发的"开平矿案"案情经过为主，事实清楚，内容详实，铁证如山，极富说服力，任何人看了都会对墨林、胡佛一伙骗占开平煤矿行径感到愤怒。张翼在宫廷再怎样人脉根深，慈禧太后、光绪皇帝也不可能偏袒于他。众所周知，自从1898年"戊戌变法"失败以后，光绪皇帝只不过是个摆设。朝臣呈交的所有的奏折都是先由慈禧太后审阅并拿出意见后，再送光绪皇帝"朱批"走走形式的。熬过了"庚子国变"八国联军之乱，慈禧太后内心深处十分惧怕西方列强，但是就这么几个洋商耍了一套"空手道"合伙诈骗，就把中国最富的大矿给抢走了，着实伤了皇家颜面。旧恨新仇，使她不能不"著责成张翼赶紧设法收回"。但张翼犯了这么个天大的罪过，却没有受到切实的处分。

如果说第一道奏折是以揭露事实为主的记述文，时隔九个月后的第二道奏折则是慷慨陈词的论理文了。针对英方的蛮横、张翼的拖延，文中再三指出"私卖土地官产，此端亦万不可开""且张翼当日不过一局员，而胡华（胡佛）者，仅一外国之商旅耳。以国家之土地产业，如听其私相授受，而朝廷无知之何，则群起效尤者，尚复何所顾忌""此案关系极巨，为疆域计，为利权计，为目前之时局与将来之后患计，皆有必须挽回，断无弃掷之理"。如此义正辞严站在道德高地上谏言式参奏，朝廷不得不"谕令张翼革职"了。

第三道奏折主要揭露"革员张翼"与英国派驻开平煤矿总经理沃尔特·纳森（Walter Simeon Nathan）炮制的"六条"之虚伪、英国人决不肯退还煤矿之立场。第三次参奏不只得到皇上再次朱批，也促使朝廷派张翼赴伦敦出庭，成就了我国第一场国际官司。

袁世凯在历史上是个有争议的人物，至今贬大于褒。袁总督在"开平矿案"中扮演的角色是"窃国大盗反窃国"，个中悖论才有了喜剧色彩。

笔者并无研究袁世凯的专长，对他的复辟称帝也嗤之以鼻，但是对他在天津的"小站练兵"和与八国联军做斗争开创警察部队之始等贡献还是称许的。抛开他一生的功过是非先不论，只就他对"开平矿案"的立场来看，应该承认他代表了清朝老百姓的爱国情感。三次上奏，对促使清政府下决心诉诸法律、捍卫国家主权，起到了关键作用。至于个中他有无私心，有无垂涎开平富矿油水，那又另当别论了。当代人在评价历史人物的时候，若能克服"洁癖"，客观宽容一些，承认和理解历史人物的局限性，或许能更为接近历史的真相。

第七章　伦敦诉讼

中国有史以来打的第一场跨国官司

No.1

开平矿案，朝野震撼，民怨沸腾，事态越闹越大。清政府多次派员和英国驻华使馆交涉，对方都振振有词说英国公司拥有合法协议。眼看着外交层面谈判不出结果，只有对簿公堂打官司了。然而更加令人气愤的是，鸦片战争以来西方列强迫使清政府签署的一系列不平等条约，都有保护列强"治外法权"的条款。也就是说，中国法院无权审理西方国家公民的在华违法行为，要打只有打一场国际官司。中国有史以来也没有走出国门去打国际官司的先例，事情逼到这一步，清廷也只好同意张翼花费开平煤矿的重金向伦敦法院起诉了。

那是一场旷日持久的诉讼。伦敦高等法院于1903年6月17日收到中方起诉书，到了1905年初才开庭审理。

1904年11月，袁世凯向朝廷上奏《为开平矿案革员张翼拟请赴英对质折》获得批准，张翼不得不硬着头皮远赴英伦。此

伦敦高等法院外景

前两三年里他没少找英方交涉，寻求和解方案。起诉只是敷衍朝廷，诉状中未敢提出"收回矿权"，只是可怜地要求英方履行副约，但英国人蛮横强势寸步不让。如今他只是个被罢官的"革员"，以什么身份去英国呢？

是啊，这也是个难题呀！慈禧太后或许顾忌到"帝父"醇亲王的脸面，给张翼临时赏了个"三品京堂官"。张翼本来官居二品，犯了这么大错误才降了一级，他不由得面露喜色。他是在醇王府混事儿混大的，别说是英文一窍不通，中文文化底

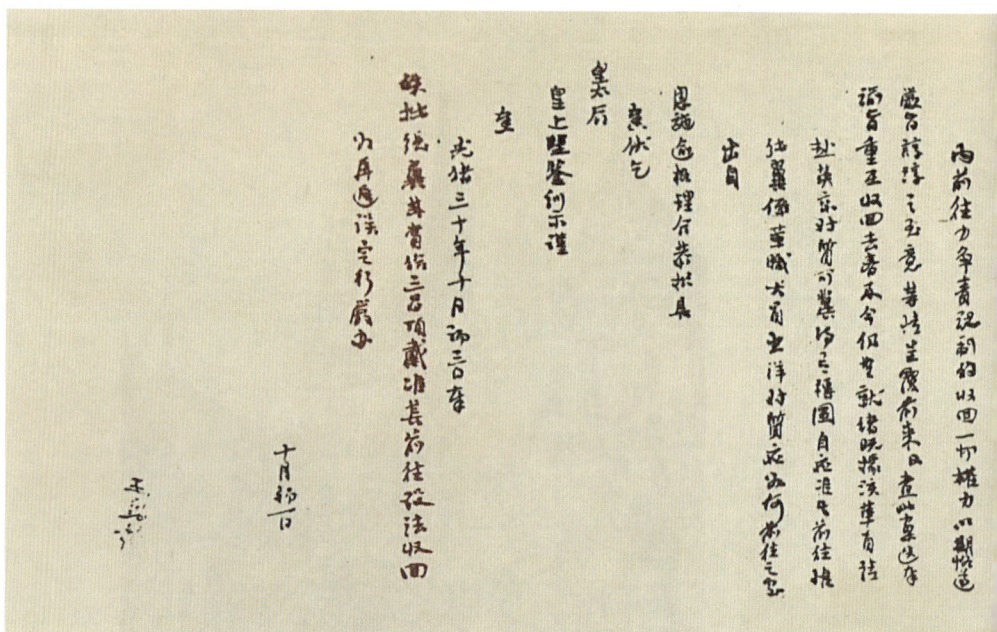

子也不高，更甭提打国际官司的诉讼经验了，真是硬赶鸭子上架呀！

好在李鸿章送去的两批留美幼童大都学成回国了，早期"海归"们具备西方国家的法律知识。考虑到语言障碍、法条熟悉程度等问题，他们建议高价聘请伦敦赫克斯莱律师事务所代理诉讼。

庭审地点设在"大法官法庭"（又称"衡平法庭"），主审法官是英国皇家大法官卓侯士（Judge Sir Matthew Ingle Joyce）。审理于 1905 年 1 月 17 日开庭，开庭 15 次，至 3 月 1 日结束做出判决。原告、被告双方共有 10 位律师、8 位证人出庭。

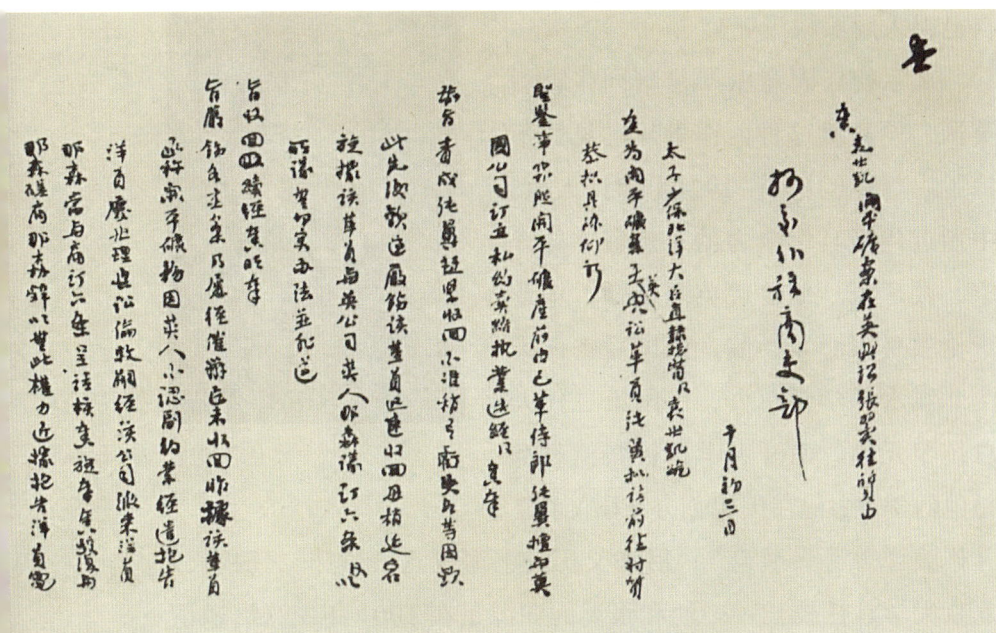

袁世凯为张翼前往伦敦打官司请求官职的奏折

墨林公司不服判决，于 1906 年 1 月 16 日上诉至"英国伦敦上诉公堂"。"上诉公堂"7 次公开开庭审理，做出最终判决，维持原判。

我们从图片或影视剧中见到的英国法院，开庭时法官、律师都是头戴灰白色古典假发，身披古典法袍，一副威严肃穆的样子。想象一下，在信息封闭的 20 世纪初，莎士比亚戏剧式的法庭来了一位神秘的东方官员，红顶子孔雀毛大辫子，朝珠"补子"马褂，浑身丝绸，足蹬黑色软缎朝靴——原告张翼的这副打扮该引起法庭人员怎样的惊愕、好奇、偷偷打量；而张燕谋见到满堂皆是白卷毛儿黑袍子的"判官"，真叫吓了一跳，还以为自己误入阎罗殿了呢！

幸亏朝廷同意派严复陪同张翼去英国，严复对这种西洋景早已见怪不惊了。严复（1854—1921）何许人也？中国近代极具影响力的思想家、翻译家、教育家。他曾赴英国留学，毕业于伦敦皇家海军学院，回国后曾任天津北洋水师学堂总办，民国第二任大总统黎元洪、南开大学校长张伯苓都是他的学生；他在天津创办《国闻报》

严复

并连载译著《天演论》；后来又历任上海复旦公学第二任校长、北京大学首任校长……他和张翼的渊源是在 1901 年应张翼邀请"主开平矿务局事"，后由他继任该局总办。原告方的前任督办和继任总办，一同赴英出庭也是顺理成章的。有了"英国通"严复常伴左右，土包子张翼心里踏实多了。

笔者见到的不少文章都说伦敦高等法院在审理开平矿案时，对英方公司有所偏袒，为此笔者查阅了英文原文诉讼记录。西方法官在感情上偏袒本国公司还是难免的，但也不可忽视英国举世闻名的法制传统。"开平矿案"是全球法律界皆知的名案，各国同行都在盯着卓侯士大法官，他不会让自己的声名荣誉毁在这一个案子上。英国法院遵循的"案例制"之约束力，也使得法官不敢在同类案件的审理上轻易违反众目睽睽之前人办案先例。这就叫前有车后有辙，一个雷天下响啊！

多达 15 次的开庭，重点都争讼些什么事情呢？

伦敦高等法院的冗长诉讼

No.2

原告的起诉书有五千多字，详述案件过程和原告方观点，本文限于篇幅不再赘述，只把第18—19条"原告要求"摘录如下：

十八、原告声明：该一九〇一年二月十九日之副约，在法律上及道义上对被告（包括被告公司在内）均应具有约束力。若非如此，则原告声明：同一日期之移交契约系由被告及其代理人借助于虚伪陈述和欺骗得来，应予取消。

十九、原告进一步声明：被告若享有该移交约的利益，而不向原告履行该约赋予的义务，并执行和完成同一日期该副约所规定的条件和事项，无论如何是不公平的。

原告要求：

1. 宣告该一九〇一年二月十九日业已盖印之副约对于所有被告均具有约束力，并谕令执行该副约之条款。

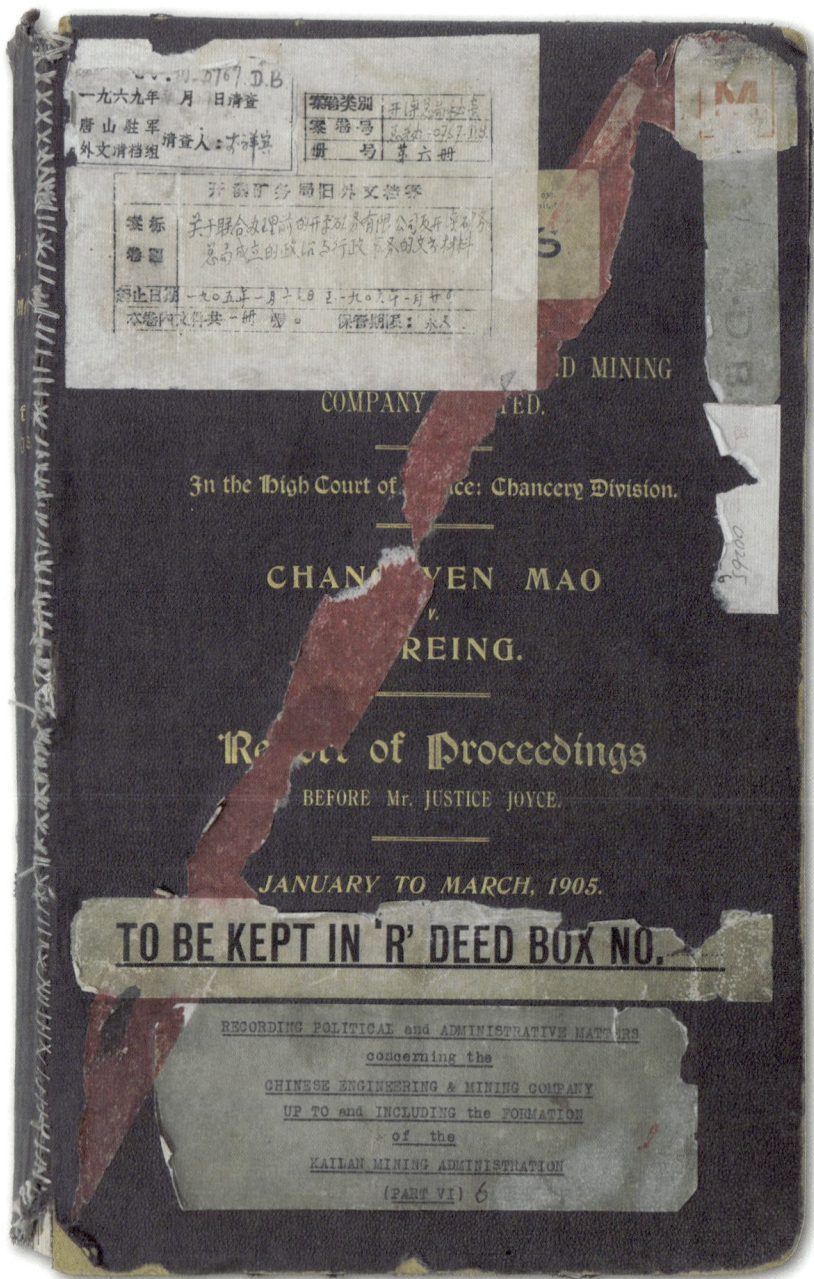

伦敦高等法院诉讼记录，现藏于开滦博物馆

2. 否则，如认为该副约不能具有此种约束力，则应（甲）宣告该一九〇一年二月十九日之移交和转让契约，系由被告及其代理人借助于虚伪陈述和欺骗得来，并谕令该契约可予以取消；或（乙）宣告被告，除非对原告履行该页已盖印之副约中所赋予的义务，并完成其中各项条款，无权继续享有该移交契约中之利益，并颁发必要之谕令使宣告得以生效。

3. 赔偿损失

4. 诉讼费用

5. 其他费用

或许因为有严复这样的高级专家当参谋，加之聘用的伦敦律师们的职业素质也很高，别看大清朝是头一次打国际官司，这份起诉书却写得很聪明，抓住了两大关键事实：第一，要求法院判定《副约》对被告方有约束力；第二，声明被告借助于虚伪陈述和欺骗手段，使原告在人身安全受到被告施与的威胁恐吓下，被迫签署了有关条约。

控方律师们很厉害，一上来他们就质疑德璀琳和胡佛的身份，穷追他俩曾经代表哪一方，案件发生过程中代表哪一方，如今出庭作证又代表哪一方。

这些貌似琐碎的提问其实戳痛了他俩的软肋，让他们陷入十分尴尬的处境。他俩变来变去的多重身份显得很滑稽，头一眼就给人留下了不好的印象。

就拿德璀琳来说吧！他是天津英租界董事长，又是墨林、胡佛攫夺开平煤矿的同伙，本应列为被告。但是，从他去太古洋行以"刀下留人"为先决条件逼张翼签署"矿业保护手据"之时起，他就成了开平煤矿的"总办"，在伦敦法院他是以原告证人的身份出庭作证的。他的德国背景也不允许他完全站在英国立场上，何况他的事业、家庭、财产都在天津，身居高位的"古斯塔夫大王"若在西方社会众目睽睽之下作伪证将会身败名裂。

可笑的是庭上一再出现"身份错乱"的证言，原告律师追问己方证人德璀琳，他从张大人那里得到"保护矿产手据"是否有意而为。

律师问："你有没有（向原告）提出任何建议？告诉他在当时情况下怎么办最好？"

德璀琳回答："我建议矿务局的产业应置于一个外国国旗的保护之下。"

律师递给他那份"保护矿产手据"，问他这是他带去让张翼签字的授权书吗？他当庭作证："是我在那一天所接到的授权书。"

德璀琳的证言等于承认了此事从一开始就是他和胡佛蓄谋设计、有意而为的。

关于胡佛的身份就更禁不住深究了，他与律师的问答很有意思：

> "你们又重新谈起了那个问题吗？（指矿权问题）"
>
> "我们又一般地进行了讨论，而我提出的第一个问题，是我自己在这件事情中的地位；我一向作为张大人的技术顾问，德璀琳先生建议在此事中我应代表墨林先生……"
>
> "你觉得同时代表两方有困难吗？"

"是的。"

"直到那时为止，你是给什么人做事？"

"我仍是我们公司的雇员，我被派为大人（指张翼）做这项工作，他支付我的薪金。"

律师问出来这些话，其实已经达到目的了。胡佛拿着中国的工资，怎么又成了帮英国人侵吞大矿的被告证人了？如此随意的变换身份，让胡佛在西方公众面前丢尽了颜面。他在"开平矿案"中所扮演的不光彩角色，不仅成为日后他竞选总统时政敌攻击的把柄，一百多年来也始终受世人诟病。

控辩双方质证的焦点

No.3

如果把那场冗长的国际官司比作一部电视连续剧，1905 年 1 月 18 日的开庭便是全剧的高潮了。法官一个一个地提堂当事人及证人，控辩双方的律师一个问题一个问题地反复死缠烂打。尤其是关键性事实、雄辩性细节，双方寸步不让、唇枪舌剑、打破砂锅问到底，一直鏖战到天黑。

控辩双方质证集中在了一个焦点——张翼在相关条约上签字画押之前，是否受到了威胁恐吓。如果他是在自身生命安全受到威胁的情况下被迫而为，应视其为非本意之表达。

张翼在多次出庭时已做出严正声明，再三揭露他签署"保护矿产手据"是自己被囚禁面临死刑，身处生命危险时所受到的胁迫。据《张燕谋控诉墨林案诉讼记录》记载，张翼在法庭上通过译员希立尔叙述了案件的起因。

笔者改以白话文转述如下：

1900 年 4 月 23 日我由北京回天津办公，不料遭遇中外失和，八国联军兵临大沽口。我被困在天津租界家中，道路受阻，声息不通。

5 月 21 日义和团攻击紫竹林，许多朋友、同事藏匿于我家地窖之内。有杨士骧、唐绍仪、周学熙及他们受到炮伤的眷属，还有招商局、铁路局职员以及电报学堂学生等，男女老幼三百余口。到了 28 日、29 日两天，英国驻天津领事 W. 贾礼士带领 40 多个英国士兵闯入我家搜查，硬说我家人数众多，是埋伏下来。只因附近有许多鸽子飞翔，就怀疑我饲养信鸽，向义和团传递消息。

英军把我和唐绍仪等人逮捕，拘押在太古洋行，我们几遭不测。

德璀琳前来看望我，说现在危险至极……欲保全矿产，须委托他为代理总办，只有这样才能抵制外人侵占。这位洋员并以时局逼处，迫不及待，拿出他自拟的委任字据让我签字。我以事关重大，不宜草率定议为由，请他允许我回家以后再商量。第二天我回家，和周学熙等人再三商议，大家都觉得时局危急，除此没有别的办法。德璀琳来拿字据时说，周学熙、唐绍仪、洋员法磊斯三人已同意作为证人签字。我觉得德璀琳担任天津海关税务司（即关长）多年，办事热诚，尚属可靠……时逢战争局势紧迫急促，机会可能稍纵即逝，况且，他拟的委任字据大意仅仅是委任他为开平矿务局代理，他还答应筹划妥善保护矿产之策，我将此作为一时权宜之计，当即签了字……

伦敦高等法院诉讼场景（绘画）

　　张翼的证词已经很清楚了，若是没有八国联军侵犯中国的战争阴云，他没有身陷囹圄的生命危险，就不会发生这样的事情。但是，墨林一方的律师们不依不饶，一口咬定张翼是出于自愿。于是，控方律师们也非要叫当事人胡佛、德璀琳对质不可。

　　相同的故事从另一个角度叙述了，控方律师与证人德璀琳的问答如下：

　　　　"据我所知，联军占领大沽口炮台的日期是 1900 年 6 月 17 日，你知道这个日期吗？"

　　　　"我记得。"

　　　　"你知道张大人被拘禁吗？那是 6 月 22 日吧？"

　　　　"是。记得。"

"他被拘禁在哪里？"

"在太古洋行，一个大的轮船公司，关在一间旧厨房里。"

"你曾去看他吗？"

"第二天早上我听说了这事，立刻就去看他。（其实他在前一天晚上就知道了，和胡佛密商拟出'保护矿产手据'后，转天早上才带着'手据'去了太古洋行）"

"请你对法官阁下说说你与张大人这次会见的经过。"

"……我向他叙述了当时开平矿务局在天津的产业的情况，一些大建筑物起了火。俄国人占领了矿务局在天津的煤场，日本人接管了矿务局位于海河对岸的另一个煤场。矿务局在大沽口的产业已经被外国军队抢劫和占领。"

事先胡佛和德璀琳谋划好了这一步"刀下留人"的剧情悬念，又刻意渲染战争态势。张翼哪里受过这等惊吓恐吓，为了保全性命签署了"保护矿产手据"。

德璀琳的重要证词

No.4

开平煤矿被英商骗占侵吞的最后条约是在 1901 年 2 月 26 日至转天连夜完成的，那一天夜里发生了什么事情，张翼、德璀琳和胡佛在伦敦法庭上有着大同小异的供述。对于那种反常状态，德璀琳有一段重要证词。在翌日张翼就要赴上海的紧要关头，胡佛又一次扮演了"前线指挥官"的角色，连夜加紧炮制条约逼迫张翼就范。在控方律师的追问下，德璀琳如实讲述了签约前一天夜里他在胡佛家地下室的所见所闻，

古斯塔夫·德璀琳

他一进门就看到胡佛在跑前忙后。他说：

> 我好像到了一个我可以称之为地狱式的实验室里，当时人们瞪着眼睛，在一种可怕的情形下缮写着《副约》与《移交约》。他们都在那里抄写，他们是在胡华（胡佛）的屋子里，伊美斯先生打字，顾勃尔先生在张罗，他们都忙得不可开交，而那种忙碌的情况使我感到怀疑。

为了赶在慈禧太后、光绪皇帝回京之前把事情办成，这伙洋人简直到了疯狂地步！德璀琳的证词补充了胡佛在整个"开平矿案"中身居主导地位的证据链条，胡佛家的地下室始终充当"前线指挥部"，从炮制"保护矿产手据"《卖约》《移交约》到补写用来骗人的《副约》，都是他召集这伙人在他家完成的。为了达到赚黑钱的目的，这个穷小子无所不用其极，甚至想出了用船把一干人等弄到八国联军盘踞的重地大沽口去的办法！竟然还补写了一份徒有其名的《副约》来骗取张翼的签章！所有这一切都触碰了人类崇尚正直诚实的道德底线，难怪日后有那么多美国人士对他的道德品质提出质疑了。

自古以来中国人都讲"缘分"，缘分似乎可以解释一切本无关联却有了关联的人与事。本书作者之一航鹰童年时竟与胡佛成了同一座建筑的前后房客！或许这正是她对胡佛在华经历感兴趣的缘起。在本书写作过程中，她总是回忆童年时在那座寄宿学校的生活。

到了20世纪50年代，胡佛故居变成一座全日制寄宿小学，名叫"天津五区中心干部子弟小学"，专收进城干部的孩子、烈

路边操场为胡佛故居遗址

胡佛故居

士遗孤、台湾人士的子弟，还有朝鲜孩子……后来，更名为"重庆道小学"，变成了普通的市民小学。

那座楼曾经位于如今的马场道与重庆道交口，斜对着平安大厦，灰色的两层半砖木结构。所谓"两层半"是因为地下部分还有一层"地窨子"（天津方言，即地下室）。故居正门面向马场道，进了大门有座小院子，另有侧院和后院。从正门迈上气派的前厅，里面是校长室、会客室、教师办公室，估计早年这里就是胡佛夫妇的客厅及书房了。

小学的食堂设在地下室，地下室很深，但面朝马场道朝阳的方向开有窗子，并不显昏暗。地下室被隔离成两部分，别看朝东的前半部分很明亮，朝西一侧作为地库储藏室却幽暗森森，门窗堵得严严的，得摸黑儿进去。估计，这里就是德璀琳证词所说的"地狱式的实验室"了。

航鹰小时候很调皮，有一天，她和另一个绰号"假小子"的女孩决定要去地窨子"探险"。她俩蹑手蹑脚来到地窨子，偷偷摸摸推开储藏室的门，不敢开灯也不知开关在哪里。暗室里到处是落满尘土的旧柜子、旧沙发、旧摆设什么的。窗子本来就朝北，进不来阳光，高大的木制家具又挡住了窗子，只能通过窗口缝隙透下的微光勉强辨认那些老古董。听说这些物件是老楼从前的主人留下的东西，只是不清楚是哪个时期的住户了，或许是多家房客搬走时丢弃的。个中是否有胡佛夫妇住过的痕迹，如今的航鹰是宁可信其有的。

20 世纪 80 年代，重庆道小学并入第二十中学以后，小学部被取消。据说因操场狭小，校方拆除了临街的两座"老破楼"，和操场连成了一片。宽敞倒是宽敞了，珍贵的历史遗迹荡然无存！

航鹰在那所小学充当"简·爱"的三年才 10 至 12 岁，还不太懂得太多的事情。如今算来，胡佛夫妇于 1889 至 1901 年住在那里，待到 1957 年航鹰在那里当寄宿学生时，已经相隔半个多世纪了；由她童年的机缘巧合到本书付梓，这又过去半个多世纪了。

建筑物可以由无视历史文化的人拆毁，然而人类的繁衍生息即意味着历史文化的传承。在一代又一代人们的记忆里，历史的细节永在。

本书的初衷正在于此。

胡佛当庭承认了什么

No.5

　　胡佛在出庭之初表现得很是滑头，回答律师的提问时或不承认，或避重就轻推诿别人。怎奈控方律师和中国派出的工作团队做了充足的准备，所有的提问都有事实为依据，再加上德璀琳等西方人士的证言凿凿，他也就不好抵赖了。

　　张翼被迫签署《移交约》的过程，引起控辩双方律师们更加激烈的交锋。证人证言俱在，胡佛不得不承认是他利用列强侵略战争造成的恐慌混乱，把张翼一行难民裹胁到了八国联军大本营大沽口"集中居住"。

　　1905 年 2 月 1 日，胡佛在回答律师询问时讲述了事实经过：

　　　　六月二十四日援军（指八国联军）来到后……外国侨民得到了在护送下离开天津的机会。

　　　　我向德璀琳先生建议，如果要办这样重大的交易，张大

胡佛

人必须知道每一个步骤的情况。他很同意，并且说一旦轰击停止，我们得到一点和平与安定的时候，我们就可以详细地讨论这个问题。

我派了一个助手去大沽口，他弄来了一只拖船，我们就用这只拖船把张翼和一直由我保护的六七十名中国人带出去了。

大约是七月十日……我的助手已在大沽口弄到了一所中国大院，为我们这一群人居住。

是的，我把他（指张翼）带去了，并把他的家属送往日本……三天以后，德璀琳先生也到大沽口来了。

张住在相邻的院子里，和我们隔着一道砖墙，但一般我们是在一起的。

伦敦高等法院留下来的文档为英文，开庭时由中方律师杨格尔询问，由译员希立尔把张翼的汉语译成英语。所以只有译员的"代为回答"。下文把译员的"他说"改为张燕谋的第一人称"我"，并省略了冗长琐细的取证过程，我们就能清楚地知道当初胡佛一伙人是如何威逼张燕谋就范了。

　　我于 1901 年 2 月 26 日回到天津时，他们（指胡佛、德璀琳和墨林的两个代表）拿出《移交约》文件让我签字，我拒绝签字。

　　他们说这是为了送到英国去注册用的一份备份文件，但经营管理将不按这一文件行事。

　　我仍然不签字……他们走了。

　　这四个人第二天又回来了，他们说："我们现在替你想出个办法。"他们就取出一份补充合同（指《副约》）。他们谈了一整天这个合同，但我没有同意。

　　他们开始威胁我，说若是我不签字，英国公使、美国公使和比国公使就要对付我，（公使们）都要到中国外务部去，（公使们）将设法搞垮我。而除非我签署这个文件，否则我将失去全部的矿山，驻在唐山的（外国）军队将会占据矿山。

法官听了张燕谋的控词，立即提审胡佛。这个年轻的美国人上堂以后面对古老肃穆的英国法庭知道说假话混不过去，不得不当庭承认：

　　我曾向他说过，假如他不继续干下去并履行他的义务，……我不得不去见各国公使，就是我们请求给予帮助的那些公使，把这事告诉他们……

胡佛在回答中方律师询问时，还承认了一个至关重要的事实：

　　他（指张燕谋）总的说来是拒绝把事情办下去，他说他必须到上海去，还有其他的借口；并说他必须等朝廷从内地的西安回来。我听到这个以后很生气……是我们想办法让俄军在二月初从（开平）矿上撤走的，英军随后就占领了……

　　从张翼、胡佛的证词中我们可以发现正是在列强军队压境的那场战争的大背景下，他们才敢在中国的领土上如此逼迫清政府的高官。胡佛他们紧追不舍的车轮战术，正是要趁慈禧太后和光绪皇帝西逃的混乱状态把开平煤矿抢到手。

　　在律师的追问下，胡佛还承认了是他促成了墨林向张翼、德璀琳行贿。

　　"在这个阶段，你记得谈过利润的问题吗？"

　　"我们时断时续地讨论过利润的问题，我说不好这类谈话是在什么时候进行的。我记得在一次谈话中，张（翼）通过德璀琳（当翻译）问过他自己的利润大概会多少。"

　　"你对他说了什么？"

　　"我说如果事情顺利，钱容易弄到手等等，那就很可能拿出二十万股作为利润。"

"总共二十万吗?"

"是归墨林先生的,其中张大人和德璀琳要分得一半。"

"给他十万吗?"

"是的。"

"或者说是他与德璀琳两人?"

"是的。"

"你和他谈过那些股大概值多少钱吗?"

"我记不准了。"

1901 年 1 月 20 日,胡佛在给德璀琳的信函中写道:

敬启者:

前与足下面谈所办之事,提及张大人将来应获利益,兹将鄙人所知开列于后,谅必均无错误。

一、张大人现有老股三千股,应得新股七万五千股,计值平价英金七万五千镑。

二、另存新股五万股,备给足下与张大人,计值平价英金五万镑;如二人平分,张大人可得两万五千股。墨林既由其所得之利益分给其友及出力之人,张大人于此间如有花费之处,自应由其所得之股票分给,以昭公允。

…………

在正式签约之前,张翼以给朝廷 20 万两为由,要求墨林必须先付一部分款项,否则他必须等朝廷从内地的西安府回来,奏请圣意后才能签字。胡佛听了以后非常生气，以去找各国公使相威胁。张翼仍然不见真金白银不肯就范。

胡佛只好又找其东家墨林谋划一番，游说比利时东方辛迪加财团出钱。

1905 年 1 月 25 日开庭时，律师与德璀琳问答如下：

　　"在那之前，你听说过《副约》没有？"

　　"没有。我到来的时候，张先生才告诉我，已经利用这个《副约》把问题解决了。"

　　"是在胡佛家里完成的这些抄件吗？"

　　"是的。"

　　…………

　　"同一天你听说过有十万镑存入银行吗？"

　　"当时我不知道……我并且听说在伦敦不可能筹得十万镑。几天以后，日期我说不定，我很惊奇比利时的海外银行竟打来电报，告诉我这笔款项没有像应该做的那样存入麦加利银行，而存入了另一个银行，而钱又转到了一家俄国银行，即天津的俄华银行。"

　　"是十万镑？"

　　"是的。"

　　"第二天张就走了？"

　　"是的。"

1901 年 2 月 25 日，墨林公司合伙人、比利时"东方辛迪加"财团驻华代表顾勃尔（White Cooper）在给其公司的信中写道：

……在结束这封信以前，我认为胡华先生在进行这次谈判时，在办理一项远远出乎意料的困难事件时，以及在与中国人打交道时预料会遇到的各种困难面前，都表现得非常精明强干，这种行为应当记载下来予以表扬。

以上种种事实说明，胡佛是"开平矿案"整个事件的始作俑者、执行者、推动者、受益者。虽然一些场合由德璀琳出面，但主要原因是胡佛不懂中文，德璀琳汉语流利，便于和张翼沟通。胡佛才是英国墨林的代理人，他在诸如分配"好处费"时完全是"二东家"的口气。至于他自己从中分得了多少钱财，他却讳莫如深。稍作合乎逻辑的推理，便可算出他的渔利不会低于张翼，墨林自会重奖于他。

那一天伦敦的雾气都消散了

No.6

1905 年 1 月 18 日那一天，又是一整天的开庭鏖战，这是最后一庭了，案件已经接近真相大白了。

经过伦敦高等法院连日来的开庭审理，法官们耐心地审查了控辩双方提交的证言证物，"开平矿案"的来龙去脉大家都已心知肚明。事实铁证如山，一个英国商人、一个美国冒险家拉一个德国人入伙，趁八国联军入侵中国之战争背景，一步一步炮制了"保护矿产手据"《卖约》《移交约》《副约》，以欺骗加威胁的手段，逼迫张翼在其面临生命危险的情况下签字画押，所签条约均为迫于无奈的非真实意愿之表达。

张翼曾遭到胡佛等人的威胁恐吓之事实是板上钉钉跑不了啦，那么他们有没有使用欺骗手段呢？控辩双方新一轮的舌战、举证又开始了。

"开平矿案"的案情脉络即是墨林、胡佛步步紧逼，张翼步步退让，直逼到他陷入无路可退的绝境的过程。对于张翼来说，"手据"《卖约》毕竟还只是一纸合同，等到真要签署《移交约》的时候，偌大个开平煤矿连同周边工厂、房产、土地一切一切都要归英国佬了。张燕谋的态度不得不强硬起来了，他知道一旦出现大的闪失自己无法向朝廷交代，得落个脑袋搬家的下场。

墨林、胡佛见只是威胁不成，于是增加了利诱，向张燕谋允诺他本人在新的英国开平公司中持有股份。贪官张翼暗自高兴，但他深知自己斗不过这群洋鬼子，怕日后他们不兑现承诺，坚持让墨林预先付给他 20 万两白银。他既想逃避责任，又想借此机会多捞一把不义之财，懦弱与贪婪如同两条毒虫撕啮着他的身心，困兽犹斗，一直以来的恐惧焦灼已经让他寝食难安、情绪失控。

在几个条约的谈判过程中，中方能够在弱势下最大限度地捍卫自己的权益，多亏了他身边有严复这位继任总办，还有两位副手周学熙和唐绍仪。周深谙企业经营之道，唐曾是赴美幼童留学生。严复和唐绍仪都精通英文。他们把洋鬼子们拟的条款细细研究，尽力协助张燕谋维护已经少得可怜的中方利益。

因此，在胡佛看来条约谈判变得越来越困难了。他夹在墨林和张燕谋之间一时难以两全，在最后关头想出了一个损招儿——把谈不拢的条约分为《移交约》和《副约》两份合同，在英方不准备履行的《副约》中尽量满足中方的要求。

围绕着被告是否有欺骗行为的辩论，张翼说到在他受到威胁恐吓被迫签字画押之前，发生过所谓"四天争吵"。胡佛和墨林派到中国的几个代表见争吵无果，担心久拖生变，于是在最后关头使出了欺骗手段。

伦敦法院 1905 年 1 月 18 日开庭，留下了如下记录，从中可以看出是胡佛一伙人一手炮制了《副约》。

　　　　律师："他们随后拿出一份文件（指《移交约》）请您签字吗？"
　　　　张翼："是的，我拒绝签字。"

法官和律师当庭认证《移交约》中、英文版本。

　　　　中方律师杨格尔："请您告诉法官阁下，您为什么拒绝签署那份文件？"
　　　　张翼："因为这一合同的条款和我原来的意图不符。"

伦敦法庭诉讼场景（油画），现藏于开滦博物馆

法官："他们（指胡佛等人）对此怎样回答呢？"

张翼："他们回答说，这是为了送到英国去注册的一份备案文件，但经营管理将不按这一文件行事。"

张翼："我仍然不签字。他们走了。这是头一次的事。"

张翼："这四个人（指胡佛、吴德斯、顾勃尔、德璀琳）第二天又回来，他们说'我们现在替你想出个办法'，他们就取出了一份补充合同（指《副约》）。"

张翼："我问过他们，（《移交约》和《副约》）两个文件为什么不放在一个合同里。"

张翼："第三天他们又回来接着讨论，他们说：'你好像不明白第一个文件是要满足英国法律的要求，因为你不了解英国法律，而第二个则是据以行事的文件。'他们告诉我，原来的文件（指《移交约》）的目的仅仅是为了注册，第二个文件（指《副约》）才是要执行的。"

张翼："第三天事情闹得很激烈，争吵起来了。"

张翼："第四天他们又回来了，讨论达到了非常激烈的高潮，他们都走了。不久，胡华和一个他称为滕尼（指丁嘉立）的人回来了，他是天津的一个美国教授，能说中国话。我说了第一个文件把矿务局的一切权力都夺去了……他和胡华先生谈话之后说，第二个文件将是主要文件。"

张翼："《副约》里的建议修改之处，经讨论后最终获得了同意。"

张翼："他们把文件拿走了，晚上八点

丁嘉立

又把修改的文本拿回来了。两个文件是同时签字的。"

法官们听了面无表情，辩方律师一脸无奈。中方聘请的控方律师竭力保持着矜持，但眉宇间已难掩喜色，他知道这场广受关注的国际诉讼已胜券在握，他的律师事务所不仅将揽得重金，也会因此案名扬四海。

暮霭沉沉，浓雾漫漫，只有近处的路灯光圈才能照见泰晤士河静静的水面。张翼和他的同伴们沿着河畔走着，心情一阵轻松一阵沉重，现在没有什么事情可做了，只等法官宣判了。

忽然，爽风习习，光影烁烁，隐没在雾气中的伦敦华灯自近而远徐徐显现，整座城市都亮起来了！这是个好兆头。

英国伦敦泰晤士河

伦敦高等法院的判决书

No.7

张翼一行又在伦敦干耗了十几天，终于等来了法院判决。

1905年3月1日，伦敦高等法院主审法官卓侯士宣读了近万字的判决书。判决书详细复述了控辩双方的观点和法院经审理认定的案件事实经过，最后做出了公正的结论。为了节约篇幅，本文摘录其中几段：

> ……胡佛自己也承认，甚至对张大人使用了种种威胁。……最后张大人在劝诱下勉强同意顾勃尔先生（墨林从上海聘用的律师）的提议，把由于《移交约》不曾包括，因而张大人拒绝签署的一些条款，写在另一个文件里，这就是我所提及的《副约》。这个《副约》应在《移交约》以前或与《移交约》同时签字。根据这样的安排，其他各方的代表都向张大人保证说，《副约》是主要的文件，并应作

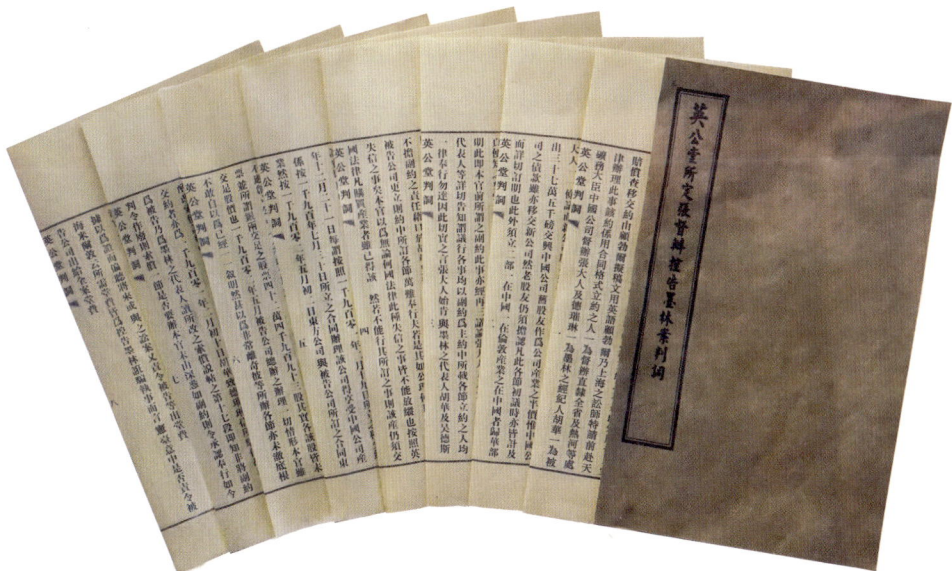

伦敦高等法院判决书（中文译本）

为行事的依据。换句话说，它是具有约束力的，要予以执行。……真实地说，我觉得《副约》的签订及其条款，不但构成移交（如果需要移交的话）所述产业的代价中的一个实质部分，而且是一个根本部分。

……我发现事实的真相是，《副约》的条款已经成为整个事件安排的根据和基础，而且各方面都已经了解得很清楚，这些条件，无论是否作为一个附属合同来看待，事实上已经是各原告人，或其中任何一人，向被告公司所做的任何移交的一项不可缺少的条件。

……在本院，一个购买房地产的人，即使他已经持有这个产业，并且这个产业确实已经转让给他了，如果他不支付代价，这个产业是不能让他占有的。如果需要对这样一个自然而明显的公平原则提出引证，我只需提一下大法官霭尔敦对于麦克莱恩控告西蒙斯这一成为判例的案件所作的判决。无论按法律或按公理，一个人若根据一份契约提出要求，即使他未曾签署这份契约，他必须首先自己遵守此契约中的各项规定。为了把这个原则引用到本案上，我想在这种情况下，如有必要，我有权把《移交约》与《副约》事实上看作是一个文件。

……我认为并且宣判，一九〇一年二月十九日的《副约》对于各方被告都是有约束力的，而且被告公司如果不履行《副约》中的规定和义务，过去和现在都无法取得、持有或管理《移交约》中所开列的产业，或享有其利益。

卓侯士法官的判决书写到的"一个购买房地产的人……如果需要对这样一个自然而明显的公平原则提出引证……"这段话，已经对墨林、胡佛等被告含有逗人发笑的讽刺意味了。他列举了昔日那位大法官判决同类案件的判例，而英国法律有沿袭以往成功判例的传统。这一维护"自然而明显的公平原则"的判决，是任何强权势力都无法批驳的。

被告墨林及其背后公司不服判决，上诉后又经7次开庭审理。上诉法院帮他们扳回了一些局部利益，但在《副约》的有效性之原则问题上维持原判。

然而，世界法律界交口称赞的判决，回到中国以后遭到了"执行难"的阻力。"执行难"的原因主要来自三个方面：一是英国开平公司成了"老赖"，而英国伦敦高等法院并不具备到中国执行判决的能力；二是由于清政府的懦弱无能和官员的贪腐；第三方面虽然属于理论范畴却是最主要的原因，清朝不是法治国家，没有能够与西方法院判决相对应的法律。

这一致命弱点，睿智的卓侯士法官已经在判决书中写得明明白白：

> ……订约地点是在中国天津，《移交约》所包括的全部产业都在那里。我不知道这个文件本身按照中国法律是否具有作为动产转让凭证的权利，我很有理由怀疑它不是这样。而且我看到英文本第三条是这样规定的："中国公司、张大人及德璀琳取得被告公司的同意，将签署一切必要的文件并办理一切其他需要办理之事，以便将同意转移的一切产业转移给（英国）公司（指被告公司）。"关于本案中所讨论的事项，没有人告诉我中国法律是怎样规定的。虽然我时常提到这一问题可能需要加以考虑，而且还曾要求对此加以申辩，但任何一方都没有对它提出任何证据，或发表任何主张。

别看伦敦高等法院的判决在中国没有得到执行，张翼却能够以胜诉的成果上奏。朝廷挽回了面子，也就无人去真的关心开平矿山的切身利益了。张翼回国以后反而有了功劳，不仅以捍卫国家主权的斗士形象受到赞扬，还多了一层外交专家的光环。朝廷恩赏他头品顶戴，升为"内阁侍讲学士"并加侍郎衔，派他赴德国担任专续参赞去了。

自 1901 年 2 月 19 日英国墨林公司夺走了开平煤矿，至中国人民解放军于 1948 年 12 月 12 日解放唐山、1949 年 1 月 15 日解放天津，在长达近半个世纪的岁月中，清政府、北洋政府、国民党政府相继派出各色人等，采取各种措施，进行一轮又一轮的交涉，都未能从英国"老赖"（后来又加上日军势力）手里收回开平煤矿。最可憎的是，"二战"中英国人以把开平优质煤运往日本为条件，向其"交战国"谄媚，换取继续经营开平矿山的利益。

半个世纪的机械化开采啊，几乎掏空了开平煤矿！直到中国人民站起来了，英国人才携持矿山巨资逃回他们老家去了。

第八章 美国总统

哗众取宠的竞选策略

No.1

1928 年，胡佛以压倒性优势当选美国第 31 任总统。

他能坐上总统宝座，全靠其竞选班子采取了聪明的宣传策略，把他塑造成为一个英雄和慈善家。

众所周知，美国的选举在很大程度上取决于选民的兴趣，需要投入重金造势以博取公众的关注。钱，胡佛从中国赚到了；煽动选民的情绪，他打的也是"中国牌"。中国，在西方人心目中充满了东方古国的神秘感，而胡佛是唯一的曾闯荡中国的政客，此乃竞选对手们无法比拟的独家之长。

况且，1900 年八国联军入侵中国，在西方人看来那是值得大书特书的胜利之役。尤其是"义和团杀洋人"，早已被西方媒体做了妖魔化的广泛报道，各种文章、照片、绘画……铺天盖地，夸张歪曲，在美国被传为家喻户晓的恐怖故事。那场悲剧过去的时间并不长，公众还有着清晰的记忆，特别是当年受到恐怖

1900年八国联军入侵后，胡佛夫人露·亨利在大沽口炮台

故事惊吓的儿童，到了 20 年代末正好成为选民的主力军。竞选行家们正是利用了那段历史的知名度，借势而上大打"中国牌"，把胡佛塑造成"孤闯中国的好汉""勇斗义和团的英雄"，充分调动了美国公众素来的"英雄崇拜"情结。

"大沽口炮台"在西方非常有名，胡佛恰恰曾把张翼裹挟到了大沽口，胡佛夫人还在大沽口炮台拍照留影……所有这一切通过媒体的大肆渲染，都成了胡佛竞选的得力推动。

多年以后，胡佛仍在其《冒险年代：美国总统胡佛自传》中，夸夸其谈那些他去中国的传奇经历。历史老人也真是厚待他，让他在中国发生"庚子国变"时正巧在天津生活。

在美国关于胡佛的出版物中，除了胡佛的自传、回忆录之外，还有许多传记作家的作品，有褒有贬，其说不一，莫衷一是。

罗斯·怀尔德·莱恩（Rose Wilder Lane）著《赫伯特·胡佛传》可以说得上是溢美之作，书中写道：

露·亨利在天津

> 义和团运动兴起以后不久，慈禧太后开始公然反抗西方列强，清军的先锋部队发动攻击，对天津的外国人居住区进行了包围。胡佛与妻子亨利一起来到了居住区中心德鲁夫人家里。德鲁在海关工作，海关专员（即关长）德国人德璀琳也躲到了这里，他们都认为中心区是相对比较安全的。在短时间里，如果清军无法用更加先进的机枪发动有效的攻击，那他们5000名联军（可能指租界的英国驻军和侨民"义勇队"）还能抵抗住一阵子的进攻，援军（指八国联军）也很快就会到来的。

> 但是，在被包围期间，他们到哪里去找食物呢？于是，胡佛征用了一些马车，吓走了经销商，将居住区内所有商店的商品都聚集起来，让他的人负责食品，维持食品发放的秩序。胡佛制定了一个食品分配制度，使得他们的食品

足以维持十天时间。

那段时间，胡佛的妻子亨利在天津由一座俱乐部改建的临时医院照顾伤员。很多人抬着担架在冒烟的街道上来回奔跑，将伤员放在俱乐部的走廊上、阶梯上或是人行道上。这个所谓的医院里只有一位医生，没有接受过专业训练的护士。露·亨利表现得比医生更加冷静，负责了医院里一半的护理工作。

韦伯·加里森（Webb Garrison）撰写的《白宫女人》（*White House Ladies*）一书也记述了胡佛夫妇在天津的那段经历：

胡佛帮助租界设置了路障，这十分具有实用性。亨利则经常沿着墙边骑自行车去照看伤员、运送食物。她从来没

韦伯·加里森

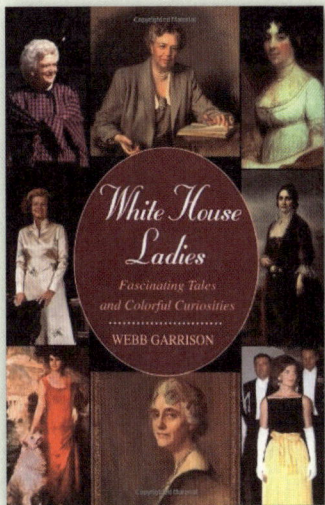

《白宫女人》封面

有受伤，但是有一次一颗子弹从她的头顶飞过。

义和团炮兵部队（应为清军炮兵部队）的炮弹日日夜夜地进攻租界。一天中午，炮火打到了胡佛家里，后院被炸。第二枚炮弹射在了胡佛家门前的路上。第三枚穿过胡佛家玻璃，打在了楼梯上……

7月13日，胡佛给亨利的爸爸，也就是他的岳父发了一封电报，只写着两个字——"安全"。其实，直到1900年8月14日援军才抵达北京，但这则消息早就传到了天津租界内。

胡佛本人也在自传、回忆录中多次吹嘘自己在中国的"英雄事迹"：

胡佛夫妇

　　我和同伴们忙于加固工事，设置路障，用锅炉煮开水分发给士兵和市民。自来水厂在防区外，只能每天夜里用水车去拉水，早晨煮水……

　　越来越多的人受伤……露去当志愿护士，我很少看到她。她偶尔回家吃点东西，睡一小觉……

　　我们现在读到的这些文字，还都是过了多少年以后的出版物中较为客观冷静的记述。不论"褒派"还是"贬派"，还都出自正儿八经的传记作家之笔。试想，在当年竞选热潮中各种媒体大报小报如何"博人眼球儿"，捕风捉影，夸大其词，花边儿八卦，为了争夺选票无所不用其极。选民们哪里听说过这等传奇般的东方故事，对胡佛那是崇拜得五体投地，极大地左右了选举态势。事实证明，打"中国牌"的确是为胡佛的竞选台阶又一次架设了"天梯"。

千秋功过义和团

No.2

天津至今保留着一座纪念义和团运动的历史建筑吕祖堂。吕祖堂是供奉"八仙过海"仙人之一吕洞宾的道观，1433年（明宣德八年）始称吕祖堂。后于1795年（清乾隆六十年）、1839年（清道光十九年）、1920年、1985年、2003年多次重修。

义和团运动起源于山东、河北一带的贫苦农民阶层，1900年发展壮大，各地义和团团民纷纷聚集天津，将总坛口（总指挥部）设在吕祖堂。自明朝燕王扫北、朱棣设卫、清朝淮军北上，天津既是军事卫城，又是南粮北运、北煤南输的水旱码头，也是北方农民、灾民进城谋生汇聚之地。兵戎传统，民风剽悍，再加上中国人自古以来的多神崇拜，天津民间宗教丛生，形成了特殊的城市品格。

于是，在中国遭受西方列强侵略凌辱的历史上，天津租界是唯一受到中国军民武装进攻的外国租界。1900年初，义和团在清军的援助下炮击租界 20 多天。而在那段时间，胡佛正巧住在天津英租界，参加了西方侨民组成的"义勇队"。

在那场战争中天津出现了两位抗敌英烈，一位是罗荣光（1833—1900），湖南乾城县（今吉首市）人。他初为湘军、淮军将领，后在上海洋枪队任职，1887 年调至大沽口任协副将，创设水雷营并训练有方，升任天津镇总兵。此时他已 43 岁了，在军中是一位威望很高的老将。

1900 年义和团运动蔓延京津，八国联军入侵大沽口。罗荣光亲自指挥主炮阻击，直至弹药用尽。眼看着难御

罗荣光

强敌，他飞身上马回家，忍痛先杀了眷属："侵略军进来不会放过你们，朝廷命官的妻室岂能甘受凌辱？不如一道杀身成仁！"

他回到主炮台，集合所剩兵勇战斗到最后一人，壮烈殉职时已是 67 岁的老将军。他的遗体被运回原籍。如今湖南省吉首市的百姓，年年清明祭扫他的墓地，并为他矗立了全身塑像。

另一位抗敌名将聂士成（1836—1900），安徽合肥人，不仅是李鸿章的同乡，还是淮军名将刘铭传手下骨干。他久经沙场屡建奇功，曾在中法战争中援助台湾；中日甲午战争中援助朝鲜抗击日军；1895 年主持天津沿海防务，演练新军，升职直隶提督，

美称"淮军后起三名将"之一。

说起聂士成与义和团的关系，那真叫恩仇交织难以厘清，皆因朝廷对义和团的政策摇摆多变。起初，因义和团仇视一切（外洋）现代化设施，烧毁京津铁路的电线、铁轨，聂士成部奉命保护铁路免遭义和团袭击，双方死伤惨重结下怨仇。

聂士成

1900年5月21日大沽口炮台失守，攻打天津的八国联军与聂士成部交火。5月25日朝廷对列强宣战，命聂士成率部保卫天津。聂部与义和团又成了战友，在杨村一带共同阻击八国联军北上入京。义和团不是在慈禧太后面前表演了"刀枪不入"吗？聂士成便派义和团团民上前线，结果遭八国联军机枪扫射。不知发生误会还是怎么的，义和团撤回时又遭聂军机枪扫射……但歪打正着，义和团破坏了京津铁路，致使八国联军延缓了进犯北京的速度，暂时后撤。直隶总督荣禄借此大赏义和团。

6月下旬，聂士成率部攻打天津租界十几次。义和团本来是共同抗敌，但团民又乘机烧杀抢掠。聂士成派兵镇压，又招义和团仇恨。7月初，义和团趁聂军与八国联军交战拥向聂府报复，混战中聂士成在天津城西八里台中炮身亡。

因恩怨敌友太过混乱，有人向朝廷进谗言，曾造成聂士成冤案。袁士凯担任直隶总督兼北洋大臣后，上奏朝廷为聂士成平反昭雪。如今在天津城西八里台，矗立着聂士成策马挥刀英

八里台聂士成铜像

聂公碑

勇杀敌的铜像。

　　胡佛成功当选美国总统，得益于西方舆论工具对义和团"杀洋"的过度妖魔化。当代中国人提起义和团来仍然怀有一种复杂的感情，千秋功过义和团，究竟该如何评价呢？

　　1840年第一次鸦片战争，1856年第二次鸦片战争，1894年中日甲午战争，东西方列强竞相入侵中国划分殖民主义势力范围。到了1900年，中国人积郁60年之久的民族屈辱感爆发，汇集成了以农民为主的义和团运动。虽然那些农民的愚昧落后迷信有着"民间会道门儿"的局限，但抵御外侮奋起反抗，又决定了义和团运动的正义性。

　　义和团运动的失败在于其非理性和对世界历史发展进程的无知。因反抗列强侵略而拒绝学习西方先进的工业科学知识；因不懂敌我武器的悬殊而盲目送死；因迷信神道而显示了群体的愚昧落后。当代中国人对义和团的复杂情感一言难尽，因为爱国主义永远是一种打动人心的力量。然而，囿于历史的局限，他们的爱国主义扎根于封闭保守的小农经济土壤，他们抵御外侮的英雄主义混杂着陈旧的闭关锁国观念。

胡佛在其竞选活动及后来的著作中，极尽丑化义和团之能事，把自己装扮成与义和团战斗的英雄，挑动美国公众仇视中国的情绪，暴露了他的殖民者心态。

历史的巧合常常造就一些大人物的际遇奇缘

No.3

胡佛竞选总统还不只是一般地"消费中国",他打的"中国牌"还有一张王牌——英雄救美之现实版故事。1900年在天津他曾冒着炮火救了唐绍仪的女儿唐梅,而更加令人难以置信的巧合是,1915—1920年唐梅的丈夫顾维钧恰恰是中国驻美国公使!中国公使的现身说法,简直如神兵天降,把胡佛妥妥地送上了"天梯"。

话说当初胡佛到天津上任不久,和几个同事坐火车去山海关出差,列车上挂着唐绍仪的专用车厢。唐绍仪日后官至中华民国首任国务总理,胡佛日后成为美国总统,东西方两位重量级历史人物在一条轨道上相遇了。

若要介绍唐绍仪其人,还得先说说他的叔父,也就是本书第三章介绍过的唐廷枢。1874年唐绍仪年仅12岁时,经叔父举荐成为同乡容闳招募的第三批赴美国留学幼童,入读哥伦比

亚大学。1881 年被召回国在天津
水师洋务学堂学习军事，后奉命
赴朝鲜在海关任职，与袁世凯结
下友谊。1885 年回到天津税务衙
门任职，袁世凯升任驻朝鲜大臣
后，召他再度赴朝鲜任书记官兼
助手。1895 年唐绍仪升任驻朝鲜
总领事，直到 1898 年 9 月其父亡
故回国奔丧。

唐绍仪

历史的巧合常常造就一些历
史人物的际遇奇缘，巧的是就在
1899 年唐绍仪回到天津不足半年，胡佛也远涉重洋抵达天津。
如果唐绍仪仍然远在朝鲜没有结束他近 10 年的驻外使节生活，
他们两人就没有见面的机缘了。然而，这两个原本不相干的人
偏偏踏上了同一列火车。

留美出身的唐绍仪听随员说这趟列车上有一位美国客人，热
情邀请他来自己的车厢做客，一路上宾主交谈甚欢。他俩见面时
唐绍仪 37 岁，胡佛 25 岁，年纪轻轻的胡佛受宠若惊，庆幸自己
认识了这位能讲一口流利英语的中国高官。《胡佛回忆录》是到
了 1953 年才在美国出版的，当时胡佛已年近八旬，他还特意把
那次邂逅写进书中，说明他多么重视自己和唐绍仪的友谊。

现在应该再次倒叙核心故事即 1900 年义和团炮轰租界了。

唐绍仪公馆位于靠近天津北站的宙纬路，距离义和团总坛
口吕祖堂太近了。战事一起，他携家眷躲进英租界，恰巧暂住
在马场道胡佛家的对面。胡佛夫妇去看望唐氏夫妇，嘘寒问暖

自不在话下。

胡佛在回忆录里写道：

> 战斗第一天，张翼（燕谋）、唐绍仪携家眷躲进租界，在我家对面找到房子，房子是属于（开平）矿业公司的。后来又来了许多大小官员和受过西方教育的中国人，连同他们的家眷有五六百人。这么多人急需食物和水，每天早晨我在中国人帮助下给他们送水、大米和其他食物，东西是从洋行仓库弄出来的。
>
> 有一天对面房子落了炮弹，我们跑过去看，见到唐绍仪的妻子和一个女儿被炸死了，唐绍仪已经惊呆了。我和我的同事阿格纽，还有唐绍仪，我们每人抱起一个孩子穿过马路跑到我家。其他中国人也来到我家暂避，我太太负责照顾他们。来到我家以后，唐绍仪恢复了镇静。

可想而知，这段患难之交，加深了胡佛与唐绍仪的友谊。

胡佛在天津居住的那两年，唐绍仪起初只是在开平矿务局供职，也就是德璀琳、胡佛骗取开平煤矿与张翼签订"保护矿产手据"的证人。1901 年，袁世凯升任直隶总督兼北洋大臣，重用唐绍仪为天津海关道，协助自己办理接收八国联军占领的天津城区事宜。唐绍仪作为洋务大员要想帮助个把洋人易如反掌，胡佛自然是沾了许多"朝中有人好发财"的油水。

胡佛在炮火中抱起的那个小女孩，是唐绍仪的五女儿唐宝玥，又名唐梅，这个在胡佛故居登场的女孩日后也是一位轰轰烈烈的名人。她的轰轰烈烈是因为一场轰动大江南北的爱情，这又要扯

顾维钧

出另一位大名鼎鼎的风云人物顾维钧了。

老天津的魅力在于它像一座舞台，光阴流转，以它为场景上演着一幕又一幕真实的历史活剧，一位又一位历史名人轮番表演着生命的传奇。老楼故事犹如章鱼的肚子，老百姓俗称"墨斗"，而它那些呈放射状舞动着的吸盘向周边伸延，以满腹"笔墨"泼写出一部又一部真实的传奇。

外交家顾维钧因在巴黎和会上拒绝签字而名扬四海，他的来龙去脉也还要从头说起……

巴黎和会会场

比好莱坞电影还离奇的真实故事

No.4

胡佛救起的唐绍仪的五女儿唐宝玥，又名唐梅，日后嫁给了"民国第一外交家"顾维钧。正是这位北京名媛导致顾维钧背上了"背叛上海恩人"的一世骂名。

这又引出了同样位于重庆道的另一幢老楼顾维钧故居。重庆道在旧租界时期名叫剑桥道，若是把道路比作一条河，胡佛故居在河的上游源头，顾维钧故居在河的中游。那是一座紫红色的秀丽建筑，有一种说法是那座与民园体育场对角的庭院是张学良赠予顾维钧的。笔者查了顾维钧生平年表，1929 至 1930 年，顾维钧应张学良之邀从欧洲回国赴沈阳担任高级顾问，后又随张学良到北京、天津活动。张作霖、张学良父子在天津有许多房产，把一处住所赠给顾维钧是不奇怪的。

关于顾维钧悔婚风流案的传说版本很多，无从考证真伪，笔者比较相信其中不甚"八卦"的一种说法。

顾维钧的父亲早年到上海谋生，在上海道尹袁观澜府上当师爷。顾维钧 12 岁时投奔父亲到上海读书。袁府另一位幕僚张衡山是袁道尹的姨表兄，有女张润娥。张衡山独具慧眼看中少年顾维钧聪颖异常，向顾父提议两家订下婚约。张父竭尽全力培养未来的女婿，资助他进入学费昂贵的上海圣约翰大学，后来又不惜卖掉祖产供他赴美国留学。

据顾维钧生平年表记载，他于 1904 年 16 岁时赴美留学，1912 年学成回国时，年龄应该是 24 岁。张父与顾父为儿女订"娃娃亲"时，顾维钧 12 岁，张润娥 10 岁，推算下来顾维钧回国张府千金已经 22 岁了，在封建社会早已经到了该出嫁的年龄。她苦等夫君多年，好容易把未婚夫盼回来了，换来的却是顾维钧的悔婚。

如果从道德层面评价，他背叛出巨资供他上大学、出国留学的岳父，这绝对是一种人格的污点。但若从爱情层面评价，

顾维钧故居，位于天津河北路267号

一位留洋多年的法学博士怎么会甘心包办婚姻呢？当时沸沸扬扬的新闻中有文章说，顾维钧回国到张家拜见准岳父时，向张衡山提出请张小姐到客厅来见个面。不料任父亲动员，恪守旧礼教的张小姐怎么也不肯出来和未婚夫相见。这样的文化隔阂给顾维钧留下了不好的印象，即封建女子无法适应日后外交官夫人的社会活动。即使留洋才子惧于社会舆论压

少年顾维钧

力一顶花轿把她娶回家，这样一对格格不入的夫妻的婚姻生活也必将是场悲剧。纵观清末民初社会转型期的婚姻状况，毕竟洋教授胡适与其小脚发妻江冬秀的故事只此一例。

从现代人的爱情观事业观价值观的角度我们尽可为顾维钧辩解，但内心深处还是会对不幸的张家父女寄以同情。

1900 年被胡佛抱到家里的唐宝玥，到了顾维钧学有所成回国时已经长成豆蔻年华美少女。出身洋买办世家，父亲又是国务总理，她是北京出入上流社会的时髦女郎。在舞场初会相貌英俊的顾维钧，她即刻堕入情网，随即以惊世骇俗的言行展开了不顾一切的爱情攻势。

身为国务总理的唐绍仪，发现自己落了个拆散人家婚姻的恶名，大发雷霆，严厉命令女儿停止这一有辱门风的行为。唐大小姐哪里肯听，威胁说要出家当尼姑去。唐绍仪不为所动。

唐宝玥又想出迫使父亲让步的一招，竟然宣称自己如果不能嫁给如意郎君，就到八大胡同（北京有名的红灯区）当妓女去，还要挂上国务总理小姐的金字招牌。这下子唐绍仪不得不屈服了，他知道女儿的反叛性格，她是什么事情都做得出来的！

1913 年，顾维钧和唐宝玥举行了盛大婚礼，婚礼地点一说在北京饭店，一说在上海，或者在北京举行婚礼之后赴上海度蜜月也未可知。不管在哪里，反正是各大媒体争相报道，轰动大江南北，成了人们茶余饭后的谈资。

顾维钧与唐宝玥的结婚照

顾维钧与唐宝玥

这个连好莱坞电影都编不出来的真实故事，使得胡佛不仅是"义和团杀洋人"事件的参战者，还成了"冒着炮火救女童"的超级英雄。这张"中国牌"中最为精彩的王牌，在选民里引起了爆炸式的轰动效应，等于提前帮他戴上了总统的王冠。

胡佛竞选班子打出的第三张牌，是把他宣传成一位参与粮食救助的慈善家，从另一方面赢得人心。即使是"慈善牌"他也是在消费中国，因为在"开平矿案"中他才结识了比利时东方辛迪加财团的大佬们。沃尔特·利吉特在《胡佛的崛起》书中指出："最初在中国，他与比利时金融家形成了紧密的联系，那些人日后把他拉入救济工作，使其赢得世界范围的声望乃至最后当选总统。"

《胡佛回忆录》说完他于1900年义和团事件中救起天津女孩唐梅的往事以后，在"注释"中标明：

18年以后，我在华盛顿担任战时食品管理局局长（War Food Administrator）时，我和夫人收到了中国使馆的请柬。

到了中国使馆的宴会厅，顾维钧公使的夫人迎接我们，用流利的英语说："我是唐绍仪的女儿，我曾经见过您，我就是天津（租界）被围困时您救起来的那个小女孩！"顾夫人是一位迷人的女士，很不幸几年后她去世了。1928 年，我在上海受到顾太太的妹妹的热情款待。

从顾维钧年表核查，他出任驻美公使的时间是 1915 年，夫人同往，在美国生下长子。唐梅于 1918 年死于"西班牙流感"。所以，胡佛所说的"18 年以后"应该是"15 年以后"，才能和"几年以后她去世了"对上时间表。估计是他记错了年头，一位七八十岁的老人回忆半个世纪以前的往事，出一些偏差也是可以理解的。

唐梅也是个薄命女，她豁上身家名誉争取来的美满婚姻，只持续了五年时光。她去世时才二十三四岁，留下了一双幼小的儿女。

顾维钧与唐宝玥及其孩子

第九章　贩卖华工

一个国王

....

No.1

在墨林、胡佛一伙制造的"开平矿案"中，总有"东方辛迪加"的影子。他们胁迫张翼签订一系列合同的过程后期，"东方辛迪加"从上海派来了代表沃特斯（旧译吴德斯 Chevalier Edmond de Wouters）。此人在天津胡佛家中参与了相关合同的起草，伦敦法院开庭时他也被传唤出庭作证。墨林为了夺得开平矿山在伦敦注册了公司，表面上是一家英国公司，但其招股债券中"东方辛迪加"持有 3/5 以上股份，而英国人持有不足 2/5 股份，双方有共同管理权。

那么，"东方辛迪加"又是何方神圣呢？

墨林在中国的骗术得手，但财力不足，而且他在伦敦名声很臭。其公司原名"毕威克-墨林公司"，他在中国开平矿山得手以后立即踢开了合伙人毕威克，单独注册了新公司。同行们说他是"强盗""一个无情的老恶棍……他完全没有道德"。

1899 年底，墨林找了两个同样实力不强的金融家，成立了"东方辛迪加"。其中的戴维斯（Edmund Davis）在伦敦名声很不好，人称"他是一个打牌时会欺骗失明祖母的人"。他们三人还成立了"盎格鲁大陆黄金辛迪加有限公司"，把开平煤矿骗到手以后又成立了"开平矿务有限公司"。同一伙人成立的这些公司在伦敦都是相同的注册地址：22 Austin Friars，London EC。

说一千道一万，注册再多的公司也没用啊，得有经济实力才行啊！但他们在英国没有找到钱。

1900 年 10 月 8 日，胡佛带着逼迫张燕谋签字画押的合同文件赶到伦敦向主子表功。墨林一看这个毛头小子办成了这么大的事，急忙和戴维斯一起去布鲁塞尔求见阿尔伯特·蒂斯上校（Albert Thys）。这位蒂斯上校可不是一般的军人，他是比利时国王利奥波德二世的代理人、财务顾问。他知道国王早就想进军中国，一见到胡佛提供的现成的合同，痛快地答应向"开平矿务有限公司"注资，同时也获得"东方辛迪加"多数股权。于是，蒂斯上校成立了以比利时财团为大股东的"东方国际公司"，成了开平矿山的实际上的控股方。

当年 11 月 10 日，得到跨国财团支持的胡佛兴奋地回到中国。

他们一伙秘密地办成了这么大的事，却没有和中国股东们协商，中国股东们做梦也没想到，经过这一番"金融运作"之后，在新的公司里面他们的股权缩水到只占 37.5% 了。

比起财阀来说，墨林只是个"马仔"，而受雇于墨林的胡佛则是"马仔的马仔"了。然而，善于钻营的胡佛借此攀附了欧洲财团，到了"一战"之后，那些欧洲财团帮他荣升"协约国救济署署长"、美国"粮食总署署长""商务部长"，并对他当选

利奥波德二世

总统起到了关键作用，此为后话。

于是，整个事件的幕后，可以清晰地看到一个国王的影子。

比利时国王利奥波德二世（King Leopold II，1835—1909）年轻时以王储身份，于1864年访问过东南亚和中国，从那时候他就激发了和中国通商的理想。转年他继承了王位，在位44年。他是一位大权独揽的强势国王，具有商业头脑，扶植工商业，实行自由贸易政策，使比利时搭上了第二次工业革命的快车，迅速发展成为工业强国。

但他也有恶名声，人称"殖民主义之王""生意人、金融家、奸商"。1876年他以个人名义霸占了非洲刚果大片土地，相当于比利时本土的70倍。为了维护殖民统治，他下令屠杀了大批黑人原住民。直到1909年他去世的前一年，比利时政府才接管了刚果殖民地。

墨林、胡佛、纳森一干人等蜂拥跑去南非捞金，恐怕也是受到利奥波德二世那样的老一代殖民者的影响。

利奥波德二世也很会为人，为了和中国通商多次给予中国人以礼遇。比利时毕竟是个小国，不像其他西方国家对清政府那样蛮横，所以清廷对其印象不错。1883年9月开平煤矿总办唐廷枢率团访问比利时，受到利奥波德国王二世接见，可以说是被破格厚待。唐廷枢努力学习西方技术和企业管理，希望聘

列日钢铁厂

请有经验的专业技术人员到中国管理煤矿与铁路建设。国王获悉中国加速近代工业化步伐的信息非常高兴，安排唐廷枢一行参观了列日的克格列钢铁厂（Cockerill Steel Plant）。唐廷枢回国后向朝廷呈报的奏折引起立志改革的光绪皇帝的兴趣。

中国与比利时的早期交流为日后的合作埋下了伏笔。

1896年李鸿章访问比利时，利奥波德二世盛宴招待。宴会上的一个细节，说明老国王为了敲开古老中国的大门宁可"礼贤下士"。比利时王宫里清规戒律森严，任何人进入王宫都不准吸烟。清政府长期实行闭关锁国政策，外交事业刚刚起步，可能因为李鸿章的随员们事先没告诉他人家王宫是禁烟区，他酒足饭饱之后犯了烟瘾，侍从们立刻递上水烟袋……比利时皇室成员见状面面相觑，礼仪官们更是大惊失色。不料国王陛下不仅没怪罪，还下达了一道帮助客人解除尴尬的绝妙的圣旨：给

李鸿章访问布鲁塞尔盛况（比利时画家绘制的铜版画）

比利时王宫

比利时王宫宴会厅

出席皇家宴会的每一位陪客发一支雪茄烟。王族政要达官显贵们从来没有得到过国王如此的嘉赏，一个个喷云吐雾乐开了怀。李鸿章仍在一旁怡然自得地抽着水烟袋，浑然不觉王宫禁地空前绝后的破例待遇皆拜他所赐。

　　估计是接受了唐廷枢的建议，李鸿章出席了热情的主人在布鲁塞尔安排的活动之后，又不辞劳苦赴列日考察钢铁厂和玻璃工艺公司。小国比利时能够跻身于工业强国之列，给他留下了深刻印象。利奥波德二世放下身段的待客之道让饱受屈辱的中国人非常高兴，两位白胡子老人结下的友情，促成了比利时筹资并参加修筑京汉铁路项目洽谈（当然比利时背后有法国巴黎银行的投资），也为日后比利时揽下天津有轨电车独家经营打下基础。

2010 年至 2016 年，笔者为了研究天津近代史上"洋务运动对天津城市发展的影响"项目，赴欧美沿着当年李鸿章出访的路线采访到许多鲜见史料。在布鲁塞尔大广场的市政厅，我们发现了李鸿章留下的笔迹"李鸿章来游"。一个细节很有意思，这么短的留言还用了两种颜色的笔芯，估计主人准备的都是"硬笔"，而李大人自幼使惯了毛笔，乍一握上硬笔不小心碰断了笔芯（估计是铅笔），又换了另一支笔写完后面几个字，那可真是力透纸背呀！李鸿章的书法很好，但出访时总不能由随员们捧着文房四宝现场研墨去给老外们签名留言吧！这几个字完全显不出李大人的墨宝水平了。小小失误，尽显中西文化交流之初的艰难。

1900 年义和团运动以后，八国联军进犯京津，利奥波德二世也想派一支远征军到中国参战，但因 1839 年的《伦敦条约》要求比利时

建于17世纪的布鲁塞尔市政厅

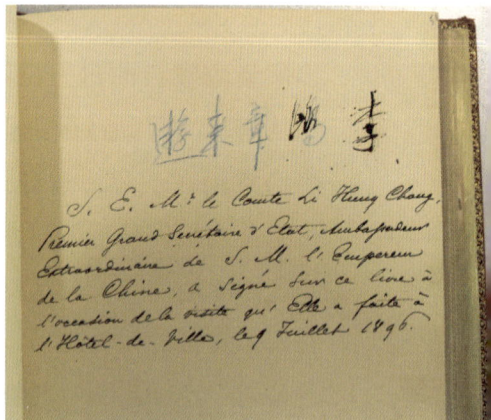

李鸿章留下的笔迹"李鸿章来游"

严守中立原则，不能派兵驻扎中国。于是，比利时支付了 4.5 万两白银，获得了天津 44 公顷租界，并成立了华比银行、设了领事馆。此事即为老天津"八国联军九国租界"的由来。

　　老国王总想开疆扩土，但比利时商人们对在天津比租界开发房地产不感兴趣，而是注册了比利时天津电车电灯公司，独揽了全城的电车轨道交通和部分照明设施，赚的钱那就海了去啦！ 1929 年 8 月，比利时又是唯一一个自动向中国交还其租界的国家，而它经营的线路密集的电车照样跑，深入到每条街道、胡同住户门前的灯泡照样亮。笔者于 2017 年和比利时布鲁塞尔自由大学共同举办了《中国与比利时 120 年共享的历史》姊

天津比商有轨电车

妹展。比利时驻华大使马怀宇（Michel Malherbe）到天津出席同名中文展览时，从火车站电梯里上来一位衣衫寒酸的老大爷。大使先生问他知道比利时吗？他大声答道："当然知道，比国电车呀！"

小小的比利时至今仍在天津人的记忆中，大使先生非常高兴。

本文津津乐道中比往事，是觉得有时历史的巧合很好笑——1904 年比利时人在天津成立电车电灯公司时，胡佛正忙着伙同纳森等人从直隶省往南非贩运华工！来自欧洲满载电车电灯设备器材的轮船在大沽口上岸的同时，几艘开往南非贩运华工的轮船正从大沽口离岸！

好笑的是胡佛、墨林一伙把"开平骗案"做到八九不离十时，白胡子老国王派出的财团代表才登场，最终人家拿到了 3/5 的利益。比利时在天津既占了一块租界，也赚了大钱，而天津人却不像憎恨八国联军那样仇视他们。相比之下，还是人家欧洲老贵族智商高，不像来自荒蛮"新大陆"的暴发户胡佛吃相那么难看！

两个胡佛

No.2

胡佛总统不得不时时澄清一件事：同一时期的美国政界有两个胡佛，他俩很容易被人混淆。另一位胡佛是联邦调查局（FBI）局长约翰·埃德加·胡佛（John Edgar Hoover，1895—1972），为了让中国读者容易分辨，笔者在下面叙述中就直呼其名埃德加了。

在胡佛总统的通信档案中有许多他与埃德加的联络。他俩常为双方的被混淆

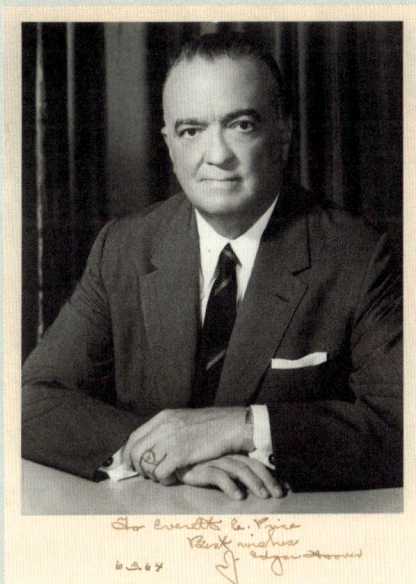

约翰·埃德加·胡佛签名照片

童年约翰·埃德加·胡佛

开玩笑。据记载有个年轻的女学生给"赫伯特·胡佛先生"写信："请您给我提供一些关于'犯罪'主题的资料，我需要完成高级历史课作业。"胡佛总统把信转给埃德加打趣他："你当然能够回答这个询问，给小姐准备一篇作文的素材，用不了两个月！"

还有一位芝加哥绅士要求联邦调查局调查南州街一处地下室的奇怪活动，却把举报信投递给了总统。胡佛把信转给埃德加时附言逗趣："这封信一定是给你的，我不从事搜查地下室的业务！"

这类寄错信件的笑话还算小事，若在涉及国家安全问题上张冠李戴那就麻烦了。看来英语中"胡佛"用于姓氏并不多见，如果这是像中国"张王李赵遍地刘"一样的大姓，美国公众就不会对两个胡佛同期从政大惊小怪了。还有很多人认为他们是亲属，其实他们毫无血缘关系，直到1920年以后才在华盛顿相识。FBI方面对"裙带关系"之传言十分头疼，因为联邦调查局始终宣称自身是无党派独立办案的机构。

殊不知，两个胡佛虽然不是亲属，却有着比裙带关系更加牢固的交情，那就是利益相关的政治联盟。

胡佛总统对埃德加有举荐之恩，这一重要渊源被后世许多研究者所忽略。胡佛当年担任商务部长时美国要成立联邦调查

时任商务部长的赫伯特·胡佛　　　　　　　　司法部长斯通

局，司法部长斯通（Harlan Fiske Stone）就人选问题向胡佛咨询。胡佛的助手拉里·里奇（Larry Richey）曾经在执法部门任职，知道有个能人埃德加，便向胡佛介绍了埃德加。正好胡佛与埃德加在华盛顿有过几面之缘，就向斯通部长举荐了埃德加。日后好莱坞著名导演伊斯特伍德在其影片中拍摄了司法部长斯通起用年轻的埃德加担任 FBI 局长的过程，却不知道幕后的胡佛背景。著名导演都未能挖到这一重要情节，说明很少有人知道两个胡佛最早的秘密关系。

胡佛善于投机和扩充有用人脉的天赋，在举荐 FBI 局长一事上发挥得淋漓尽致，后来的事情证明他的"感情投资"赌到了一支"潜力股"。当时埃德加只有 29 岁，胡佛已经 50 岁了，历任美国救济委员会主席、粮食总署署长、两届商务部部长，久经政界血雨腥风的老油条深知即将成立的联邦调查局意味着什么。

美国联邦调查局（FBI）外景及徽章

联邦调查局是美国最重要的情报机构之一，被法律赋予的公开职责有"反颠覆、反间谍、反情报活动、反毒品及有组织犯罪、反暴力犯罪、调查白领阶层犯罪"等等，在影响社会的各方面享有最高优先调查权。这还只是合法层面上的冠冕堂皇之说，实际上FBI的"最高优先调查权"早已泛滥成灾，在美国乃至世界不断扩张势力，大到渗入别国政治颠覆人家的政权，小到窥探每个公民的隐私。

当初胡佛积极向司法部长推荐FBI局长人选，当然知道这个职位的重要性，自有他罗织党羽、经营政治圈子的长远打算。但是，连他自己也未料到，埃德加竟能从首任局长当起，稳坐局长宝座一直到1972年死在任上，把持"最高优先调查权"只差两三年就长达半个世纪啦！历经民主、共和两党多次更迭执政仍是屹立不倒的"铁帽子王"，控制了八任总统及众多达官贵人，成了美国朝野、各国政要及普通人的噩梦！

这是怎么一回事呢？为什么那八任总统都不敢拿掉埃德加呢？

直到埃德加死后三十年，才有一位传记作家理查德·哈克（Richard Hack）敢于为这个号称"地下总统"的魔王作传，出版了《傀儡王：约翰·埃德加·胡佛的秘密一生》（*The Secret Life of J.Edgar Hoover*）。事先他花了近 20 年时间走访了众多知情人，查阅了上千份档案史料，书中揭露埃德加死后有人在他的绝密档案中发现了 883 名参议员、722 名众议员的隐私材料，各届政要大员的丑闻应有尽有，甚至杜鲁门、艾森豪威尔、肯尼迪、约翰逊、尼克松的"短板""把柄"也被尽收囊中。美国政治体制中的两党竞选历史，充满了政敌之间的相互攻击、互揭"黑底"；新闻记者及狗仔队为了赚钱不择手段猎奇爆料……以上种种，都为 FBI 提供了绝好机会。

理查德·哈克

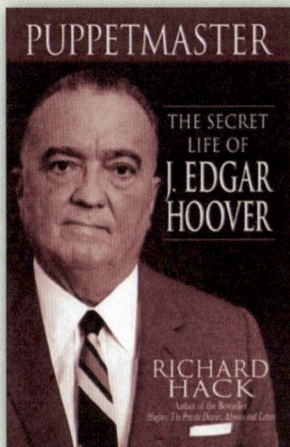

《傀儡王：约翰·埃德加·胡佛的秘密一生》封面

按理说 FBI 收集的情报应该保存在其秘库里，但埃德加把最紧要的核心密档都私藏在他自己手中。除了政治、经济、军事秘密之外，他本人对收集性丑闻别有兴趣，例如他藏有玛丽莲·梦露的裸照，足以威胁肯尼迪；他甚至私藏了早已故去的罗斯福总统夫人埃莉诺的裸照，不知是以备恐吓其后代，还是仅仅出于他因其性取向而产生的变态心理。

埃德加的聪明之处在于他永远都不会把自己私藏的秘密对任何人透露一字。哈克在书中写道："埃德加·胡佛知道怎样保守秘密。这是他成功的真正原因。他不仅知道这些秘密，而且没有人知道他知道哪些秘密。""没有一位总统敢解雇他，因为没有一位总统知道他究竟知道些什么。这对总统来说是最大的恐吓。"

1972 年 5 月 2 日早上，埃德加死于华盛顿家中卧室，终年 77 岁。尼克松总统在当天日记上写下了耐人寻味的一段话："他在一个合适的时候死了：幸运的是，他是在位的时候死的；如果他在之前被迫下台抑或主动辞职，他都很可能被人杀死。"

此话足以证明美国很多人对埃德加的惧怕与仇恨。

然而，赫伯特·胡佛总统很幸运。他在竞选总统的四年前促成了埃德加担任 FBI 局长，两人保持了终生良好关系。到了 1928 年大选时，埃德加经营联邦调查局羽翼已丰，在幕后帮他竞选，起到了别人无法替代的作用。他在四年总统任期内和卸任后应对社会上的负面评价，也多亏了有埃德加从旁帮衬，尤其在骗取中国开平煤矿和向南非贩卖华工等关键污点方面，埃德加更是以雷霆手段替他洗白……

三个纳森

No.3

穷小子胡佛在天津爬上他人生的"天梯"时，还找到了一步台阶——结识了纳森家族重要成员。

犹太裔纳森家族是英国的望族，子孙众多遍布世界各地。其男性大都身居要职，当然他们娶妻也多为门当户对；其女性则嫁给权贵或富豪。男婚女嫁形成了政治联姻或经济联姻，几代人传下来，如滚雪球一般扩张为盘根错节的裙带关系利益集团。

第一代老纳森名叫约拿（Jonah Nathan），生于1815年之前，1840年在伦敦与原配妻子结婚，1844年生下一个男孩。这位长子纳撒尼尔·纳森爵士（Sir Nathaniel Nathan），曾任英国殖民地特立尼达和多巴哥的大法官。纳森家族还有好几个后人封爵，其获得爵位的途径无非两条：被英国国王封赏或通过联姻娶了贵族女子。

老纳森于1860年娶了继室夫人，又生育了8个孩子，其中六男二女。他们中的老大也就是"大排行"二少爷的弗雷德里克·刘易斯·纳森上校爵士（Colonel Sir Fredrick Lewis Nathan，1861—1933）是一名化学工程师，从皇家军事学院毕业后于1879年加入英国皇家炮兵部队。1909年升任皇家火药厂厂长。1909年，他从军队退役后担任著名的诺贝尔炸药公司（即"诺贝尔奖"创始人阿尔弗雷德·诺贝尔创办的公司）的总经理一职。

弗雷德里克·刘易斯·纳森

"一战"期间，他设计并建造了皇家海军柯蒂特兵工厂，在英国的军火供应中发挥了重要作用，后来他负责提供制造炸药的原料，分别控制了英国的甘油和酒精供应以及相关的肥皂和酿酒贸易。他于1906年被封为骑士，获得欧洲多国颁发的勋章。

爱德华·纳森

这位大名鼎鼎的上校爵士还没有算在和天津有关的"三个纳森"之一，但他于政治、军事、财富诸方面的地位使其家族声名显赫、举足轻重。而且，他的儿子第三代爱德华·纳森（Edward Jonah Nathan），后来接替其叔父沃尔特的职位，长期担任中国开平煤矿总经理，也不能说和家庭背景没有关系。

英国墨林公司和比利时财团夺取了中国开平矿山之后，于1903年底派来的总经理沃尔特·纳森（Walter Simeon Nathan，

1867—1940），是老纳森第六个儿子。沃尔特来华前曾任英国皇家工程兵部队少校，多次参与英军与印度、南非的战争，1900—1902 年任南非铁路局局长助理、副局长。

　　知道了纳森家族的跨国势力，特别是他们和比利时国王利奥波德二世及其财团的关系，我们就明白了为何胡佛卖了那么大力气把开平矿山骗到手，自己却当不上总经理了。他只是个美国穷学生暴发户，就连其老板墨林也不过是欧洲财团的代理人罢了。再说，当年的大英帝国还处于"日不落"巅峰时期，尚未把荒蛮之地美国看在眼里。

马修·纳森

　　老纳森的第三个儿子马修·纳森中校爵士（Lieutenant Colonel Sir Matthew Nathan，1862—1939），先后担任塞拉利昂、黄金海岸、中国香港、纳塔尔和昆士兰的总督。以他的名字命名的地方有：香港九龙半岛的主要商业动脉弥敦道（弥敦即纳森的粤语旧译）；澳大利亚布里斯班（昆士兰州首府）的纳森路和纳森高地，堪培拉郊区迪肯的纳森街；南非彼得马里茨堡的马里茨堡学院的学生寄宿公寓纳森楼。

　　胡佛在中国逗留的那段时间，正巧赶上马修·纳森在香港履职。胡佛得以攀上大英帝国香港总督，这一人脉也算顶了天儿啦！

开平、滦州两公司联合后总经理爱德华·纳森（红色箭头处）与开滦矿务局部分高级职员合影

别忘了另一条重要线索——沃尔特·纳森卸任开平煤矿总经理一职后，由他的侄子、二哥弗雷德里克·纳森之子爱德华·纳森长期稳坐总经理宝座，这一干就是三十年！

请注意，三个纳森中有两位曾是非洲的殖民者——沃尔特曾任南非铁路局副局长，马修曾任非洲塞拉利昂、黄金海岸的总督，这就为日后胡佛伙同他们从中国直隶省向南非贩卖华工埋下了伏笔。

胡佛命中似乎总有贵人相助，是个幸运儿。若不是斯坦福夫妇以慈善之心创办斯坦福大学招收第一批学生，他这个贫苦孤儿就没有不用考试也不用交学费的机会；他毕业后求职无果只好在贾宁公司当一名日薪仅1美元的打字员，后来贾宁推荐他受雇于英国矿业公司墨林老板；墨林垂涎中国天津的开平矿务局，恰逢德璀琳受张翼之托找墨林帮忙物色矿业工程师，墨林推荐了胡佛；胡佛到了天津，通过德璀琳打入了租界的西方上流社会圈子。

那么，胡佛又是怎么和沃尔特·纳森成为朋友了呢？这还得从南非说起。1899年南非爆发了英国与荷兰移民争夺殖民地的"第二次布尔战争"，当时沃尔特担任英国殖民军的陆军少校，恰逢胡佛在南非金矿工作，二人一见如故。所以，虽然胡佛于1902年离华，而沃尔特转年才抵达天津担任开平煤矿总经理，他俩却已经是老交情了。

沃尔特来津后成了德璀琳的四女婿，胡佛则混迹于伦敦，而英国是纳森家族的大本营，胡佛又通过沃尔特结识了更多的纳森家族重要成员。

纳森故居，位于天津睦南道70号

五个德璀琳小姐

....

No.4

本书屡屡提到古斯塔夫·德璀琳，却未及详细介绍他。他是德国北威州人，一生绝大部分时间在中国度过，长期兼任李鸿章的幕僚、外交顾问，以及天津海关税务司（即关长）、天津英租界工部局（即市政厅）董事长等要职。

由于史料匮乏，天津近代历史研究中的一些涉外课题容易受到坊间传说的误导，后世又以前辈文章为依据，误信以讹传讹的"史料"为正统。例如，报刊文章说胡佛会说中国话，还在天津生育两个子女，实则子虚乌有。

关于德璀琳的讹传更多了。其一说他是德国贵族，硬是给他的姓名中加了一个"冯"字（Von）。其二说他放弃了德国国籍加入了英国国籍，为此还杜撰了一个称谓"英籍德人德璀琳"，理由仅仅出于一种推理——他是英租界工部局董事长，英国人不可能让德国人担任。殊不知董事长往往多为大股东的别称，海关关长乃资助租界各种活动的金主，再说英国人图的是他和李鸿章的亲密关系，上赶着请他出任工部局董事长呢！

笔者为了考证求实，曾亲赴德璀琳在德国的故居，并到威斯巴登市（Wiesbaden）的民政档案馆查阅了他母亲的死亡登记书，她的姓名全称中并没有标志贵族的"冯"（Von）字。至今德国女人出嫁后都要从夫姓，如果德璀琳的父亲姓氏中有"Von"字，他母亲的姓名中是绝不会少了这一身份象征的。她曾是老贵族汉纳根家的家庭女教师，所以当李鸿章委托德璀琳物色一位德国军事顾问时，德璀琳才推荐了老汉纳根将军的儿子康斯坦丁·冯·汉纳根来华，后来汉纳根成为德璀琳的大女婿。

另外，笔者走访了现居于德国、美国的两支德璀琳后裔，他们都说德璀琳不是贵族，也没有加入英国国籍。我们甚至请一位德国贵族后裔查了一本标记全德国贵族支脉的书，确实没有"德璀琳"这个姓氏。对于胡佛夫妇会不会说中国话，他们的儿女出生于哪里，我们也都做了核查。看上去上述种种都是小事，但是我们想证实的是历史，不是影视剧，容不得推理演义。

德璀琳于1842年生于德国尤利希（Jülich），其父是一位职业公证人，其母是瑞典人。德璀琳8岁时父亲就去世了，生活

古斯塔夫·德璀琳

艰难，母亲带着他和弟弟回到外祖父家亚琛市。他在亚琛市读书到高中，未等毕业他就去了比利时布鲁塞尔打工，在一家丝绸店当店员，兼任《比利时星报》记者。他结识了一位来自中国的英国人，那人推荐他到中国海关工作，他于1865年23岁时远赴东方谋生，这一待就是一辈子。

来华后，他先后任宁波、镇江、淡水、广州、烟台等地海关的税务官，一步步晋升。仅用了7年时间，他就在第二次赴台湾淡水海关任职期间荣任海关税务司（即关长）职位，那一年正好是他的三十而立之年。1876年在《中英芝罘条约》谈判中，他有幸担任中方翻译，表现不俗，受到李鸿章的赏识，于次年力荐他升任天津海关税务司，从此平步青云，在天津生活了22年。

他取得事业成功在很大程度上和他刻苦学习中文有关系。他本来就是个语言天才，除了德语和汉语之外，他还懂英、法、古拉丁等多种语言文字。来华后他努力融入中国社会，刻苦学习汉语，汉字书法也颇见功力。据他的德国重（外）孙朗格

台湾淡水海关税务司官邸（今称小白宫），建于1870年德璀琳任期内

（Lange）先生说，德璀琳认识三万个中国字。天津有史料则记载："德璀琳认识一万个中国字，能够读懂《康熙字典》。"不论他认识三万个还是一万个中国字，都是不容易达到的水平。他头脑灵活，巧言善辩又态度温和，使他成为在谈判桌上既能代表大清国又能兼顾西方利益的高手，在许多国际纷争中扮演了斡旋人的重要角色。当然他在本质上也是为了捞金来东方的冒险家，为了赚钱参与了"开平矿案"不光彩骗局，但在伦敦诉讼中他又作为大清国的证人提供了有力的证词。

他在天津赚了大钱，建造了一座德国古堡式别墅，命名"尼伯龙别墅"（Niebelheim），在日尔曼神话传说中为众神集会的地方。他家经常举办小型音乐会，京津中外达官显贵频频造访，乃天津租界著名的社交场所。

德璀琳太太是奥地利维也纳大银行家的小姐，热爱音乐，善于交际，她家和欧洲最大的财阀罗斯柴尔德家族（Rothschild Family）也有亲属关系，为德璀琳的事业发展提供了经济保证。

德璀琳夫妇生育了五个女儿，为此在天津留下了一桩笑谈。大女儿出生在宁波，曾有许多中国人前去道喜；之后四个女儿都出生于天津，每一个小姐出生时都有许多洋人来道喜，前来祝贺的中国人却越来越少了。当他们听说"德大人"第五个孩子仍然是个丫头时，人家当爹妈的还满心欢喜呢，他们倒

德璀琳夫人

觉得尴尬了——是去祝贺还是不去呢……有人干脆表达了同情：
"德大人真够可怜的，一连生了五个闺女，没有一个儿子。照这
样生，怕是要绝户。"

别看德璀琳自认为了解中国文化，他对中国封建伦理传统
观念仍然理解不深。在西方人的观念中男孩女孩都有继承权，
在他们的语汇中，"爷爷"和"姥爷"是一个称谓；"叔叔"和"舅
舅"，"姑妈"和"姨妈"，"孙子"和"外孙"，"孙女"和"外
孙女"也都称谓相同。

五个美丽富有的德璀琳小姐，为德璀琳家族壮大了势力声
威，当时在华的西方上层人士都恨不得和他家联姻。

大小姐埃尔萨（Elsa）嫁给了李鸿章的军事顾问汉纳根，
使得他们与李鸿章的关系更为紧密了。而且汉纳根是德国贵族，

埃尔萨

康斯坦丁·冯·汉纳根

汉纳根一家

天津德国俱乐部上演歌剧《图兰朵》

起底于平民阶层的德璀琳家族中的一个成员的姓名终于加上了"冯"（Von）字了。埃尔萨受母亲影响热爱音乐，曾回维也纳接受正规的声乐教育，是一位出色的女高音歌手。德璀琳府经常举办音乐 Party，她永远是女主角。她也受邀去北京演出，当时的海关总税务司、英国人赫德在日记中都称赞"汉纳根太太的女高音优美洪亮"。20 世纪 20 年代天津德国俱乐部（康克迪亚俱乐部）上演歌剧《图兰朵》，由埃尔萨饰演中国公主。那是歌剧《图兰朵》在中国最早的演出。汉纳根于 1925 年在天津去世后，埃尔萨扶柩携子女回到德国。历史老人眷顾我们，让我们找到了她的外孙朗格。朗格先生引我们去拜访了汉纳根夫妇故居和家族墓地。夜里我们就住在埃尔萨两个女儿的卧室里，墙上挂着她们的照片和描绘老天津的画作，那种身临其境的感觉太奇妙了！

二小姐朵拉（Dora）嫁给了英国驻华使馆外交武官亨利·克里夫兰中校（Henry Francis Cleveland），随夫赴印度履职染上肺结核去世。

三小姐露西（Lucy）头婚嫁给意大利贵族、意大利驻天津领事馆外交武官丹缇（Salvatore di Denti，后升为意大利海军舰队司令），夫妻定居意大利后因感情不和离婚。露西回到天津改嫁美国人哈瑞·拉克（Harry Lucker）。他不仅是一位著名律师，也是成功的商人，在天津创办了美丰洋行，兼任美国福特汽车公司中国北部总代理，是个大富豪。可惜，露西于 1917 年死于难产。

四小姐埃维琳（Eveline）嫁给英籍犹太人沃尔特·纳森，

从左至右：埃维琳、沃尔特·纳森、埃尔萨、汉纳根

萨丽·玛瑞莎

即是德璀琳家族与纳森家族实现联姻的主要角色了。埃维琳不仅生得娇小苗条美丽动人，还特别聪明，语言幽默，有表演天赋。纳森夫妇在天津生育了两个女儿，其中大女儿帕特丽西亚（Patricia Detring Nathan）继承了母亲的美貌和表演天赋，长大以后成为美国好莱坞电影明星，艺名萨丽·玛瑞莎（Sari Maritza），取自两部流行轻歌剧《萨丽》《玛瑞莎伯爵夫人》。在电影《城市之光》伦敦首映式上，她有机会与著名电影大师卓别林共舞一曲探戈，卓别林称赞她是"新的名门之女"，引起英美演艺界注目。和胡佛相同，萨丽·玛瑞莎的宣传策略也是渲染她"神秘的中国背景"，公关团队在报刊上说她是在"天津最显赫的外国家族的雉堞城堡中长大的"。

2000年大小姐与汉纳根的后人郎格送给笔者上百张清晰度很高的老照片，其中的天津德璀琳府确实有齿墙。

五小姐吉赛拉（Gisela）于1914年嫁给英国驻津领事馆的军官约翰·科克帕特里克（John

吉赛拉

天津德璀琳府

德璀琳的小女儿在天津举行婚礼

1904年为庆祝德璀琳夫妇30周年结婚纪念，摄于德璀琳府邸。前排左至右四女埃维林、次女朵拉、幼女吉塞拉、德璀琳夫人、长女埃尔萨；后排左至右三女婿德·丹缇、次女婿克里夫兰、德璀琳、三女露西、侄子鲍尔、大女婿汉纳根

Kirkpatrick），生育二子。因约翰酗酒，他俩于1927年离婚。德璀琳早已于1913年去世，汉纳根也于1925年去世，大小姐携母亲、子女返回德国，天津已无可恋。吉赛拉带着小儿子和三姐露西的儿子，改嫁驻津美军第15步兵团军官约翰·伊森

（John D. Eason）后远赴美国，夫妇又生一子。

2006 年笔者在美国南卡罗来纳州拜访了吉赛拉的孙子布鲁斯·伊森（Bruce Eason），并在他家留宿。伊森从来没想过自己会和遥远的中国扯上关系，直到收到祖母去世后分给他的遗产——竟然是慈禧太后赏给德璀琳的玉碗和翡翠杯。他给自己起了中文名字德依信，携妻回到天津寻根，德璀琳曾为大股东的利顺德大饭店热情招待他们。恰逢我们创办的近代天津博物馆接待德璀琳的德国后裔：大小姐的两个外孙一个外孙女及其配偶。五小姐的孙子孙媳赶来和他们见面，两支远隔大洋的亲戚竟然由于我们的采访活动相遇了，历史的巧合太奇妙了！

布鲁斯·伊森

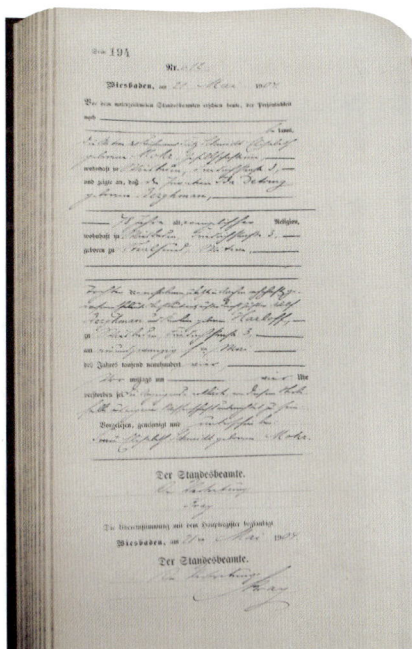

1904年5月21日，德璀琳母亲78岁死亡证明

慈禧太后赐给德璀琳夫人的玉碗

汉纳根后裔在天津利顺德饭店留影，巨幅油画描绘了慈禧太后接见其曾外祖父德璀琳的场景

汉纳根后裔和德依信夫妇在天津利顺德饭店留影

本书作者航鹰在近代天津博物馆接待汉纳根后裔

德依信夫妇访问天津时与本书作者航鹰、刘悦合影

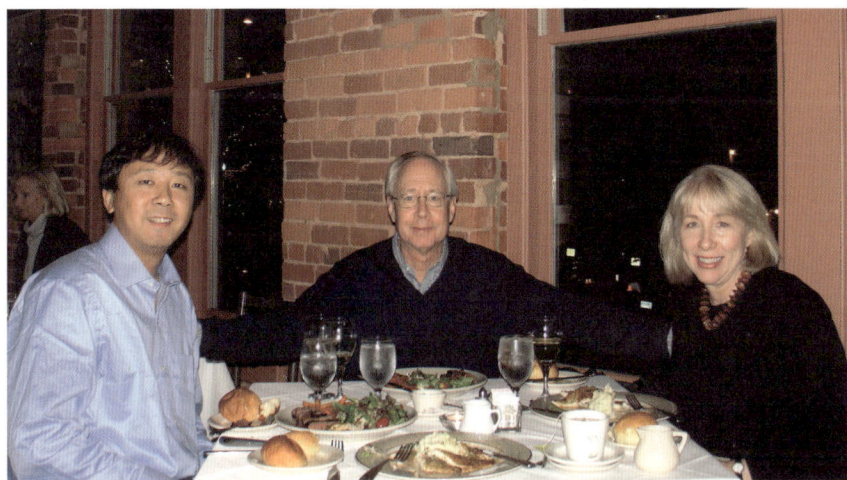

本书作者刘悦在美国访问德依信夫妇

抹不去的污点

No.5

　　1928 年美国大选期间，胡佛的竞选对手提出了他的两项历史污点：其一，1900 年在中国"开平矿案"中以欺诈手段捞钱；其二，1904 年参与了由中国大沽口向南非贩运华工并在人口交易中捞钱。

　　这两项指控如果其中任何一项能够成立，胡佛都当选不成美国总统了。如果他承认了哪怕是一点点，美国公众肯定不会原谅他。前者，美国是法治国家，对法律案件中的当事人表现十分重视，尊重诚实，鄙视说谎欺诈行为。后者，由于美国贩卖黑奴的历史，谁胆敢涉足人口交易都要遭到全民唾骂。

　　胡佛对于两项指控矢口否认。

　　胡佛当然知道自己这些重大污点见不得人，一旦暴露他的政治前程就完蛋了。从他担任商务部长那时起，政界和新闻界关于他的争论就没断过，恐怕这也是他有意与 FBI 埃德加交好的潜在原因。

他深受幼年时约翰舅舅在塞勒姆以虚假广告做地产生意的影响。舅舅在上千份报纸上发起大规模宣传活动，不明真相的人们还真就踊跃购买了荒蛮之地。从此他懂得了宣传的重要性，经常发表文章，组织人员撰写、出版书籍，针对那些不利于他的舆论发起了一次又一次的"驳斥运动"。胡佛不仅利用舆论工具把自己塑造成一个"美国英雄"，还动用各种手段消灭不利证据。

笔者查阅到哈佛大学杰西卡·考尔松的硕士论文《赫伯特·胡佛对他 1899—1912 年中国采矿生涯的道歉——梳理驳斥运动》(*Herbert Hoover's Apologia of His Chinese Mining Career 1899-1912 -- Untangling the Refutation Campaign*)

这部优秀的长篇论文披露了大量先前不为人知的内幕，其中不乏精彩的论述：

> 即使在 1928 年胡佛成功赢得总统职位后，对他的中国采矿事业的攻击也并未减弱。相反，攻击愈演愈烈，在1930 年至 1933 年期间达到顶峰。当时出版了多本传记形式的书籍，记录了胡佛的私人职业生涯，并更加关注他的中国采矿生涯。胡佛和他的忠实拥护者继续进行"驳斥运动"，将所有这些书都标记为诽谤书。这是一个不公平的标签，例如，沃尔特·利格特（Walter Liggett）在其著作《赫伯特·胡佛的崛起》(*The Rise of Herbert Hoover*) 中对胡佛在中国时期的描述，经过了深入研究，几乎与考尔松（本文作者）后来在哈佛大学所写的长篇论文相同。

沃尔特·利格特

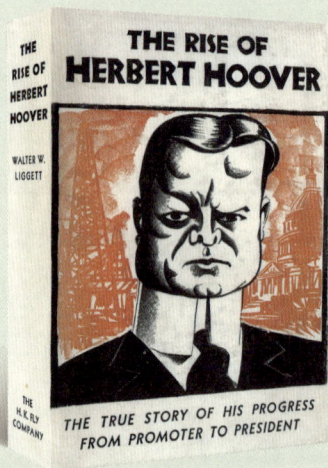

《赫伯特·胡佛的崛起》封面

　　然而，利格特和其他作者在（胡佛的）"驳斥运动"中被指控诽谤。还有两位"诽谤书"作者哈米尔和奥布莱恩被诬陷为"道德低下"。

　　……在年轻的埃德加·胡佛（联邦调查局局长）的帮助下，胡佛和他的忠实拥护者获取了联邦调查局有关作者的记录。……（他们还）派人闯入奥布莱恩的办公室，据说胡佛想知道奥布莱恩有什么材料。

　　两个胡佛不仅销毁或藏匿罪证，还利用职权打击压制不同声音。考尔松的论文中有一节小标题为《盖伊·沃克为美国和中国人民发声》，文中写道：

　　1920年，一位成功的纽约律师盖伊·沃克（Guy M.

盖伊·沃克

Walker，1870—1945），曾在中国北京与父母（卫理公会传教士）一起度过了十年……他的观点是胡佛在中国的采矿生涯需要进一步澄清，要求进行彻底调查。爆料人是两位分别在美国接受教育的中国绅士王厚荣博士和陈伟平博士……王博士是一位成功的商人，曾在开滦矿务局（1912年开平、滦州两煤矿合并，更名"开滦煤矿"至今）工作，负责管理和销售开平煤矿的煤炭……陈博士是上海《中华基督教会》的编辑，也是沃克的玩伴，两人一起在北京长大。

陈和王反对胡佛竞选总统。他们提醒沃克注意胡佛的诚信。沃克（从陈、王那里）得知胡佛在1900年受雇于中国矿务局，在将富有的开平矿山所有权转让给英国时，破坏了大清国政府对他的信任。

沃克先生鼓励两位绅士写了揭发信，他为此写信给在《世界工作杂志》（*World's Work*）当编辑的朋友佩奇（Walter Hines Page）。不料佩奇倒向胡佛，把沃克的信转给了胡佛。胡佛"指示佩奇用最简单的方式解决沃克，即告诉沃克先生，他被爆料人误导了"。沃克拒绝与其为伍。胡佛亲自干预此事，他的秘书向特雷恩（其雇用的律师）发出指示：

胡佛先生希望你能找到沃克这个人，并以任何你认为合

约翰·埃德加·胡佛（左）和赫伯特·胡佛（右）

适的方式将他逼入绝境。如果你能确定他从他的中国朋友那里得到的确切陈述，那可能会有帮助，但无论如何，胡佛先生允许你明智地采用任何合适且具有侵略性的方式来对付他。

胡佛在埃德加的帮助下隐匿了"开平矿案"伦敦诉讼的原始法律档案。他于1920年花重金聘请纽约律师亚瑟·特雷恩（Arthur Train）重新"审查"伦敦法院的中国"开平矿案"诉讼。特雷恩给伦敦律师贝里奇（T.H.L. Berridge）发电报，要求购买"开平矿案"诉讼的全部记录，并且附写了一句话："不惜一切代价。"

那位伦敦律师当然看懂了那句重要附言的含义：买主愿意支付重金。他经过一番努力，"借"得了全部审判记录，四个月以后寄给了特雷恩。他要求美国同行"审查"完毕将诉讼记录退还给他。

那年头儿人类尚未发明复印机，开庭半个多月的审判记录在英国只有那一份孤本了。

最终诉讼记录到了埃德加手里，"情报魔王"还会将其退还英国吗？不知埃德加使用了什么手段对付英国方面，后来英国竟不再索还了。

既然是诉讼双方，诉讼记录一定还有一份存在中国开平矿山。对这一点胡佛倒很放心，一则他的政敌无力伸手到中国；二则开平矿山公司的两任总经理是沃尔特·纳森和爱德华·纳森，叔侄二人都是胡佛的朋友，他们掌控下的公司英文档案不会流失。果然，伦敦"开平矿案"诉讼档案犹如石沉大海，再也没了踪影。

当时的质疑者提供不出有力证据，只好作罢，那两件事也就被当成选战中对手相互攻击的口水仗了。胡佛在任和卸任后的日子里，时不时还会有人提及那两桩旧案，但埃德加利用联邦调查局职权追踪并销毁了一切可能涉及胡佛历史污点的蛛丝马迹。对于美国人来说中国和南非都太遥远了，随着时间的推移那两桩沉案也就无人提及了。

英文中"胡佛"这个词另含"吸尘器"之意。赫伯特身为总统，埃德加身为 FBI 局长，两台"吸尘器"串通勾结，都把对方的尘污吸到自己肚子里藏匿起来，瞒过了世人近百年。

如此狡黠精明的两个胡佛都没料到，到了 20 世纪中叶红色中国诞生了，开滦煤矿变成了"大国企"。如今，一百多年以前英国伦敦高等法院审理中国"开平矿案"的全部英文档案，公开陈列在"开滦博物馆"的玻璃展柜里，真相大白于天下！其英文原稿也早已译成中文，并出版了《开滦煤矿矿权史料》一书。当年胡佛在法庭上作为被告方证人，被控方律师追问的种种窘态，以及他不得不承认合同诈骗、恐吓张翼等事实，劣迹斑斑，铁证如山，永远被钉在了历史的耻辱柱上，任谁也抹不掉了！

贩卖华工无异于贩卖奴隶

No.6

胡佛的另一块心病，是美国舆论质疑他曾向南非贩卖华工的声音始终没有平息。对于那桩陈年公案，他仍然把自己撇得一干二净。

那么，事情的本来面目究竟是怎样的呢？

如果说胡佛是向南非贩卖华工的始作俑者、鼓吹者、实施者，一点都没冤枉他。

早在1899年5月，他赴华不久就欣喜若狂地给他的哥哥西奥多（Theodore Hoover）写信说他发现中国矿工"温顺易于掌控"：

> 告诉斯塔尔，当我们开始时（指的是进军中国），我们将在这里打破成本记录——因为劳动力每天只有10美分，而且比德兰士瓦黑鬼劳力强。

1902 年胡佛帮助墨林一伙骗占开平矿山之后，撰写了一篇介绍开平煤矿的文章，引起了西方国家采矿业的重视。谈到矿井下采煤巷道的成本时他发表了一个血腥的观点：

> 节省木材而漠视生命是经济的开采方式，而每个遇难者的受害亲属通常只需支付 30 美元的补偿。

这可真是赤裸裸的资本主义残酷剥削了！他给矿山主们支招，从本质上讲，与其提供一个安全的工作环境，比如购买木材来加固隧道，不如为一名中国劳工的死亡作赔偿在经济上更为划算。

1902 年 6 月，伦敦矿冶研究所（IMM）宣读了胡佛的文章，据他预测，在英国公司管理下，开平煤矿在两年内"将证明世界上最廉价劳动力的经济价值"。他还给伦敦矿业人员讲课说："对于粗糙的劳动，例如地表挖掘，华工是无与伦比的，但随着我们技术水平的提高，他们会越来越落后……"

胡佛向南非"推销华工"的背景是"第二次布尔战争"，1899—1902 年英国与南非的荷兰移民为了争夺殖民地打了三年仗，又称南非战争，其中涉及金矿资源。最终英国夺得了兰德（Rand）金矿，但战火早已造成金矿停产，急缺劳动力复工。西方列强殖民扩张年代，在工业机械化尚未发达的殖民地，劳动力是一种需求量很大的商品。这也是人口贩子曾向美国贩卖黑奴的缘由。

英国政府为了尽快攫取南非黄金，催促殖民官员加紧解决劳工紧缺的问题。

　　胡佛和开平煤矿新任总经理沃尔特·纳森、英国驻香港总督马修·纳森联系紧密，他们为向南非贩卖华工做了周密的准备，诸如为申请清政府许可打通关节，以及招募细节、劳工合同、海运船只……只要南非那边一有好消息，贩运华工的轮船即可启航。

　　他们的计划曾一度受阻。美国于 1882 年推行《排华法案》，英国殖民地为了保护白人劳工权利竞相仿效类似法案。南非议会出现严重分歧，一派势力强烈反对中国劳工提案。南非的劳动力问题很复杂，首先是种族偏见。白人劳工排斥黑人，要求白人就业优先。矿山主们则既不愿意雇用黑人，也不愿意雇用白人。黑人工资很低，但矿山主们认为黑人劳动效率低下，很难管理；而白人不仅工资很高，其工会还主张各种劳工权利及福利待遇，将会提高成本。更为要命的是南非种族冲突日益严重，打工阶层中不乏白人种族主义者，他们排斥黑人就业，担心黑人薄薪会导致他们的工资降低。白人工会头目在议会中有靠山，议会决策时两种势力各执一词互不相让。1904 年春，英国政府批准在南非兰德矿区使用中国劳工，对立的双方做出了妥协，南非殖民当局规定了对使用华工的种种限制。对于兰德金矿公司来说劳动力工资是最大的支出之一，他们急需廉价劳动力以获得最大的利润，乐见殖民当局对华工的限制条例。作为保护白人劳工权利的措施，《条例》规定的华工工资比奴隶高不了多少，而劳动时间、劳动强度几乎和奴隶一样。英国本土和南非都有很多人谴责那部《条例》，指出它"推行现代奴隶制"。

　　《条例》推行以后的状况：

……中国人被分配到一个特定的任务组中，而没有晋升到技术工作的可能性……华人将被隔离。兰德的每座矿山都竖立了高墙围绕采矿区。中国劳工离开大院需要特别许可，不能离开超过 48 小时。另外，由于当地农民担心竞争，不允许中国人种菜。此外，如果中国人违反任何规定，将被进行刑事而非民事处罚。从本质上讲，该法令剥夺了中国人的自由。

事先胡佛是知道那部《条例》的讨论过程的，而且他通过办刊物和发表文章推波助澜。他和天津的沃尔特·纳森密切合作，为往南非贩运华工做了充分准备。

第一次贩运，香港总督马修·纳森帮助他们在香港、广东招募华工。或许因为通关手续是在直隶省办理的，他们把来自中国南方的华工先运到了秦皇岛港，从那里登船运往南非。不料，

兰德公司的管理者与矿工

德兰士瓦金矿

香港、广东的华工开化早，不易管理、容易发生斗殴，到了南非又水土不服多患脚气病，不易治愈形成大规模传染态势。

胡佛和沃尔特·纳森便决定在他们熟悉的直隶省招募华工。为了说服南非方面，胡佛不失时机地发表了一篇文章，文中写道：

> 苦力的招募最终将仅限于华北地区并非不可能，因为北方男性更能适应德兰士瓦省的气候条件……而且比香港和广东的苦力更容易控制。

首次尝试成功，胡佛和沃尔特·纳森以中国开平矿业公司（CEMC）的名义开始大量往南非贩运华工。日后到了1932年有美国新闻出版界人士找纳森调查此事时，纳森却帮胡佛开脱，提供了一份证明说胡佛与中国劳工无关，还说"据我所知，他也不知道运送华工的安排"。纳森家族是英国富豪，他当然不把美国正直人士看在眼里。

胡佛真的和贩运华工无关吗？

诡异的事实是，两艘贩运华工的轮船从天津大沽口出发以后，胡佛赶在华工船到达南非之前也从英国奔赴南非。纳森管送，胡佛管接，莫非是偶然的巧合吗？

1904 年 7 月 9 日，胡佛从英国乘坐皇家联合城堡航海公司的轮船出发，7 月 26 日抵达南非。他在南非逗留了 21 天，于 8 月 17 日返回英国，而他身在南非的那段时间有两艘华工船从中国大沽口出发抵达南非，其中依克堡号（Ikbal）载有 1966 名华工，于 6 月 27 日启航，7 月 27 日到南非靠岸，只比胡佛到达南非晚了一天，他肯定是按照事先约定才做到了及时接船。第二艘船斯万雷号（Swanley）载有 1988 名华工，于 7 月 2 日启航，8 月 3 日到南非靠岸，而胡佛仍在南非等待接船。他信誓旦旦硬说自己去南非与华工无关，只有傻子才相信！

那两艘贩卖华工的货船都没有胡佛所乘邮轮上的舒适住宿房间，华工被连哄带骗背井离乡挤在船舱里在海上熬过了 30 天，而伦敦至南非海途航行需用 17 天，所以胡佛可以比在大沽口启航的华工船晚出发十几天，不早不晚正好前一天到达，不耽误接应和办理华工入境事宜。连小孩儿都会想到，这当然是事先经过了周密的计划安排。

他在南非历时 18 天的活动安排很紧凑，多次乘坐火车往返于开普敦和约翰内斯堡之间。若是没有重要目的，他漂洋过海去偏远的南非干什么呢？到了南非奔波劳碌又在忙乎什么呢？

南非约翰内斯堡旧景

　　他身上带着一封美国采矿工程师詹姆斯·詹宁斯（James Hennen Jennings）的介绍信，詹姆斯于 1903 年为兰德公司办理过雇用中国劳工事宜。另一个重要因素不容忽视，那位香港总督马修·纳森曾在非洲的黄金海岸、塞拉利昂都当过总督，肯定能为胡佛和南非总督拉上关系。

　　正是因为胡佛有了上述背景，他在开赴南非的船上就收到了德兰士瓦省省长阿尔弗雷德·米尔纳勋爵（Sir Alfred Milner）的邀请，他俩于 8 月 1 日共进晚餐，肯定也远非礼节性闲聊。会见米尔纳省长时，省长主张使用华工而反对雇用白人劳工，他说他不想在殖民地制造白人无产阶级。

在兰德公司矿井下工作的华工

兰德公司华工宿舍

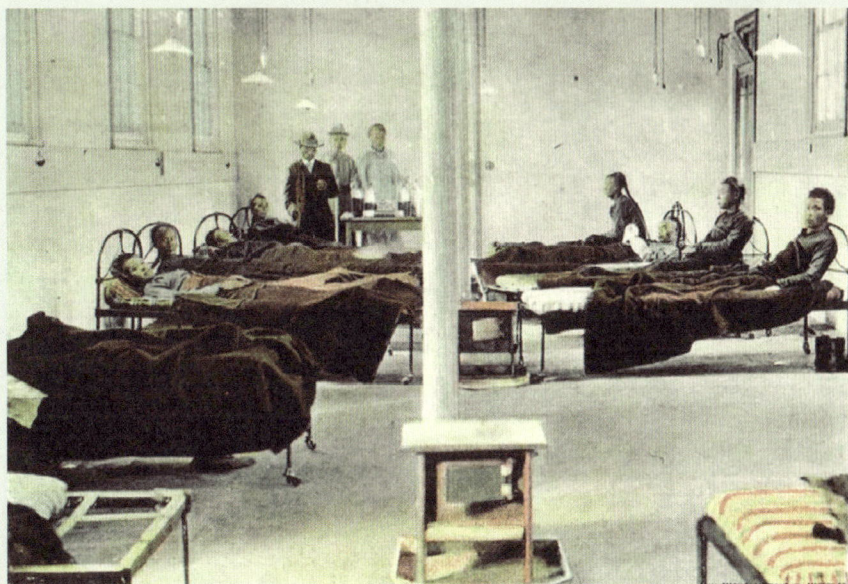

兰德公司华工医院

兰德公司华工浴室

此前，胡佛还会见了中国劳工项目的推广人乔治·法拉尔爵士（Sir George Farrar），获悉了南非劳工争执的结局。白人工会主席主张劳方权利，强烈谴责使用中国劳工，批评此举是在推行现代奴隶制。最终殖民政府和矿山老板们还是推行了贩运华工计划，而这正是胡佛来到南非的目的。

华工在南非遭受的对待无异于奴隶。对他们的悲惨境况，考尔松在其长篇论文中做了详实记述：

> 中国劳工抵达南非后，被拉到英国曾在布尔战争中使用过的集中营做了体检，然后开始了 27 小时的火车行程，到达兰德用围墙圈起来的矿区。一旦中国人到达兰德，他们就被分配到一个特定的采矿企业立即投入工作。每日的井下工作长达 10 小时，每周工作 6 天……为了在下班后到达地表区域，许多人不得不爬上 1000—2000 英尺高的梯子。
>
> 中国人的工资平均每天 45 美分。如果华工没有达到当天设定的效率标准，他们就会失去一整天的工资。
>
> 非洲人的工资平均每天 60 美分。
>
> （同时期）美国宾夕法尼亚州煤矿工人的工资平均每天 1.70 美元。
>
> （对华工的）鞭挞等体罚虽然不被允许，但还是发生了，并引起了公众的强烈抗议。不公平的待遇变得猖獗。

胡佛无法为自己开脱的事实还有，他在南非期间参观了兰德的所有矿山，非常了解华工的悲惨境地。而且，他知道兰德的大部分矿井不适合机械化，地下数千英尺的低品位矿石容易塌方，只有廉价人工使用锤子、凿子或手钻才能为矿主挖掘金矿。他参观了这一切，竟然又一次撰文发表漠视华工生命的高论：

> 在南非通过手动钻孔获得的结果，以及在当地的普遍采用，似乎表明通过这种方式可以获得更快的速度和更经济的工作。……在这种竖井中使用机械很复杂，会导致大量时间损失，从而导致效率降低。此外，金矿的统计数据表明，手工钻孔可以节省25％的炸药，这显然也可以计算到效率等式中。

从中不难看出资本主义最大限度地追求利润，丝毫没有顾及华工的生命安危。

1904—1910年，累计有63695名华工被从中国运往南非。事先，人口贩子并没有把南非劳工的输入法令和雇佣合同详细认真地给华工们讲解，当年贫苦的中国农民大多是文盲，也就懵懂地在卖身契一般的合同上按下了血红的手印。

百余年来，尽管胡佛矢口否认，埃德加、沃尔特一干人等也竭力帮他隐匿证据，但在他生前身后还是不断地有人质疑他的贩运华工问题，并指控他在人口交易中赚取了血淋淋的昧心钱。

历史老人有时会睁一只眼闭一只眼，但决不会沉睡不醒，中国有些智慧的古语很能替历史代言：

若要人不知，除非己莫为。

斗转星移，世事难料。哪承想日后"三个纳森"中最后一个侄子辈的爱德华·纳森的后人，保存了其家族祖辈的资料，并将其全部捐赠给了英国牛津大学。爱德华是纳森家族次子弗

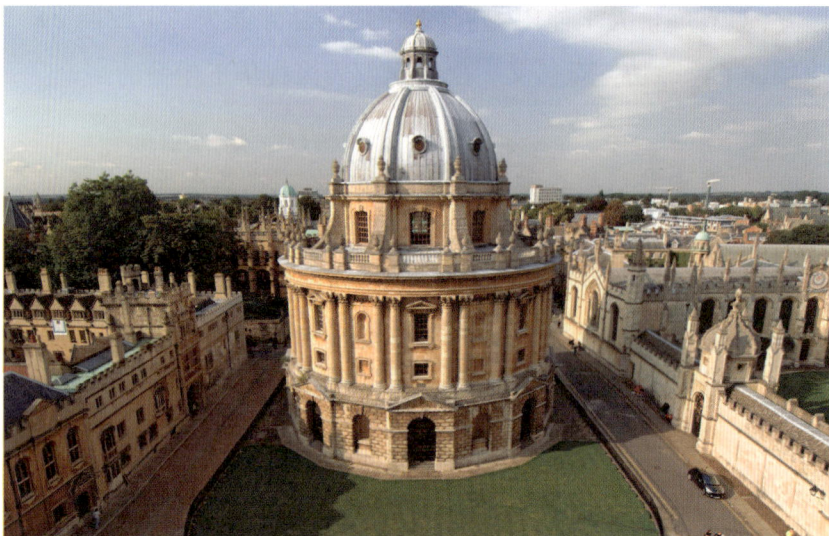

英国牛津大学博德利图书馆

雷德里克·刘易斯·纳森上校爵士的长子，继其叔父沃尔特·纳森之后长期担任开平矿山的总经理，并将其扩张成为开滦煤矿。英国人一向重视史料保存，他又是个细心的人，保存了重要档案。他去世以后，他的后人把那些档案、记录、电报、信件……全部捐赠给了牛津大学博德利图书馆。那些珍贵的史料中就有胡佛与沃尔特为向南非贩运华工的电报书信往来。原始凭据，铁证如山，恢复真相，昭示天下！

这才叫天网恢恢，疏而不漏哇！

胡佛从中国捞走了多少钱

No.7

　　在美国大选中想当总统候选人，都是要有雄厚的金钱基础的。可以说，胡佛参加竞选总统的钱，大部分是从中国赚取的不义之财。

　　2005 年冬，笔者赴美国爱荷华州胡佛博物馆采访，热情的主人允许我们拍摄一些"胡佛在中国"专栏的照片，经过电脑复制清晰度很好。其中有一张胡佛 20 多岁时的立身像，他打扮得很正式，表情也很郑重，金发中分梳得整整齐齐油光光的，目光炯炯瞪向远方。不过，他穿的西服套装似乎不太合身，显得过于宽松。他双手插在肥肥的裤袋里，挺胸收腹似要迈步出发。

　　那时他从斯坦福大学毕业不久，正在到处求职，听说这身"正装"是为了去雇方公司见面时穿着整齐一些而找别人借的。这一说法是否确凿无从查考，但从他毕业后曾去当矿工两年，每天工作 10 小时只挣 2 美元的窘境来看，"借衣求职"是有其可能性的。

那么，这个穷小子到了中国折腾了两年多，合法薪水加上非法收入，大约挣走了多少钱呢？

首先说说他的工资收入。来华时他受雇于墨林，起初他只能从墨林公司拿到一份职务名为"代理"的薪金。

他在《冒险年代：美国总统胡佛自传》（*The Memoirs of Herbert Hoover, Years of Adventure, 1874–1920*）一书中写道：

> 张燕谋向墨林先生透露自己的顾虑，说欧洲各国纷纷想将他们自己国家的技术人员安排进开平矿务局。因此墨林建议，为了缓解这些政治压力，他可以雇用一位美国人。墨林接着补充说自己手下恰巧有这样一位美国工程师……经张燕谋同意之后，墨林先生立即发电报告知我这份工作，

《冒险年代：美国总统胡佛自传》中、英文版本封面

并说年薪和津贴加起来高达两万美金。

对我来说，人生从未收到如此激动人心的消息。更重要的是，我终于有资格向住在加利福尼亚州蒙特利的露·亨利小姐发电报，向她求婚，并一起前往中国生活。她给出了肯定答复。

如今已经有人发现了详细记载。张燕谋聘请胡佛为采矿技术顾问，年薪 2500 英镑。19 世纪末英镑还是首屈一指的硬通货。据查币值史料，1900 年的汇率比价为：1 英镑 = 5 美元，2500 英镑折合为 12500 美元了。当时美国工薪阶层平均工资年薪 450 美元。

晚清货币是银元，那么当时的 2500 英镑又值多少白银呢？据查币值史料，1900 年的汇率比价为：1 英镑 = 9 银元，2500 英镑相当于 22500 银元了！

张翼明确提出要聘用一位有工作经验的工程师，所以才定下高薪。墨林为了安插党羽硬是瞒天过海，把这个年仅 25 岁初出茅庐的胡佛塞到中国。是中国的职位帮他脱贫，他却拿着中国的薪水为英国人干事。积极向墨林提供开平矿山的经济情报。日后一位西方学者鄙夷地指出："胡佛却忘恩负义，辜负了他的中国雇主。"

胡佛在中国始终具有双重身份。还是那位正直的西方学者指出他的任务是"充当墨林在中国的眼睛和耳朵"。英方又会给他多少犒劳呢？据记载墨林另外付给他年薪 1000 英镑，相当于 5000 美元，也相当于 9000 银元。

中英双方给他的钱加起来，他的年薪高达 17500 美元了，是美国普通人平均工薪的近 40 倍了！也就相当于 31500 中国银元了。

以上两项还只是他的公开收入。比起他通过"开平矿案"捞取的数额以及后来他帮助墨林一伙侵吞开平煤矿所攫取的股票、酬金等非法收入来，还算是区区小数。

那么我们粗略地算一算他骗取的股票。

胡佛于 1905 年 2 月 1 日在伦敦法庭上透露：

> 我心里有三分之二（的股票）应该归给公司的改组者这样一个数字，于是就建议了股票的兑换数目，并算出旧股（每股）大概是一百三十五两（白银）……
>
> 张大人说（开平）旧股有一个时期涨价高达（每股）一百八十两（白银），我们以这个数字和七两（白银）折一（英）镑为依据，规定二十五（旧）股为一个新股（原文如此，后来开平原股股值被墨林一伙大大压低）。

从他的这段证词中我们可以读出来的信息是，墨林一伙在强行改组开平煤矿董事会时，英美等国所谓"改组者"占据了股权的三分之二，而原来中国公司的股东们所持股票则缩水了三分之二。

我们查到了一封胡佛写于 1901 年的信，信中透露了张燕谋贪腐数额，也供出了他与德璀琳的可观酬金。摘录信中几条相关细节：

敬启者：

前与足下面谈现在所办之事，提及张大人将来应获利益，兹将鄙人所知悉者开列于后，谅必均无错误。

一、张大人现有老股三千股，应得新股七万五千股，计值平价英金七万五千镑。

二、另存新股五万股，备给足下与张大人，计值平价英金五万镑；如二人平分，张大人可得二万五千股。

三、原欠张大人银号之债款三十四万两，新公司也已承认照还。

四、张大人终身充新公司之驻华督办，支领薪水若干；将来公司发达，此项利益非同儿戏。

在《移交约》签订之前，张燕谋暗示胡佛，只有英方另付十万英镑先汇入他的银行账号，他才肯签字盖章。胡佛向墨林转达此意，墨林只好另付给张燕谋十万英镑。

袁世凯于1903年3月21日召见开平公司董事部负责人威英，询问相关情况。次日威英致函袁世凯，信中有这样一句"证实"之言：

关于昨日阁下与我的会谈，现谨将内容证实如下：

张燕谋大人得到每股一磅的股票五万股作为酬劳，约值五十万两。此外，另有四千六百七十五股给予德璀琳。

威英的"证实"说明，事成之后张燕谋与德璀琳得到的"酬劳"，比最初墨林允诺让他们二人平分的五万股高出了一倍。胡佛比他俩更是劳苦功高，从中捞取的油水肯定更为可观！

胡佛不只是代理人，而且是出谋划策的合伙人。事成之后他肯定顺理成章地持有了数目可观（不会少于德璀琳）的股票，一下子跃升为英国开平矿业公司的股东之一了。

至于胡佛通过向南非贩运华工赚了多少钱，因为是偏僻的南非方面支付费用，那更是天大的秘密，只有他们自己知道了。本书有据可查的史料，仅仅记载了 1904 年 6 月 27 日和 7 月 2 日从大沽口启航的两艘轮船共贩运了 3954 名华工，是胡佛从英国专程赴南非实施的。从 1904 年至 1910 年的六年中，从中国大沽口运往南非的华工多达 63695 人，胡佛从中起到了什么作用，拿了多少"人头费"，那就更加难以查证了。虽说如此，个中的疑问却永远留在世人心中了。

从 20 世纪初至 50 年代初，英国人控制了开平煤矿半个世纪，假若胡佛在天津所得"开平股票"5

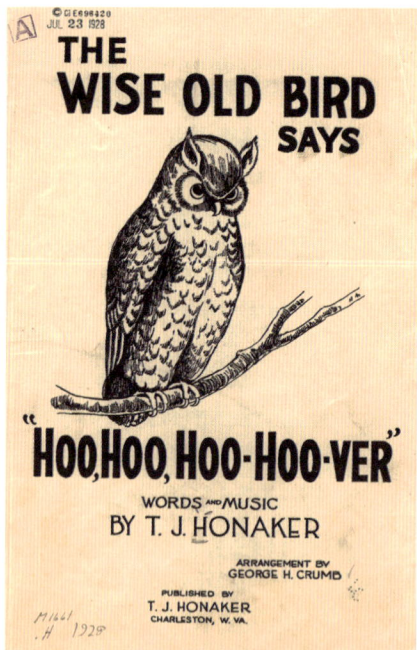

胡佛竞选总统海报

万股（时值50万两白银），及其股金经年累月的孳息，半个世纪累积下来又该价值几何呢？这个25岁即来华的冒险家幸运儿，到达天津不足一年就赶上了八国联军入侵，凭借列强之势趁人之危做成了倒卖开平煤矿投机买卖，没用几年就由一个打工仔一跃成为百万富翁！要知道那个时候普通美国人是很穷的，1000美元都是可望而不可即的，百万美金简直就是个天文数字！有了这一身价，他回国后才有可能竞选总统。

尾 声

胡佛总统卸任后，把多年保存的文物、资料、古董等捐赠其母校。为此，斯坦福大学建立了胡佛研究所，至今已有80多年历史。有很多文献资料和实物是胡佛夫妇从天津带回去的。胡佛是历任美国总统中唯一曾赴中国工作的人，因此这家研究所以研究中国而著称。研究所不仅拥有许多"中国问题专家"，在美国国会和政府里还发展了一批又一批会员，在美国主流社会具有相当大的影响力。参众两院常常找胡佛研究所咨询涉及中国的问题，那里成了美国人了解中国和亚洲的重地。

2004年，刘悦赴美国胡佛研究所采访，收集到不少英文史料。

胡佛总统图书馆和博物馆设在胡佛爱荷华州的故乡。

2005年秋，航鹰随中国作家协会访美。作家们的活动结束后，刘悦飞赴美国。我们在美国采访了许多曾经在中国天津生活工作的美国人。事先，刘悦在国内拿到了驾照英文公证书，飞到美国后，租了一辆底盘很高的吉普车。母子二人从洛杉矶出发，开始了陌生的美国万里行。

在芝加哥采访时，朋友告知我们根据气象预报当夜开始将有一场暴风雪，汽车难以行驶。朋友说美国的天气预报非常准，必须赶在暴风雪来临之前"南逃"，如果滞留将会延误未来几天途中各地的预约采访活动。来不及犹豫我们就打电话辞谢了原计划转天的采访活动，坐上汽车一路狂奔。整整一夜刘悦都在高速公路上驾车向西南方向飞驶，一口气跑了六七百公里，总算把暴风雪甩在了后面。黎明时分，我们来到了胡佛故乡爱荷华州的胡佛博物馆。

十七八年光阴过去了，爱荷华的印象至今历历在目。不知是由于当地的气温确实很低，还是彻夜未眠的疲惫，我们从来没有经受过那种冷彻骨髓的寒冷。胡佛博物馆是一座朴素的建筑物，坐落在静谧的市郊，冬阳初照，天光澄明，皑皑白雪，地上投下博物馆的影子。我们未及休息就叩开了博物馆的门，可能是太疲劳的缘故，那天的参观采访犹如梦境。

因为胡佛夫妇把多数文件、实物捐给斯坦福大学胡佛研究所，爱荷华这座博物馆似乎实物不多。但他们发挥了胡佛故乡的优势，以胡佛生平为主脉做了中规中矩的展览，通过泥塑再现了一些历史场面，其中就有1900年八国联军入侵天津后胡佛夫人站在大沽口炮台旁的塑像，一望便知人物场景都是依据那张历史老照片而制作的。

美国爱荷华州胡佛博物馆

博物馆两位年轻的女士先生热情地接待我们，领着我们参观了展览和地下图书馆，也允许我们拍摄老照片和史料。日后我们"近代天津博物馆"展厅胡佛一栏的陈列品，大多是爱荷华胡佛总统图书馆和博物馆提供的。

参观时我们感慨良多。此前在洛杉矶我们参观过美国另一位有争议的总统尼克松的博物馆，也有丰富的藏品和众多的研究人员。美国只有两百多年历史，但是，历任总统每人都有一座博物馆或曰图书馆，以历任总统命名的各地博物馆成为其家乡著名的文化景观，胡佛另有研究所算是其中的佼佼者。中国有几千年的文明史，封建社会历经了那么多朝代，民国以来出现了那么多名人，以人为专题的博物馆却是屈指可数。近年来各地蹿出了真真假假的名人景观，又有几家是真正组织学者对历史名人做深入研究的？

故乡人当然对胡佛充满了感情，但也不得不承认他的一生饱受争议。爱荷华州胡佛博物馆里的胡佛生平展览的前言这样写道："他在1928年以压倒优势当选美国第31任总统，然而在短短几个月的时间里，这位世界闻名的英雄在自己的国土上变成了替罪羊。时至今日，人们仍不免将胡佛和20世纪30年代的那场大萧条联系在一起，它让上百万美国人丢了饭碗。""除了赫伯特·胡佛之外，几乎没有其他美国人曾听到过更热烈的赞扬或更尖锐的批评。"

本书作者航鹰、刘悦前往美国爱荷华州胡佛博物馆访问

‖ 后 记

　　文稿终于收笔了！为了配图，我们找出当年到美国爱荷华州胡佛博物馆采访时拍摄的照片，照片下方标有日期——2005年12月2日。屈指算来，本书由准备到撰写已经耗时18个年头了！世风浮躁，物欲横流，竟然还有人自甘寂寞默默耕作，执着于这个一百二十多年以前的历史题材，事倍功半，痴乎傻乎？

　　然而，每每想到胡佛是唯一在中国工作过的美国总统，他一手制造了窃取开平煤矿之惊天大案，为此清政府派员赴英国打了中国有史以来第一场国际官司，那场轰动中外的大案在当代人中却鲜为人知，就忍不住提笔落墨。开平矿务局总部曾长期设在天津，对于那一幕由众多历史名人串演的国际大剧，天津作家不写留给谁写呢？

　　漫长岁月艰难跋涉，因史料匮乏几度搁置。写写停停，停停写写，黑发熬成了白发，这场文学马拉松才到了冲刺路段，总算撞开了终点线。其实难度是自找的，高度是自设的，单凭题材的冷门儿和主人公们的世界知名度，早在初稿时即可出版，但我们总觉得那样急功近利就把这个宝贵的题材给糟践了，总是不满足于现状，写了一稿又一稿。

　　讲述历史公案的非虚构写作，史料的详实兼书写的文学性乃我们奋力追求的两大高度与难度。恪守史实限制了作家的想象力及笔下生花的技巧，而历史教科书式的书写又会使之干巴枯燥。如何忠于真实的历史事件又把故事讲得生动有趣引人入胜，始终是我们对自己的苛求。

为了解决史料匮乏的难题，于无奈中我们蹚出了一条自主翻译境外史料的路子。这同样是一条很难走的路。先说广读、拣选、编纂的工作就很繁杂。美国、英国及欧洲国家的相关资料散落于各国的书店、图书馆、档案馆、报刊乃至私人收藏，需要在浩如烟海的"洋码子"中搜寻有用的记载，而涉及中国尤其天津、唐山的文字稀少且分散，寻觅的难度不亚于沙里澄金。好容易拣选编译出来，也只是为本书作者提供一些史实依据，因为是零散片断而并不能成为翻译作品。如今的年轻人大多不肯吃苦，却有几位名校俊才埋头苦干致力于鲜有出版前景的历史学基础研究。感谢牌梦迪、唐倩、姜雨晨诸位译员兼编辑，正是他们协助刘悦完成了大量的译文工作，为本书拥有颇多国内罕见史料提供了坚实的源头支撑。

感谢唐山市开滦煤矿博物馆的同仁们，他们无私提供了宝贵的历史老照片、文档、书籍……《开滦文博》虽为内部学术刊物，却因登载了许多"老开滦"当事人的回忆录和研究人士的文章，凸显了第一手史料的独家性。

感谢南开大学经济研究所编撰的《开滦煤矿矿权史料》一书，其资料的原始性、真实性和丰富性，使我们的创作受益匪浅。我们曾努力寻找主编熊性美、阎光华二位先生，想当面向他们致谢。几经打听才知道二位均已作古，相信他们的在天之灵会为本书的出版感到欣慰。

《唐廷枢年谱》《徐润年谱》《关内外铁路》等史籍、文档及研究文章，都帮助我们填补了历史知识的不足。

感谢美国斯坦福大学胡佛研究所、爱荷华州胡佛博物馆、美国胡佛总统图书馆，以及美国康奈尔大学托马斯·哈恩博士，他们曾接受我们的采访并提供了史料帮助。

本书涉及的历史人物众多，故事枝蔓呈放射性延伸，还有大量的历史老照片，都给插图、版式等带来难题，需要熟悉作者创作过程的人跟踪完成。安红出色地完成了封面设计、版式设计等美术编辑工作，王成琳在老照片修复等电脑美术方面做了艰苦细致的努力。

守望文学田园，我们笃信"只管耕耘，莫问收获"，本书这棵生长缓慢的小树，历经多年的风风雨雨终于开花结果了。盼望读者朋友们喜欢它！

感谢所有为本书付梓付出辛劳、伸出援手的朋友们！

笔 者

2023 年 6 月 6 日于天津